商流対応

体系簿記会計学

早田巳代一 著

学文社

はしがき

　近年の経済発展と科学技術の目覚ましい発達は，全ての産業に技術革新と経営の合理化をもたらした。中小企業においても国際競争力を高めるため，経営の合理化が急速に進み新規設備への投資を促進し，国際的なイコールフッティングを確保することが求められている。

　このように著しく変化した企業の環境に即応し，企業が必要とする「じんざい」は，存在するだけの「人在」ではなく，企業にとって役に立つ「人材」が広く求められていた時代も過去の遺物となり，現在のわが国では，人が企業の財産として活躍できる「人財」を確保することが重要である。

　わが国の教育においては，大学改革と称して入試制度の多様化など，幅広い領域で取り組みが行われているが，大学改革の最優先課題は，学生自身の自己啓発と創造性をいかに養うかである。この延長線上に，生涯学習と称する社会人教育の存在がある。よって，学生及び社会人に必要な社会性のあるミニマムスタンダードを考察すると，おのずからミニマムスタンダードの一つに，ビジネスにおける金銭の流れや，管理の仕方といった簿記会計の仕組みを挙げる事ができる。

　なお，日経BP社出版の『日経コンピュータ』が実施した「いる資格，いらない資格」の調査（2010年11月10日号参照）でも，簿記会計を重視する結果が示されている。その調査結果の一部であるが，ユーザー企業のシステム担当者並びに，ITベンダーの技術者や営業担当者が「取得すべきビジネス分野の資格」において，1位の「TOEIC」についで「日本商工会議所主催簿記検定試験」が2位にランクインしている。

　では簿記会計がなぜ重要視されているか，その代表的な理由が2015年ないし2016年に，わが国が取り入れる予定の国際会計基準（IFRS；International Financial Reporting Standards）である。速やかにIFRSに対応するためには，もはや，企業内外の職業会計人及び国家試験の学習に明け暮れている学生や，一部の社会人だけが身につけていればよい知識ではなくなった。他分野の営業及

び販売担当者，各部門の企画担当者，会計システムの開発や運用をするシステム担当者並びに，ITベンダーの技術者なども簿記会計の知識を身につけておく必要がある。

では，読者の皆さんはどのようにすればよいのか？

わが国の簿記会計教育は，近年，頻繁に出版されている「簿記」の技術を優先した教材に影響を受け，早期に技術を習得することを目的に教育が行われている。この弊害が簿記用語と技術的な表記方法だけを暗記することを主目的に，問題練習を中心とした従前のパタン学習である。結果，簿記会計の学習を早い段階で断念するケースが多々見受けられる。

本書は，経営的能力を養うことを視野に入れ「商流対応の理論と並行した実践」をテーマに掲げ，30年にならんとしているこの分野での経験から，理論性を前面に押し出し解説することを意図し，簿記の優れた技術とその背景にある会計学の理論を体系的に記述した。

なお，現在の簿記会計においては，税法の優位性を否定することが出来ないため，現状を踏まえ，税法の考え方も取り入れている。

したがって，読者の皆さんには，簿記の技術と並行した会計の理論を学習すると同時に，商流の中での位置づけを肌感覚で認識し，自己啓発と創造性を養いつつ前に進むことを切に願う。

本書の執筆にあたっては，これまで出版されている多くの文献及び書籍を参考にさせていただいた。本来，本文で個々に明記するべきだが，この点は割愛させていただき，ここに厚く御礼を申し述べさせていただく。また，この度の出版にあたっては，社長の田中千津子氏並びに編集部の椎名寛子氏に格段のご協力をいただき，記して厚く御礼を申し上げる。

本書が，読者各位の「簿記会計学及び論」に対する理解の一助となれば執筆者として幸いである。

2012年4月18日

早田巳代一

もくじ

第1編　簿記会計の基礎

第1章　企業の簿記会計 …………………………………10
 1　簿記と会計 …………………………………10
 2　簿記の目的 …………………………………11
 3　記帳方法の違いによる簿記の種類 …………………11
 4　営利か非営利かの違いによる簿記の種類 …………12
 5　会計期間 ……………………………………12
 6　借方と貸方 …………………………………13

第2章　資産・負債・純資産(資本)および貸借対照表 ……15
 1　資　産 ………………………………………15
 2　負　債 ………………………………………16
 3　純資産(資本) ………………………………17
 4　貸借対照表 …………………………………19

第3章　収益・費用および損益計算書 ………………………23
 1　収　益 ………………………………………23
 2　費　用 ………………………………………24
 3　損益計算書 …………………………………25
 4　貸借対照表と損益計算書 ……………………26

第4章　取引と仕訳および勘定記入 …………………………30
 1　簿記上の取引 ………………………………30
 2　勘定と勘定科目 ……………………………30
 3　勘定の記入方法 ……………………………31
 4　取引の二重性と取引要素の結合関係 ……………32
 5　取引の種類 …………………………………33
 6　仕　訳 ………………………………………34
 7　勘定口座と形式 ……………………………37
 8　転　記 ………………………………………38
 9　貸借平均の原則 ……………………………41

第5章 仕訳帳と総勘定元帳 …………………………………… 47
1 仕 訳 帳 ………………………………………………………… 47
2 総勘定元帳(元帳) ……………………………………………… 51

第6章 基本的な帳簿組織と伝票 ……………………………… 61
1 基本的な帳簿組織 ……………………………………………… 61
2 証ひょうと伝票 ………………………………………………… 62
3 貸借仕訳式伝票制(仕訳伝票) ………………………………… 63

第7章 試 算 表 ………………………………………………… 75
1 試 算 表 ………………………………………………………… 75
2 試算表の種類 …………………………………………………… 76
3 試算表で誤りを調査する方法 ………………………………… 80

第8章 決算と決算手続 ………………………………………… 86
1 決 算 ………………………………………………………… 86
2 決算手続 ………………………………………………………… 86
3 精 算 表 ………………………………………………………… 87
4 英米式繰越法による決算本手続 ……………………………… 91
5 財務諸表の作成 ………………………………………………… 99
6 大陸式繰越法による総勘定元帳の締め切り ……………… 101

第2編　諸取引と会計処理

第1章 商品売買の取引と処理 ………………………………… 114
1 商品の普通売買処理 ………………………………………… 114
2 仕入帳・売上帳・商品有高帳 ……………………………… 121

第2章 現金および預金の取引と処理 ………………………… 130
1 現　　金(cash on hand a/c) ………………………………… 130
2 当座預金(current deposit a/c) ……………………………… 139
3 その他の預貯金 ……………………………………………… 145

第3章 債権および債務の取引と処理 ………………………… 148
1 債権および債務の種類 ……………………………………… 148
2 売掛金勘定(accounts receivable a/c, trade debtors a/c, customers a/c)
　………………………………………………………………… 149

3	買掛金勘定(trade creditors a/c, purchases a/c) …………150
4	売掛金勘定および買掛金勘定と人名勘定 ……………………150
5	貸倒れ(bed debts) ………………………………………154

第4章 手形の取引と処理 ……………………………………160

1	商品の信用取引代金決済 ………………………………160
2	手形の種類 ………………………………………………160

第5章 その他債権および債務の取引と処理 ………………171

1	貸付金・借入金 …………………………………………171
2	手形貸付金・手形借入金 ………………………………172
3	未収金・未払金 …………………………………………173
4	立替金・預り金 …………………………………………174
5	従業員立て替え金・従業員預り金・所得税預り金 ……174
6	前払金・前受金 …………………………………………175
7	仮払金と仮受金 …………………………………………177
8	商品券・他店商品券 ……………………………………178

第6章 売買目的有価証券の取引と処理 ……………………182

1	有価証券(marketable securities)の範囲と分類 ………182

第7章 固定資産の取引と処理 ………………………………188

1	資産の分類と固定資産 …………………………………188
2	有形固定資産(tangible fixed asset) ……………………189
3	固定資産台帳(fixed asset ledger, plant ledger) ………195

第8章 純資産(資本)および税金の取引と処理 ……………199

1	純資産(資本)(net assets) ………………………………199
2	資本金(capital stock) …………………………………199
3	個人企業の税金 …………………………………………200

第9章 三伝票制の整理 ………………………………………206

1	三伝票制 …………………………………………………206
2	伝票の集計 ………………………………………………210

8　もくじ

第3編　決　算

第1章　決算と決算整理 …………………………………………………216
　1　帳簿記入一巡の手続 ……………………………………………216
　2　決算整理の必要性と棚卸表 ……………………………………217
第2章　決算整理事項 ……………………………………………………220
　1　三分法を用いている商品勘定の整理 …………………………220
　2　売上債権の整理 …………………………………………………223
　3　有形固定資産(fixed assets)の減価償却 ………………………226
　4　売買目的有価証券(marketable securities)の評価替え ………228
　5　費用および収益の繰延べと見越し ……………………………229
　6　現金過不足勘定および引出金勘定の整理 ……………………236
第3章　精　算　表 ………………………………………………………241
　1　精　算　表(working sheet　W/S) ……………………………241
　2　精算表の作成方法 ………………………………………………241
第4章　財務諸表 …………………………………………………………247
　1　財務諸表 …………………………………………………………247
　2　損益計算書 ………………………………………………………248
　3　貸借対照表 ………………………………………………………249

第4編　解　答

第1編　簿記会計の基礎 …………………………………………………254
第2編　諸取引と会計処理 ………………………………………………278
第3編　決　算 ……………………………………………………………287

索　引 ………………………………………………………………………295

第1編　簿記会計の基礎

第1章　企業の簿記会計

1　簿記と会計

　簿記（book keeping B/K と略す）とは，企業の営業活動（取引）をルールにしたがって，帳簿に記録・計算・整理した結果を報告書にまとめ開示するまでの組織的な記録と計算の技術である。なお，報告書とは，貸借対照表（balance sheet B/S と略す）および損益計算書（income statement I/S と略す）などの財務諸表（financial statement F/S と略す）である。したがって，企業活動を完全な帳簿組織として処理するためには，簿記と並行した会計処理の知識と判断力が必要である。

　そこで，会計（accounting）処理を正しく行うために，商法・商法施行規則・会社法・会社計算規則・金融商品取引法・税法および企業会計原則が制定されている。この会計諸則に規制されて行う会計処理の方法が企業会計制度であり，この制度を補完する技術が簿記である。

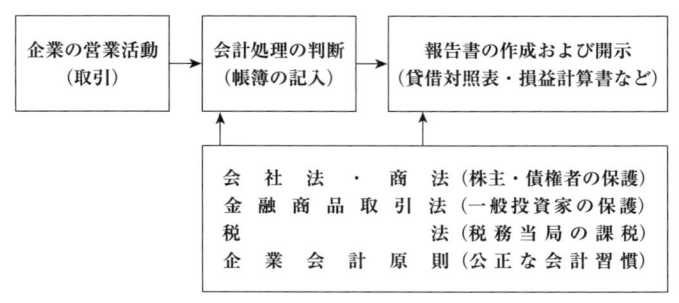

```
┌──────────────┐   ┌──────────────┐   ┌──────────────────────────┐
│ 企業の営業活動 │ → │ 会計処理の判断 │ → │ 報告書の作成および開示        │
│    （取引）    │   │  （帳簿の記入）│   │（貸借対照表・損益計算書など）│
└──────────────┘   └──────────────┘   └──────────────────────────┘
                          ↑                        ↑
                   ┌─────────────────────────────────────────┐
                   │ 会　社　法・商　　法（株主・債権者の保護）│
                   │ 金　融　商　品　取　引　法（一般投資家の保護）│
                   │ 税　　　　　　　　法（税務当局の課税）      │
                   │ 企　業　会　計　原　則（公正な会計習慣）    │
                   └─────────────────────────────────────────┘
```

図 1.1.1　簿記の手続きと企業会計制度

第1章　企業の簿記会計　11

2　簿記の目的

　簿記の目的は，企業の営業活動に伴う金銭や物品などの変動を，資本循環過程とし記録することにより，一定時点における現金，預貯金，建物，土地，借入金などの現在高を貨幣価値で評価した財政状態および，一定期間における収入と支出の状況を貨幣価値で評価した経営成績を明らかにすることである。
　なお，経営者は簿記を通じて，明らかになった財政状態と経営成績の結果をふまえ，将来の経営方針や国と都道府県などへの納税計画を立案する。さらに，従業員および出資者や債権者などに必要な情報を開示する。

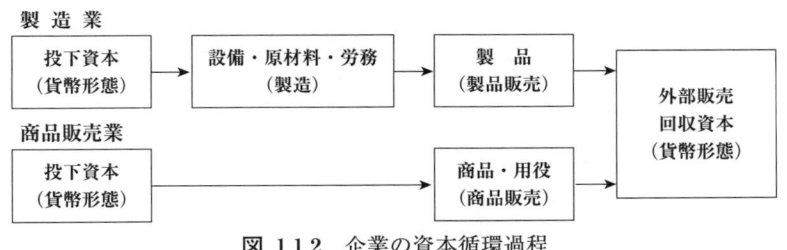

図 1.1.2　企業の資本循環過程

3　記帳方法の違いによる簿記の種類

　簿記は，記録と計算方法の違いにより，つぎの単式簿記と複式簿記に区別できる。

(1)　単式簿記

　単式簿記は，現金の収支や残高の記録を行うだけの非組織的な方法である。したがって，家計簿やこづかい帳の単記入には適しているが，営業活動（取引）を継続的に記録・計算・整理する企業の要求には不適切である。

(2)　複式簿記

　複式簿記は，組織的に取引を原因項目と結果項目に必ず複記入し，財産計算と損益計算を同時に行うことに特色を有する。この方法は，全ての取引を複記

12　第1編　簿記会計の基礎

入し，一定時点で記入が正確に行われたことを確かめる検証表を作成する。この検証表を基に貸借対照表と損益計算書を作成し，この両表から算出した利益または損失は一致する。

したがって，この複式簿記をすべての企業が使用している。なお，本書では複式簿記を「簿記」と記載する。

複式簿記の歴史

複式簿記は，イタリアのヴェニス地方の商人によって13～14世紀頃に考案されたと伝えられている。なお，複式簿記を最初にまとめた書物は，1494年にイタリア・ヴェニスで出版されたルカ・パチョーリの『ズンマ』であるとされる。その後，簿記はヨーロッパ諸国に普及し発達した後，日本には1873（明治6）年に福沢諭吉が，アメリカから持ち帰った簿記の教科書を翻訳した『帳合之法』により紹介された。この「帳合」とは，江戸時代から続いた帳簿記入の呼び名である。

4　営利か非営利かの違いによる簿記の種類

利益の追求を目的とする企業で用いる簿記を営利簿記という。したがって，記帳は複式簿記の方法で記入することが一般的である。また，公益法人や官公庁などの利益追求を目的としない簿記を非営利簿記という。なお，記帳は単式簿記の方法で記帳することが一般的であるが，現在では，複式簿記の方法を導入する公益法人や官公庁が増加している。

```
        ┌ 営利簿記 ── 商業簿記・工業簿記・銀行簿記・農業簿記　など
  簿記 ─┤
        └ 非営利簿記 ── 家計簿記・官庁簿記・学校簿記・組合簿記　など
```
図 1.1.3　営利か非営利かの違いによる簿記の種類

5　会計期間

企業の経営活動は継続的に営まれている。しかし，損益の計算を行う都合から，一般的に1年を一区切りと考え一会計期間と位置づけ，この会計期間の初めを期首，終わりを期末という。なお，期首から期末までの期間を当期とい

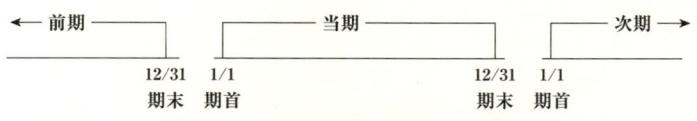

```
←―― 前期 ――   ――― 当期 ―――   ――― 次期 ―――→
          12/31 1/1        12/31 1/1
          期末  期首        期末  期首
```
図 1.1.4　個人企業の会計期間区分

い，当期の期首の前日から前の一会計期間を前期という。また，当期の期末の翌日から一会計期間を次期という。

6　借方と貸方

簿記では，ひとつの取引を原因項目と結果項目の二面からとらえ，それを左側と右側に分けて記入する。したがって，帳簿や報告書も左側と右側に分けて記録する。このとき慣習的に，左側を借方（debtor；Drと略す）また右側を貸方（creditor；Crと略す）と呼んでいる。ただし，借方と貸方には，「借りる」と「貸す」の意味はなく，単純に左側と右側を示す呼び方である。

練習問題 (1)

1　つぎの（　）のなかに，適する語句を下記の解答欄に記入しなさい。
  (1)　簿記は，企業の取引を（①　）的に（②　）・（③　）・（④　）したうえ，一定期間ごとに（⑤　）を行う記録計算の技術である。
  (2)　簿記の目的は，一定時点の現金，債権，備品，債務，借入金等の現在高を評価した（⑥　）と，一定期間における損益内容を評価した（⑦　）である。
  (3)　簿記は，記録計算方法により，（⑧　）と（⑨　）に区分され，（⑨　）は多くの企業において広く利用されている。
  (4)　複式簿記を，最初にまとめた書物は，1494年の（⑩　）という名称で，著者は（⑪　）である。
  (5)　日本には，福沢諭吉の翻訳書（⑫　）により紹介された。
  (6)　簿記では，左側を（⑬　）と呼び，右側を（⑭　）と呼ぶ。
  (7)　簿記では，一般的に1年を一区切りと考え（⑮　）と位置づけ，この会計期間の初めを（⑯　），終わりを（⑰　）という。なお，現在の期首から期末を（⑱　）といい，当期の期首の前日から前の一会計期間を（⑲　）という。また，当期の期末の翌日から一会計期間を（⑳　）という。

①	②	③	④	⑤
⑥	⑦	⑧	⑨	⑩
⑪	⑫	⑬	⑭	⑮
⑯	⑰	⑱	⑲	⑳

第2章　資産・負債・純資産(資本)および貸借対照表

1　資　　産

　資産とは，企業が経営活動を行うために所有している金銭や物品および債権である。したがって資産は，企業が所有する金銭のほかに，事務所や店舗などの建物と，商品配送や営業活動に利用する車両などの有形の資産，および金銭の貸付金や商品を販売し代金の貸し付け額を回収する権利などの無形の資産である。

債　権

　債権とは，貸した金銭や財産を返してもらう権利である。したがって，売買代金の受け取りや，商品の引き渡し，貸し付けた金銭の返済などを請求する法律上の権利である。

　資産の増加および減少を記録するときは，資産の内容を示す，現金，預金，建物，車両運搬具，貸付金などの名称で行う。この名称を簿記では勘定科目という。

　資産の主な勘定科目には，つぎのものがある。

- 現　　　　金　紙幣や貨幣などの通貨・他人振り出しの小切手・公社債の満期利札・配当金支払通知書・郵便為替支払通知書・郵便為替証書など
- 預　貯　　金　銀行などに預け入れた普通預金・定期預金・定期貯金・当座預金など
- 売　掛　　金　商品の販売代金が未収で，後日受け取る権利（掛け販売）
- 商　　　　品　販売するために所有している品物
- 貸　付　　金　他人に金銭を貸し付け，その返還請求の権利
- 未　収　　金　商品以外の売却代金が未収で，後日受け取る権利
- 備　　　　品　営業に用いる事務機器・陳列ケースなど
- 車両運搬具　商品配送や営業活動に利用するトラックや乗用車など

16　第1編　簿記会計の基礎

建　　物　営業に用いる店舗や事務所などの建物
土　　地　店舗や事務所などの敷地や駐車場

―――― 信用経済のなかで頻繁に利用する当座預金 ――――

　当座預金とは，企業が銀行と当座取引契約を結び，現金を預け入れ当座預金口座を開設する無利息の預金である。なお，銀行から預金の引き出し手段として，小切手を綴った小切手帳を受けとる。
　当座預金は，簿記上の資産に属し口座に現金や他人振り出しの小切手などを預け入れたときは，当座預金が増加し，小切手を振り出したときは，当座預金が減少する。

―――― 資産の分類基準 ――――

　資産の分類は，正常営業循環基準と1年基準（one year rule）の適用により，短期間に現金または費用に性質を変える流動資産と，長期間に渡り販売・生産・利殖などに利用する固定資産および，本来は費用として扱われるべき項目を，支出の効果が長期に渡るため一時的に資産として繰り延べた繰延資産に分類する。

　1　正常営業循環基準
　企業の主な営業活動が正常に行われているときに，他の企業から商品を購入し，第三者に商品の販売を行い代金を回収する循環過程および，他の企業から原材料を購入し，製品の製造を行い製品の販売代金を回収する循環過程のなかに位置する現金，受取手形，売掛金，商品，製品などは，この基準によって流動資産とする。
　正常営業循環の過程にない資産は，1年基準を適用して判断する。

　2　1年基準
　企業の決算日の翌日（期首）から1年以内に，現金または費用に性質を変える予定の預貯金，貸付金，前払費用などを流動資産とする。また，それ以外の1年を超える預貯金，貸付金，前払費用などや，現金化することを目的としない備品，建物，土地，車両運搬具，機械などを固定資産とする。

2　負　債

　負債とは，企業が経営活動を行うなかで，近い将来に一定の金額を負担する債務である。したがって負債は，銀行などの金融機関から借り入れた金銭や商品または物品を購入し，その代金の支払いを後払いにしたとき生ずる支払義務である。なお，この支払いは，資産で返済しなければならない。

第2章 資産・負債・純資産(資本)および貸借対照表

---── 債　務 ──---

債務とは，借りた金銭や財産を返さなければならない義務である。したがって，売買代金の支払いや，商品の引き渡し，借り入れた金銭の返済などを行う法律上の義務である。

負債の増加および減少を記録するときは，負債の内容を示す，借入金，買掛金，未払金などの名称で行う。この名称を簿記では勘定科目という。

負債の主な勘定科目には，つぎのものがある。

借 入 金　銀行などから借り入れた金銭の返済義務
買 掛 金　商品の購入を行い，後日，代金の支払いを行う義務（掛け購入）
未 払 金　商品以外の購入を行い，後日，代金の支払いを行う義務

---── 負債の分類基準 ──---

負債の分類は，正常営業循環基準と1年基準の適用により，短期間に返済が行われる流動負債と，返済期間が長期間に渡る固定負債に分類する。
 1　正常営業循環基準
　企業の主な営業活動が正常に行われているときに，その循環過程のなかに位置する支払手形，買掛金などは，この基準によって流動負債とする。
　正常営業循環の過程にない負債は，1年基準を適用して判断する。
 2　1年基準
　企業の決算日の翌日から1年以内に支払期限が到来する借入金，預り金などを流動負債とする。また，それ以外の1年を超える借入金，預り金などを固定負債とする。

3　純資産(資本)

　純資産（資本）とは，企業が一定時点に所有している資産の総額から負債の総額を差し引いた純資産額である。したがって純資産（資本）は，企業主からの調達分で返済の義務がないため自己資本という。なお，負債は，出資者以外の第三者からの調達分であるため返済の義務を伴うことから他人資本という。この関係を等式で示すと，つぎのようになる。この等式を純資産（資本）等式という。

18　第1編　簿記会計の基礎

資産 － 負債 ＝ 純資産（資本）

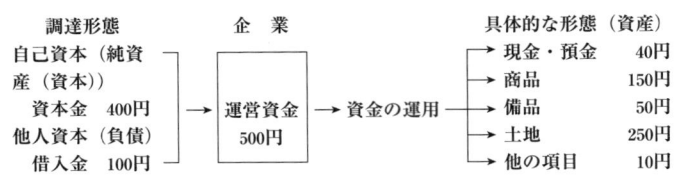

```
調達形態              企　業              具体的な形態（資産）
自己資本（純資                          → 現金・預金    40円
産（資本））                             → 商品        150円
　資本金  400円    →  運営資金  → 資金の運用 → 備品         50円
他人資本（負債）       500円              → 土地        250円
　借入金  100円                          → 他の項目     10円
```

図1.2.1　企業の資金調達と運用形態

　純資産（資本）の増加および減少を記録するときは，純資産（資本）の内容を示す資本金の名称で行う。この名称を簿記では勘定科目という。なお，これから学習する個人企業の記録は，資本金のみを使用する。

　資　本　金　企業主の出資した金額と，その後の営業活動によって得た利益，または失った損失の合計金額

　純資産（資本）の会計処理は，個人企業，合名会社，合資会社，合同会社，株式会社の企業形態によって違いがある。

個人企業の純資産（資本）

　企業の設立にあたって，企業主が最初に出資した金額を元入額といい，事業を拡張するためなどに出資した金額を追加元入額という。簿記ではこの出資した金額と，一定期間に営業活動から生み出された当期純利益の金額を，資本金の増加として処理する。また，企業主が私用の目的で現金や商品などを使用した金額と，一定期間の営業活動から生み出された当期純損失の金額を，資本金の減少として処理する。

株式会社の純資産（資本）

　株式会社の資本は，株式（株券）を発行して多数の出資者（株主）から，現金などの出資を受けて資本の調達を行う。
　株式会社を設立するときは，会社法の規定により定款を作成し，そのなかで会社が発行する株式の総数（授権資本）を定め，設立に際して発行する株式の総数の4分の1以上を発行しなければならない。なお，株式の総数の4分の3は，会社の方針に応じて取締役会の議決により発行することができる。これを授権資本制度という。
　株式会社の資本金は，原則として発行株式数に1株の発行価額を乗じた金額で，最低資本額は1円以上である。

第2章 資産・負債・純資産(資本)および貸借対照表　19

4　貸借対照表

　企業の財政状態を明らかにするため，一定時点（貸借対照表日）における全ての資産と負債および純資産（資本）を記載した一覧表である貸借対照表を作成する。この貸借対照表は，資金をどこから調達したかという調達源泉と，その資金がどのように使われているかという運用形態を示すものである。したがって貸借対照表は，資本等式の負債を右辺に移した等式に基づいて作成する。この関係を等式で示すと，つぎのようになる。この等式を貸借対照表等式という。

資産 ＝ 負債 ＋ 純資産（資本）

　なお，貸借対照表等式により，左辺の資産の合計金額と右辺の負債および純資産（資本）の合計金額は常に等しくなる。これを貸借平均の原理という。

(1) 貸借対照表の形態

　企業の経営活動は，継続的に営まれているが，一般的に1年を一会計期間と

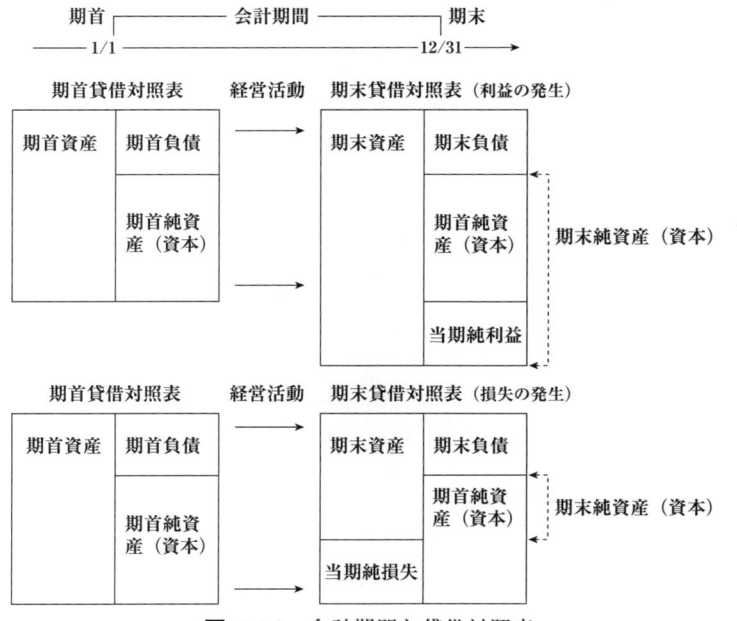

図 1.2.2　会計期間と貸借対照表

位置づけ，会計期間の初めに期首貸借対照表を，期間の終わりに期末貸借対照表を作成する。なお，貸借対照表は一会計期間の財政状態を示すものである。

貸借対照表の形態は，期首および期末貸借対照表ともに左辺（借方）に資産の部を，右辺（貸方）に負債の部および純資産（資本）の部を表示する。なお，期末貸借対照表では，純資産（資本）の部の記入を期首資本金と一会計期間に発生した当期純損益に区別して示す。なお，営業活動の結果，期末純資産（資本）が期首純資産（資本）より増加したときは当期純利益といい右辺（貸方）に記入し，期首純資産（資本）より期末純資産（資本）が減少したときは当期純損失といい左辺（借方）に記入する。この関係を等式で示すと，つぎのようになる。この計算方法を財産法という。

期末純資産（資本） − 期首純資産（資本） ＝ 当期純利益（プラス）

期末純資産（資本） − 期首純資産（資本） ＝ 当期純損失（マイナス）

(2) **期首の貸借対照表**（個人企業）

① 貸借対照表には，企業名と作成の日付を記載する。
② 個人企業の純資産（資本）は資本金と記入し，金額欄には資産の合計額 250 − 負債の合計額 50 ＝ 200 を記入する。
③ 貸借の合計線は，行数を同じにするため，負債および資本欄の余白に斜め線を記入してから，単線を金額欄に記入する。
④ 貸借の合計額は 250 で一致する。
⑤ 貸借の金額欄に複線を記入して締め切る。

貸 借 対 照 表

北海道商店 ←①→ ○年1月1日　　単位：円

資　産	金　額	負債および純資産（資本）	金　額	
現　　金	20	借　入　金	50	
商　　品	80	資　本　金	200	②
備　　品	30			
土　　地	120	③		合計線
	250 ←	④	→ 250	
		⑤締切線		

(3) **期末貸借対照表（当期純利益）**

貸 借 対 照 表

北海道商店　　　　○1年12月31日　　　　単位：円

資　産	金　額	負債および純資産（資本）	金　額	
現　　　金	60	借　入　金	30	
商　　　品	70	資　本　金	200	①期首の資本金
備　　　品	50	当 期 純 利 益	70	②
土　　　地	120			
	300		300	

① 資本金の金額欄には，期首の資本金200を記入する。

② 借方の資産の合計額300−（負債の合計額30＋資本金200）＝当期純利益70を導き，当期純利益70は，独立した項目として記入する。ただし，期末の資本金は，期首の資本金200と当期純利益70を加算した270である。

● 期末資産＝期末負債＋期首純資産（資本）＋当期純利益
● 期末純資産（資本）＝期首純資産（資本）＋当期純利益

(4) **期末貸借対照表（当期純損失）**

貸 借 対 照 表

北海道商店　　　　○1年12月31日　　　　単位：円

資　産	金　額	負債および純資産（資本）	金　額	
現　　　金	20	借　入　金	30	
商　　　品	100	資　本　金	200	期首の資本金
当 期 純 損 失	110 ①			
	230		230	

① 資産の合計額（現金20＋商品100）−｛負債の合計額（借入金30）＋期首の資本金200｝＝当期純損失110である。

● 期末資産＋当期純損失＝期末負債＋期首純資産（資本）

② 期末の純資産（資本）は，期首の資本金200−当期純損失110＝90である。

練習問題（2）

1　つぎの各項目を，資産・負債・純資産（資本）に分類して記入しなさい。

22　第1編　簿記会計の基礎

建　物　　現　金　　買掛金　　資本金　　備　品　　借入金
未払金　　土　地　　商　品　　貸付金　　売掛金　　車両運搬具

資　　産	
負　　債	
純資産（資本）	

2　つぎの等式の（　）のなかに，適当な語句を記入しなさい。
　(1)　（　　　）－（　　　）＝純資産（資本）：資本等式
　(2)　（　　　）＝負債＋（　　　）：貸借対照表等式

3　青森商店のつぎの資料から，期首および期末における純資産（資本）を算出し，貸借対照表を完成しなさい。
　○1年1月1日（期首）　現　金　100,000円　商　品　50,000円　借入金　60,000円
　○1年12月31日（期末）　現　金　80,000円　預　金　95,000円　商　品　30,000円
　　　　　　　　　　　　　備　品　28,000円　貸付金　10,000円　借入金　50,000円

期首純資産（資本）	円	期末純資産（資本）	円

期首貸借対照表

　　商店　　　　　　　　年　月　日　　　　　　単位：円

資　　産	金　額	負債および純資産（資本）	金　額
（　　）	（　　）	（　　）	（　　）
（　　）	（　　）	（　　）	（　　）
	（　　）		（　　）

期末貸借対照表

　　商店　　　　　　　　年　月　日　　　　　　単位：円

資　　産	金　額	負債および純資産（資本）	金　額
（　　）	（　　）	（　　）	（　　）
（　　）	（　　）	（　　）	（　　）
（　　）	（　　）		
（　　）	（　　）		
（　　）	（　　）		（　　）

第3章　収益・費用および損益計算書

1　収　　　益

　収益とは，営業活動によって純資産（資本）を増加させる原因となるものである。したがって収益は，企業の営業目的を達成するために，商品の販売や商品売買の仲立ちなどによって得た収入である。なお，純資産（資本）そのものを追加することは，純資産（資本）の増加であっても，原因が営業活動から発生したものでないため収益として扱わない。

　収益の発生を記録するときは，収益の内容を示す商品売買益，受取手数料などの名称で行う。この名称を簿記では勘定科目という。

　収益の主な勘定科目には，つぎのものがある。

商品売買益　商品の販売により得た原価と売価の差益（商品販売益ともいう）
受取手数料　売買の仲介を担当し，受け取った報酬
受 取 家 賃　所有の建物から得られた家賃
受 取 利 息　貸付金や預貯金などの利子や利息

収益の分類

　収益は，企業の主たる営業活動によって発生する営業収益と，企業の主たる営業活動以外から発生する営業外収益に区分する。
　1　営業収益
　企業の主たる営業活動によって発生する営業収益には，商品売買業や製造業での売上収益と，サービス業での受取手数料などがある。
　2　営業外収益
　企業の主たる営業活動以外から発生する営業外収益には，資金に余裕があり，資金運用の成果として発生した受取利息，有価証券利息，受取配当金，有価証券売却益などおよび固定資産の賃借から発生した受取地代や受取家賃などがある。

---

2 費用

　費用とは，営業活動によって純資産（資本）を減少させる原因となるものである。したがって費用は，企業の営業目的を達成するため，従業員に支払った給料や広告宣伝の支払代金などの支出で収益を獲得するための源泉である。なお，純資産（資本）そのものを引き出すことは，純資産（資本）の減少であっても，原因が営業活動から発生したものでないため費用として扱わない。

　費用の発生を記録するときは，費用の内容を示す，給料，広告料，支払家賃，通信費などの名称で行う。この名称を簿記では勘定科目という。

　費用の主な勘定科目には，つぎのものがある。

給　　　料　従業員に支払った給与
広　告　料　新聞，雑誌，テレビなどへの広告宣伝費
支 払 家 賃　店舗や事務所などの賃借料
通　信　費　電話料や郵便切手代など
水道光熱費　水道料，電気料，ガス料など
雑　　　費　茶菓子代などの，特に科目を設ける必要を認めない費用を総合した科目
支 払 利 息　金融機関や取引先などから借り入れた金銭の利子や利息

---- 費用の分類 ----

　費用は，企業の主たる営業活動によって発生する営業費用と，企業の主たる営業活動以外から発生する営業外費用に区分する。
　1　営業費用
　企業の主たる営業活動によって発生する営業費用には，販売商品の売上に対する仕入原価の額である売上原価と，商品や製品などの販売のために要した販売費及び営業活動のために要した一般管理費がある。
　2　営業外費用
　企業の主たる営業活動以外から発生する営業外費用には，企業の資金調達に伴い発生した支払利息や社債利息などがある。

3　損益計算書

　企業の営業成績を明らかにするため，一会計期間における全ての収益の内容と，全ての費用の内容を記載した一覧表である損益計算書を作成する。なお，一会計期間の損益計算を期間損益計算といい，この期間に発生した純損益の算出を等式で示すと，つぎのようになる。この計算方法を損益法という。

収益 － 費用 ＝ 当期純利益（プラス）
収益 － 費用 ＝ 当期純損失（マイナス）

　この等式から算出した当期純利益または当期純損失は，財産法の当期純利益または当期純損失と一致する。

　損益計算書は，損益法の等式の収益を右辺に，当期純利益を左辺に移した等式に基づいて作成する。この関係を等式で示すと，つぎのようになる。この等式を損益計算書等式という。

費用 ＋ 当期純利益 ＝ 収益

　したがって，損益計算書は，左辺の費用と当期純利益額の合計額と，右辺の収益の合計額は常に等しくなる。

(1) 損益計算書の形態

　企業の経営活動は，継続的に営まれているが，一般的に1年を一会計期間と位置づけ，会計期間の終わりに損益計算書を作成する。なお，損益計算書は，一会計期間の経営成績を示すものである。

　損益計算書の形態は，左辺（借方）に費用の部，右辺（貸方）に収益の部を表示し，純利益が発生したときは，当期純利益と左辺（借方）に朱記する。また，純損失が発生したときは，当期純損失と右辺（貸方）に記入する。

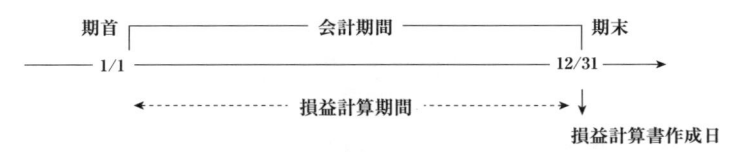

図 1.3.1　会計期間と損益計算書の関係

(2) **損益計算書（当期純利益）**

損 益 計 算 書

青森商店　←①→　〇1年1月1日から〇1年12月31日　単位：円

費用	金額	収益	金額
給料	60	商品売買益	160
広告料	30	受取手数料	35
支払家賃	40	受取利息	5
当期純利益	② 70		
	200	←③→	200

① 企業名と会計期間を記載する。
② 収益の合計額200－費用の合計額(60＋30＋40)＝当期純利益70
　借方に当期純利益70と朱記する。
③ 費用総額130＋当期純利益70＝収益総額200となり締め切る。

(3) **損益計算書（当期純損失）**

損 益 計 算 書

青森商店　〇1年1月1日から〇1年12月31日　単位：円

費用	金額	収益	金額
給料	70	商品売買益	120
広告料	30	受取手数料	20
支払家賃	40	当期純損失	① 10
雑費	10		
	150	←②→	150

① 収益の合計額(120＋20)－費用の合計額(70＋30＋40＋10)＝－10よって，貸方に当期純損失10と記入する。
② 費用総額150＝収益総額140＋当期純損失10となり締め切る。

4　貸借対照表と損益計算書

　貸借対照表の純損益の算出は財産法の等式で行い，損益計算書の純損益の算出は損益法の等式で行う。このとき算出される純利益または純損失は必ず一致

する。

財産法：期末純資産（資本）－期首純資産（資本）＝純利益
（マイナス・純損失）
損益法：収益総額－費用総額＝純利益（マイナス・純損失）

　　　　　　　　　　　　　　　　　　　　　　　　　　　　　　　　　　　　一致する

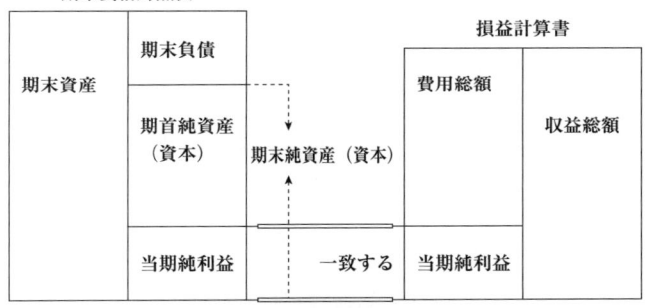

図 1.3.2　期末貸借対照表と損益計算書

練習問題 (3)

1　つぎの各項目を，収益と費用に分類して記入しなさい。
　商品売買益　広告料　通信費　受取利息　支払利息　給料
　受取家賃　支払家賃　受取手数料　交通費　消耗品費

収益	
費用	

2　岩手商店は，○1年1月1日に現金200,000円と商品300,000円を出資して開業した。会計期末の○1年12月31日につぎの資料を得た。よって，期首と期末の貸借対照表および損益計算書を作成しなさい。

　　現　　　金　170,000円　　売掛金　295,000円　　商　品　25,000円　　備　品　15,000円
　　建　　　物　245,000　　　買掛金　110,000　　　借入金　40,000　　　商品売買益　360,000
　　受取手数料　20,000　　　　給　料　200,000　　　広告料　50,000　　　支払家賃　30,000

28　第1編　簿記会計の基礎

期首貸借対照表

_____商店　　　___年___月___日　　　単位：円

資　産	金　額	負債および純資産（資本）	金　額

損　益　計　算　書

_____商店　　___年___月___日から___年___月___日　　単位：円

費　用	金　額	収　益	金　額

期末貸借対照表

_____商店　　　___年___月___日　　　単位：円

資　産	金　額	負債および純資産（資本）	金　額

3　つぎの一会計期間に発生した収益・費用によって，純損益を算出しなさい。
　(1)　1月1日から12月31日までの，商品売買益500,000円　受取手数料300,000円
　　　給料 200,000円　広告料 50,000円　通信費 30,000円　支払家賃 80,000円
　　　雑費 10,000円
　(2)　4月1日から3月31日までの，商品売買益350,000円　受取手数料100,000円
　　　給料 300,000円　広告料 50,000円　通信費 90,000円　支払家賃 80,000円
　　　雑費 20,000円
　(1)　当期_____　_____円　(2)　当期_____　_____円

4　○1年12月31日（期末）に作成した，つぎの貸借対照表および損益計算書に，誤りがあれば訂正し完成しなさい。

貸借対照表

現金	28	売掛金	10
買掛金	3	資本金	13
商品	2	受取手数料	2
借入金	7	当期純損失	17
雑費	2		
	42		42

損益計算書

給料	5	商品売買益	25
広告料	3		
当期純損失	17		
	25		25

貸借対照表

損益計算書

5 つぎの空欄に，あてはまる金額を求め記入しなさい。ただし，単位は千円である。

	期首			期末			収益総額	費用総額	純損益
	資産	負債	純資産（資本）	資産	負債	純資産（資本）			
1		3,500	6,500	10,000		6,800	8,200		益 300
2		0		9,000		8,000			損 500

第4章　取引と仕訳および勘定記入

1　簿記上の取引

　簿記上の取引とは，企業の資産・負債・純資産（資本）に増加および減少を及ぼす全ての事柄である。たとえば，売買の仲介手数料を受け取る取引は，収益の発生であるとともに資産の増加となる。また，従業員に給料を支払う取引は，費用の発生であるとともに資産の減少となる。したがって，収益と費用の発生も簿記上の取引である。なお，簿記上の取引は，一般に用いる取引と相違する事柄がある。この関係を示すと，つぎのようになる。

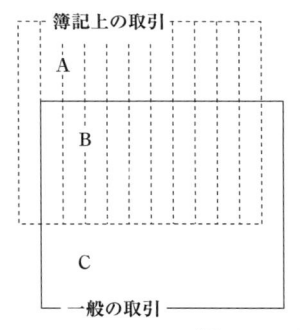

A　簿記上の取引であるが，一般の取引ではない
- 盗難により損害や紛失（商品などの資産が減少する）
- 災害による滅失など（建物などの資産が減少する）

B　簿記上の取引および一般の取引
- 商品の仕入や販売など（資産である商品の所有権が移転し，金銭などの資産が増減する）

C　一般の取引であるが，簿記上の取引ではない
- 土地や建物の賃貸借契約（所有権が移転しないため，土地や建物の資産に増減がない）
- 商品の売買契約など（所有権が移転しないため，資産である商品に増減がない）

図 1.4.1　簿記上の取引と一般の取引の分類

2　勘定と勘定科目

　簿記では，取引が発生したときに，資産・負債・純資産（資本）がどのように増加および減少したか，あるいは収益・費用がどのように発生および消滅したかを明らかにするため，勘定（account a/c と略す）という記録および計算の単位を用いる。

勘定は，貸借対照表に属する資産・負債・純資産（資本）の勘定，および損益計算書に属する収益・費用の勘定に分類することができる。ただし，この勘定は，同種類の項目をまとめた区分単位であるため，取引を記録するときは，勘定の区分を細分化した名称である勘定科目を用いる。したがって，資産の勘定は現金，売掛金など，負債の勘定は買掛金，借入金など，純資産（資本）の勘定は資本金などがある。また，収益の勘定は商品売買益，受取手数料など，費用の勘定は給料，広告料などがあり各勘定の勘定科目として存在する。

この関係を示すと，つぎのようになる。

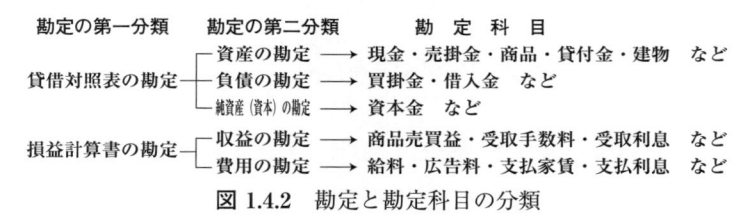

```
勘定の第一分類       勘定の第二分類        勘  定  科  目
                 ┌ 資産の勘定 → 現金・売掛金・商品・貸付金・建物 など
貸借対照表の勘定 ┼ 負債の勘定 → 買掛金・借入金 など
                 └ 純資産(資本)の勘定 → 資本金 など
                 ┌ 収益の勘定 → 商品売買益・受取手数料・受取利息 など
損益計算書の勘定 ┴ 費用の勘定 → 給料・広告料・支払家賃・支払利息 など
```

図 1.4.2　勘定と勘定科目の分類

3　勘定の記入方法

貸借対照表の勘定に属する資産・負債・純資産（資本）の勘定，および損益計算書の勘定に属する収益・費用の勘定は，その増加と減少およびその発生と消滅を，左右に区別して記入する。

(1) **資産勘定**　資産の勘定は，増加を借方に減少を貸方に記入する。

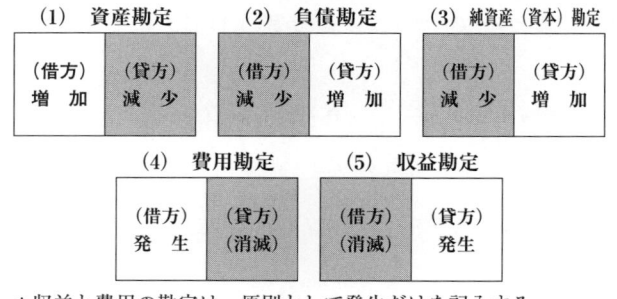

```
(1) 資産勘定          (2) 負債勘定         (3) 純資産(資本)勘定
(借方) (貸方)         (借方) (貸方)        (借方) (貸方)
 増加   減少           減少   増加          減少   増加

           (4) 費用勘定        (5) 収益勘定
           (借方) (貸方)       (借方) (貸方)
            発生   消滅         消滅   発生
```

＊収益と費用の勘定は，原則として発生だけを記入する。

図 1.4.3　勘定の記入方法

- (2) **負債勘定** 負債の勘定は，増加を貸方に減少を借方に記入する。
- (3) **純資産（資本）勘定** 純資産（資本）の勘定は，増加を貸方に減少を借方に記入する。
- (4) **収益勘定** 収益の勘定は，発生を貸方に消滅を借方に記入する。
- (5) **費用勘定** 費用の勘定は，発生を借方に消滅を貸方に記入する。

この関係を示すと，図1.4.3のようになる。

4　取引の二重性と取引要素の結合関係

　簿記上の取引は，貨幣価値の交換であるため，原因と結果の要素が同時に発生することから取引の二重性という。したがって，一つの取引において，資産の増加，負債の減少，純資産（資本）の減少，費用の発生である借方の要素の一つまたは複数と，資産の減少，負債の増加，純資産（資本）の増加，収益の発生である貸方の要素の一つまたは複数が，結びつく組み合わせが生まれる。これを簿記では取引要素の結合関係という。

　たとえば，「商品を仕入れ，代金は現金で支払った」と取引を仮定したときに，取引を分解すると，「商品を仕入れた」ことによる「商品の増加」と，「代金は現金で支払った」ことによる「現金の減少」になる。この分解を取引要素の組み合わせで示すと，借方は「資産（商品）の増加」で，貸方は「資産（現金）の減少」である。なお，一つの取引で，「資産（商品）の増加」と，「資産（現金）の減少」などの取引要素が，借方および貸方にそれぞれ複数発生することもある。

　取引要素の結合関係を示すと，つぎのようになる。

```
借方の要素                        貸方の要素
 資産の増加                        資産の減少       ＊点線の取引は
 負債の減少                        負債の増加        あまり発生し
 純資産（資本）                    純資産（資本）      ない。
  の減少                            の増加

 費用の発生                        収益の発生
```

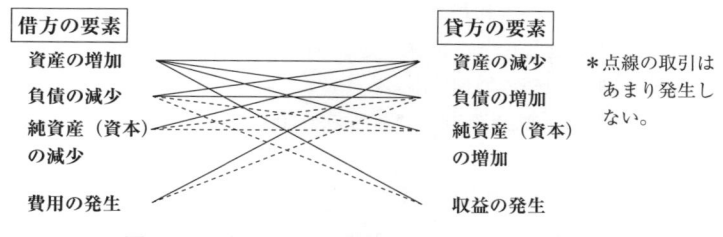

図 1.4.4 取引要素の結合関係（取引の 8 要素）

5 取引の種類

簿記上の取引は数限りないものである。この取引を大別すると，つぎの三つに分類できる。

(1) **交換取引** 借方の要素と貸方の要素を，資産・負債・資本の増減で構成する取引。
(2) **損益取引** 借方の要素と貸方の要素のどちらかを，収益・費用の発生で構成する取引。
(3) **混合取引** 借方の要素と貸方の要素を，交換取引と損益取引で構成する取引。

また，取引を分解したとき，借方の要素と貸方の要素が一組み発生する単純取引と，借方の要素と貸方の要素の少なくともどちらかに，二つ以上の要素が発生する複合取引がある。

例題 1.4.1

東京商事の 1 月 4 日から 1 月31日までの取引について，取引要素の結合関係を示すとつぎのようになる。

　1 月 4 日　現金600,000 円を出資して東京商事を開業した。
　　　　（借方）資産（現金）の増加―――（貸方）資本（資本金）の増加
　＊東京商事は現金という資産が増加し，この現金は出資であるため資本の増加を意味する。したがって，資産の増加と資本の増加である。
　　5 日　埼玉商店から商品300,000 円を仕入れ，代金は掛けとした。
　　　　（借方）資産（商品）の増加―――（貸方）負債（買掛金）の増加

＊東京商事は，商品を仕入れたことにより，商品という資産が増加し，この代金を掛けとしたことにより，後日，支払う負債の増加を意味する。したがって，資産の増加と負債の増加である。

7日　小山商店へ原価200,000円の商品を300,000円で売り渡し，代金は掛けとした。

　　　　（借方）資産（売掛金）の増加──（貸方）資産（商品）の減少
　　　　　　　　　　　　　　　　　　　　　　収益（商品売買益）の発生

＊東京商事は，商品を販売したことにより，商品という資産が減少し，この代金を掛けとしたことにより，後日，代金を受け取る権利を有する資産の増加を意味する。また，原価と売価の差額があることから，収益が発生する。したがって，資産の増加と資産の減少および収益の発生である。

10日　机・椅子および計算機器などの備品150,000円を購入し，代金は現金で支払った。

　　　　（借方）資産（備品）の増加───（貸方）資産（現金）の減少

11日　埼玉商店から商品100,000円を仕入れ，代金は現金で支払った。

　　　　（借方）資産（商品）の増加───（貸方）資産（現金）の減少

20日　小山商店から売掛金300,000円を現金で回収した。

　　　　（借方）資産（現金）の増加───（貸方）資産（売掛金）の減少

23日　埼玉商店へ買掛金300,000円を現金で支払った。

　　　　（借方）負債（買掛金）の減少──（貸方）資産（現金）の減少

24日　小山商店へ原価100,000円の商品を150,000円で売り渡し，代金は現金で受け取った。

　　　　（借方）資産（現金）の増加──（貸方）資産（商品）の減少
　　　　　　　　　　　　　　　　　　　　収益（商品売買益）の発生

25日　本月分の給料90,000円を現金で支払った。

　　　　（借方）費用（給料）の発生───（貸方）資産（現金）の減少

31日　本月分の諸雑費1,000円を現金で支払った。

　　　　（借方）費用（雑費）の発生───（貸方）資産（現金）の減少

6　仕　訳

簿記の目的は，簿記上の取引を発生順に正確かつ明瞭に記録した結果から，

企業の財政状態と経営成績を把握することである。したがって，この目的を達成するために，発生した取引を原因と結果との視点から，借方の要素と貸方の要素に分解し，借方にはどの勘定科目でいくらの金額を記入するか，貸方にはどの勘定科目でいくらの金額を記入するかを決める手続きが必要になる。この手続きを仕訳という。なお，仕訳した借方の合計金額と貸方の合計金額は必ず一致する。

仕訳は，簿記上の取引を発生順に記録し，勘定口座への記入を正確に行う必要かつ不可欠な手続きである。したがって，この二面的な記録は，複式簿記の偉大なる特徴である。

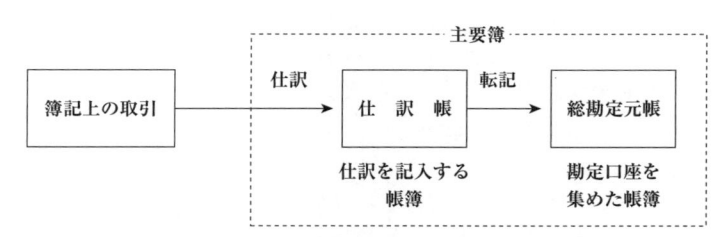

図 1.4.5 取引から勘定口座に記入する手続き

例題 1.4.2

東京商事の1月4日から1月31日までの取引を仕訳すると，つぎのようになる。

1月4日　現金600,000円を出資して東京商事を開業した。
この取引要素の結合は，つぎのようになる。

　（借方）資産（現金）の増加 ——— （貸方）資本（資本金）の増加
＊借方と貸方の勘定科目を決定すると，つぎのようになる。
　（借方）現金　　　　　　　　（貸方）資本金
＊借方と貸方の勘定科目に対応した金額を決定すると，貸借ともに600,000円の増加である。したがって，つぎのように「円」を外して 600,000 とする。なお，仕訳の最初に取引日を記入すること。
＊仕訳の完成である。

| 1/4 | （借方）現金 | 600,000 | （貸方）資本金 | 600,000 |

5日　埼玉商店から商品300,000円を仕入れ，代金は掛けとした。
＊借方と貸方の勘定科目を決定すると，つぎのようになる。
　（借方）商品　　　　　　　　（貸方）買掛金

36　第1編　簿記会計の基礎

＊借方と貸方の勘定科目に対応した金額を決定すると，貸借ともに300,000円の増加である。したがって，つぎのように「円」を外して300,000とする。なお，仕訳の最初に取引日を記入すること。
＊仕訳の完成である。

| 1/5 | (借方) 商品 | 300,000 | (貸方) 買掛金 | 300,000 |

　7日　小山商店へ原価200,000円の商品を300,000円で売り渡し，代金は掛けとした。
＊借方と貸方の勘定科目を決定すると，つぎのようになる。
　(借方) 売掛金　　　　　　　　(貸方) 商品
　　　　　　　　　　　　　　　　　　　商品売買益
＊借方と貸方の勘定科目に対応した金額を決定すると，売却により商品は，原価200,000円だけ減少し，売却金額が300,000円であるため，商品売買益が100,000円発生する。また，代金は300,000円であり売掛金の金額になる。
＊仕訳の完成である。

| 1/7 | (借方) 売掛金 | 300,000 | (貸方) 商品 | 200,000 |
| | | | 商品売買益 | 100,000 |

　10日　机・椅子および計算機などの備品150,000円を購入し，代金は現金で支払った。
＊借方と貸方の勘定科目を決定すると，つぎのようになる。
　(借方) 備品　　　　　　　　　(貸方) 現金
＊仕訳の完成である。

| 1/10 | (借方) 備品 | 150,000 | (貸方) 現金 | 150,000 |

　11日　埼玉商店から商品100,000円を仕入れ，代金は現金で支払った。
＊借方と貸方の勘定科目を決定すると，つぎのようになる。
　(借方) 商品　　　　　　　　　(貸方) 現金
＊仕訳の完成である。

| 1/11 | (借方) 商品 | 100,000 | (貸方) 現金 | 100,000 |

　20日　小山商店から売掛金300,000円を現金で受け取った。
＊例題1.4.1を参照。

| 1/20 | (借方) 現金 | 300,000 | (貸方) 売掛金 | 300,000 |

　23日　埼玉商店へ買掛金300,000円を現金で支払った。
＊例題1.4.1を参照。

| 1/23 | (借方) 買掛金 | 300,000 | (貸方) 現金 | 300,000 |

24日　小山商店へ原価100,000円の商品を150,000円で売り渡し，代金は現金で受け取った。

＊例題1.4.1を参照。

1/24	(借方) 現金	150,000	(貸方) 商品	100,000
			商品売買益	50,000

25日　本月分の給料90,000円を現金で支払った。

＊例題1.4.1を参照。

1/25	(借方) 給料	90,000	(貸方) 現金	90,000

31日　本月分の諸雑費1,000円を現金で支払った。

＊例題1.4.1を参照。

1/31	(借方) 雑費	1,000	(貸方) 現金	1,000

7　勘定口座と形式

簿記では，取引の仕訳に続いて各勘定ごとにその増加および減少の記録・計算を行う。このために設けた帳簿上の場所を勘定口座という。

勘定口座の形式には，つぎの標準式と残高式がある。

(1)　**標準式の形式**

標準式の勘定口座は，記入欄を中央から左側の借方欄と右側の貸方欄に分けて表示したものである。

現　　金

年	摘　要	仕丁	借　方	年	摘　要	仕丁	貸　方

(2)　**残高式の形式**

残高式の勘定口座は，記入欄を借方欄と貸方欄および，残高欄を設けて表示したものである。この形式は，勘定の現在高をすぐ知ることができるため，実務上広く利用されている。

現　金
1

年	摘要	仕丁	借方	貸方	借または貸	残高

　なお，勘定口座を学習する目的のときは，標準式を簡略化したつぎのT字型（Tフォーム）の勘定形式を多く用いる。

現　金

（借方）	（貸方）

---- 勘定の由来 ----

　勘定の由来は，現金勘定の記録および計算から始まったといわれている。その記録および計算の方法は，現金という見出しをつけた帳簿の左ページ（借方）に現金の収入を記入し，右ページ（貸方）に現金の支出を記入する。その後，決められた日に収入金額の総額と，支出金額の総額から収支の差額を算出し，差額を支出の側に加え，総額を一致させる。

現　金　（資産）

	収入（借方）				支出（貸方）		
増加	○月○日	借　　入	100	○月○日	商品仕入	80	減少
増加	○日	商品売上	200	○月○日	現金残高	220	残高
			300			300	

8　転　記

　簿記では，取引の仕訳を勘定口座に書き移す手続きを転記という。したがって転記は，仕訳した借方勘定金額を，その勘定口座の借方に書き移し，仕訳の貸方勘定の金額を，その勘定口座の貸方に書き移す。なお，勘定口座には，日付と金額および相手勘定も必ず記入する。

(1)　仕訳で勘定が，借方および貸方ともに一つ存在しているときの転記は，つぎのようになる。

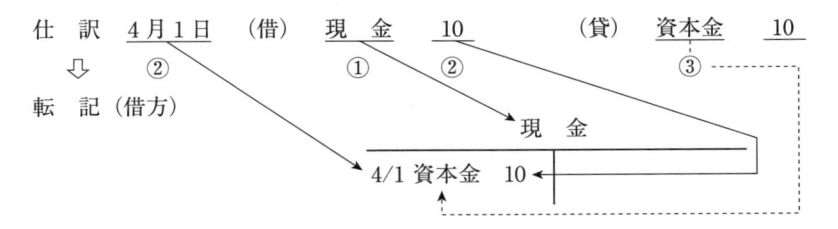

第4章　取引と仕訳および勘定記入　39

```
仕　訳　4月1日　（借）　現　金　10　　（貸）　資本金　10
　↓　　　②　　　　　　①　　②　　　　　　　　　③
転　記（借方）
　　　　　　　　　　　現　金
　　　　　　　4/1 資本金　10
```

① 仕訳の借方である現金勘定は，現金の勘定口座に書き移すことを認識する。
② 仕訳の借方金額を勘定口座の借方に書き移す。なお，日付4月1日も書き移す。
③ 仕訳の相手勘定である資本金を書き移す。
④ 貸方も借方の転記と同様である。

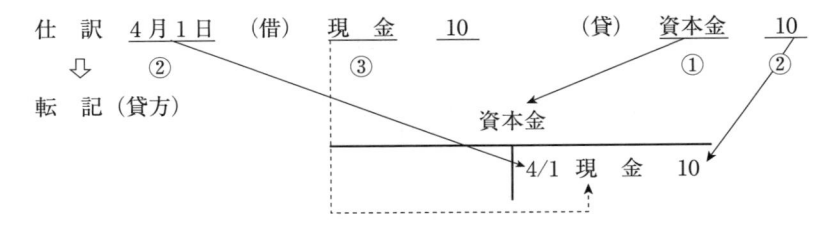

```
仕　訳　4月1日　（借）　現　金　10　　（貸）　資本金　10
　↓　　　②　　　　　　　③　　　　　　　　①　　②
転　記（貸方）
　　　　　　　　　　　資本金
　　　　　　　　　　　　　　　　4/1 現　金　10
```

(2) 仕訳で少なくとも借方か貸方に複数の勘定が存在するときの転記は，つぎのようになる。

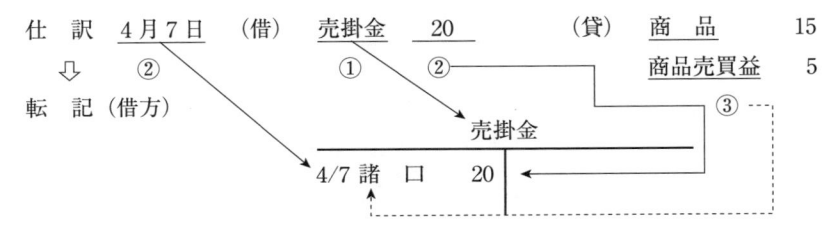

```
仕　訳　4月7日　（借）　売掛金　20　　（貸）　商　品　15
　↓　　　②　　　　　　①　　②　　　　　　　商品売買益　5
転　記（借方）　　　　　　　　　　　　　　　　　　　　③
　　　　　　　　　　　売掛金
　　　　　　　4/7 諸　口　20
```

① (1)の①と同様である。
② (1)の②と同様である。
③ 仕訳の相手勘定は，商品と商品売買益の複数であるため，代わりに「諸口」と記入する。

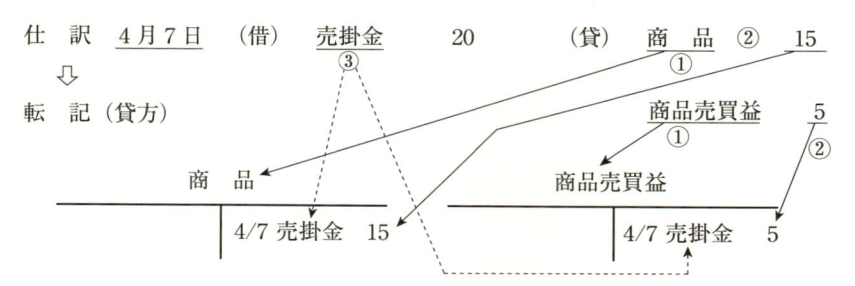

仕 訳 <u>4月7日</u> （借） <u>売掛金</u>　　20　　　（貸） <u>商　品</u> ②　15
　　　　　　　　　　　　　　　③　　　　　　　　　　　①
⇩
転　記（貸方）
　　　　　　　　　　　　　　　　　　　　　　　　<u>商品売買益</u>　　　　5
　　　　　　　　　　　　　　　　　　　　　　　　　　①　　　　　　　②

　　　　　　　商　品　　　　　　　　　　　　　　　商品売買益
――――――――――――――――――　　　――――――――――――――――――
　　　　　　|4/7 売掛金　15　　　　　　　　　　　　　|4/7 売掛金　5

① （1）の①と同様である。
② （1）の②と同様である。
③ （1）の③と同様である。

例題 1.4.3
東京商事の1月4日から1月23日までの仕訳を転記すると，つぎのようになる。

1/4　　　（借） 現金　　　600,000　　　（貸） 資本金　　　600,000

　　　　　　現　金　　　1　　　　　　　　　　資本金　　　6
――――――――――――――――――　　　――――――――――――――――――
1/4 資本金　600,000 |　　　　　　　　　　　　|1/4 現金　600,000

1/5　　　（借） 商品　　　300,000　　　（貸） 買掛金　　　300,000

　　　　　　商　品　　　3　　　　　　　　　　買掛金　　　5
――――――――――――――――――　　　――――――――――――――――――
1/5 買掛金　300,000 |　　　　　　　　　　　　|1/5 商品　300,000

1/7　　　（借） 売掛金　　　300,000　　　（貸） 商品　　　　　200,000
　　　　　　　　　　　　　　　　　　　　　　　　商品売買益　　100,000

　　　　　　売掛金　　　2　　　　　　　　　　商　品　　　3
――――――――――――――――――　　　――――――――――――――――――
1/7 諸口　300,000 |　　　　　　　　　　　　1/5 買掛金　300,000 |1/7 売掛金　200,000

　　　　　　　　　　　　　　　　　　　　　　　　商品売買益　　　7
　　　　　　　　　　　　　　　　　　　――――――――――――――――――
　　　　　　　　　　　　　　　　　　　　　　　　　　　|1/7 売掛金　100,000

1/10　　　（借） 備品　　　150,000　　　（貸） 現金　　　150,000

現　金　　　　　　1		備　品　　　　　　4
1/4 資本金 600,000	1/10 備品 150,000	1/10 現金 150,000

1/11　（借）商品　　　100,000　　　（貸）現金　　　100,000

現　金　　　　　　1		商　品　　　　　　3
1/4 資本金 600,000	1/10 備品 150,000 　11 商品 100,000	1/5 買掛金 300,000 　11 現金 100,000　　1/7 売掛金 200,000

1/20　（借）現金　　　300,000　　　（貸）売掛金　　300,000

現　金　　　　　　1		売掛金　　　　　　2
1/4 資本金 600,000 　20 売掛金 300,000	1/10 備品 150,000 　11 商品 100,000	1/7 諸口 300,000　　1/20 現金 300,000

1/23　（借）買掛金　　300,000　　　（貸）現金　　　300,000

現　金　　　　　　1		買掛金　　　　　　5
1/4 資本金 600,000 　20 売掛金 300,000	1/10 備品 150,000 　11 商品 100,000 　23 買掛金 300,000	1/23 現金 300,000　　1/5 商品 300,000

9　貸借平均の原則

　簿記は，一つの取引をある勘定の借方と，ある勘定の貸方に分解して記入する。したがって，全ての勘定口座の借方金額の合計額と，貸方金額の合計額は等しくなる。これを貸借平均の原則という。複式簿記では，この原則が成立することが特徴である。

　例題 1.4.4
　東京商事の1月4日から1月31日までの，全ての勘定口座の借方合計金額と貸方合計金額を集計すると，つぎのようになる。

42 第1編 簿記会計の基礎

```
          現　金          1                      売掛金          2
1/4  600,000  | 1/10  150,000        1/7  300,000  | 1/20  300,000
 20  300,000  |  11   100,000             300,000  |       300,000
 24  150,000  |  23   300,000
              |  25    90,000
              |  31     1,000
     ─────────       ─────────
     1,050,000         641,000

          商　品          3                      備　品          4
1/5  300,000  | 1/7   200,000        1/10  150,000 |
 11  100,000  |  24   100,000              150,000 |
     ─────────       ─────────
      400,000         300,000

          買掛金          5                      資本金          6
1/23 300,000  | 1/5   300,000                     | 1/4   600,000
      300,000 |        300,000                     |        600,000

         商品売買益        7                       給　料          8
              | 1/7   100,000        1/25  90,000  |
              |  24    50,000              90,000  |
                       150,000

          雑　費          9
1/31   1,000  |
       1,000  |
```

	勘　定　科　目	借方の合計金額	貸方の合計金額
1	現　　　　　金	1,050,000	641,000
2	売　　掛　　金	300,000	300,000
3	商　　　　　品	400,000	300,000
4	備　　　　　品	150,000	──
5	買　　掛　　金	300,000	300,000
6	資　　本　　金	──	600,000
7	商　品　売　買　益	──	150,000
8	給　　　　　料	90,000	──
9	雑　　　　　費	1,000	──
	合　　　計	2,291,000	2,291,000

＊勘定口座の借方合計は2,291,000で，また貸方合計も2,291,000になり等しくな

る。これを貸借平均の原則という。

練習問題（4）

1　つぎの取引のうち，簿記上の取引となるものには○印を，そうでないものには×印を解答欄に記入しなさい。
(1)　前橋商事は，現金 500,000 円が盗難にあった。（①　）
(2)　前橋商事は，商品 100,000 円を預かる。（②　）
(3)　前橋商事は，営業用倉庫を月額 80,000 円の家賃で借りる契約をした。（③　）
(4)　前橋商事は，火災により建物一棟 4,000,000 円を焼失した。（④　）
(5)　東京商店に，商品 80,000 円を売り渡し，代金は月末に受け取ることにした。（⑤　）
(6)　前橋商事は，給料 150,000 円で雇用契約を結んだ。（⑥　）
(7)　前橋商事は，市内の祭りに 10,000 円の寄付をした。（⑦　）
(8)　東京商店が倒産のため，貸付金 250,000 円が回収不能となった。（⑧　）
(9)　東京商店から商品 200,000 円の注文を受けた。（⑨　）
(10)　前橋商事は，建物に対する保険契約を結び，保険料 300,000 円を支払った。（⑩　）

①	②	③	④	⑤
⑥	⑦	⑧	⑨	⑩

2　つぎの（　）内に，借方または貸方のいずれかの適語を解答欄に記入しなさい。
(1)　資本の増加は，（①　）に記入する。
(2)　収益の発生は，（②　）に記入する。
(3)　資産の減少は，（③　）に記入する。
(4)　資本の減少は，（④　）に記入する。
(5)　負債の増加は，（⑤　）に記入する。
(6)　費用の発生は，（⑥　）に記入する。
(7)　資産の増加は，（⑦　）に記入する。
(8)　負債の減少は，（⑧　）に記入する。

①		②		③		④	
⑤		⑥		⑦		⑧	

3　つぎの勘定科目は，増加または発生が借方であるときは○印を記入し，貸方であるときは×印を記入しなさい。

(1)　広　告　料（　）　　(2)　給　　　料（　）　　(3)　商品売買益（　）
(4)　現　　　金（　）　　(5)　受取利息（　）　　(6)　建　　　物（　）
(7)　買　掛　金（　）　　(8)　借　入　金（　）　　(9)　通　信　費（　）
(10)　商　　　品（　）　　(11)　備　　　品（　）　　(12)　消耗品費（　）
(13)　受取手数料（　）　　(14)　支払家賃（　）　　(15)　売　掛　金（　）

4　つぎの取引を各勘定口座に記入しなさい。
(1)　現金 500,000 円を出資して開業した。
(2)　備品 40,000 円を現金で買い入れた。
(3)　商品 200,000 円を仕入れ，代金は掛けとした。
(4)　原価 80,000 円の商品を 100,000 円で売り渡し，代金は掛けとした。
(5)　売掛金 100,000 円を現金で受け取った。
(6)　本月分の給料 50,000 円を現金で支払った。

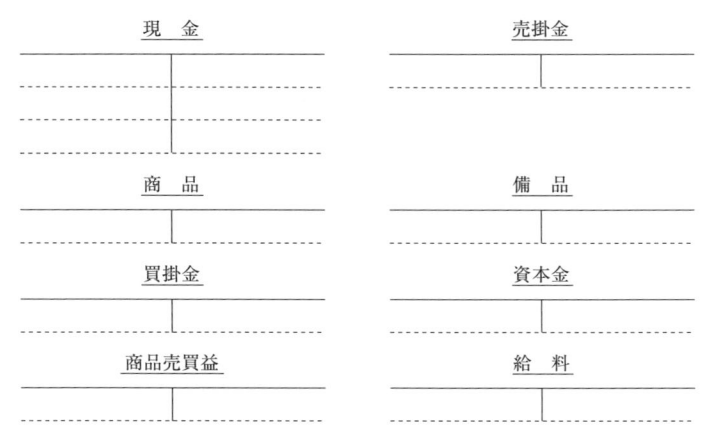

```
        現　金                          売掛金
────────────┼────────────     ────────────┼────────────
            │                             │
            │                             │
            │                             │

        商　品                          備　品
────────────┼────────────     ────────────┼────────────
            │                             │

        買掛金                          資本金
────────────┼────────────     ────────────┼────────────
            │                             │

      商品売買益                         給　料
────────────┼────────────     ────────────┼────────────
            │                             │
```

5　つぎの取引の仕訳を示し，各勘定口座に日付と金額を転記しなさい。

　　4月1日　現金 600,000 円と商品 300,000 円および備品 100,000 円を出資して前橋商事を開業した。

　　　7日　小山商店へ原価 200,000 円の商品を 300,000 円で売り渡し，代金は

掛けとした。
10日　机・椅子・計算機器などの備品 150,000 円を購入し，代金は現金で支払った。
11日　埼玉商店から商品 100,000 円を仕入れ，代金は掛けとした。
20日　小山商店から売掛金 300,000 円を現金で受け取った。
23日　埼玉商店へ買掛金 100,000 円を現金で支払った。
24日　小山商店へ原価 100,000 円の商品を 150,000 円で売り渡し，代金は現金で受け取った。
25日　本月分の給料 90,000 円を現金で支払った。
30日　本月分の諸雑費 1,000 円を現金で支払った。

日　付	借　方　科　目	金　　額	貸　方　科　目	金　　額
4／1				
／7				
／10				
／11				
／20				
／23				
／24				
／25				
／30				

現　金　　1

売掛品　　2

商　品　　3

第1編 簿記会計の基礎

備　品　　　　4

買掛金　　　　5

資本金　　　　6

商品売買益　　　7

給　料　　　　8

雑　費　　　　9

第5章 仕訳帳と総勘定元帳

1 仕訳帳

　仕訳帳とは，取引の仕訳を発生順に記録する帳簿である。この帳簿は，取引の歴史的記録を保有する役割を果たすために原始記入簿という。なお，仕訳帳と総勘定元帳を合わせて主要簿と名付けられている。

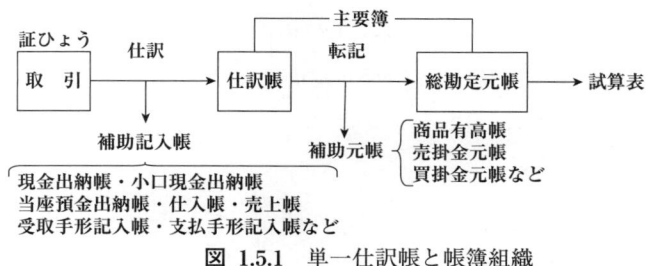

図 1.5.1　単一仕訳帳と帳簿組織

(1) 仕訳帳の形式と記入方法

仕訳帳は一般につぎの形式で表わし，記入方法はつぎのとおりである。

① 日付欄には年月日を記入し，年と月は新しいページあるいは新しい月が始まるまでは記入する必要はない。

② 摘要欄には，記入の第一行目に借方勘定科目を中央より左側に記入し，次行に貸方勘定科目を中央より右側に，それぞれ（　）をつけて記入する。また，借方または貸方に勘定科目を二つ以上記録するときは，勘定科目の上に「諸口」と記入する。なお，取引の簡単な説明は貸方勘定科目のすぐ下の行に記入する。これを「小書」という。

③ 借方・貸方欄には，借方勘定科目の金額を同一行の借方欄に記入し，貸方勘定科目の金額を同一行の貸方欄に記入する。

48 第1編 簿記会計の基礎

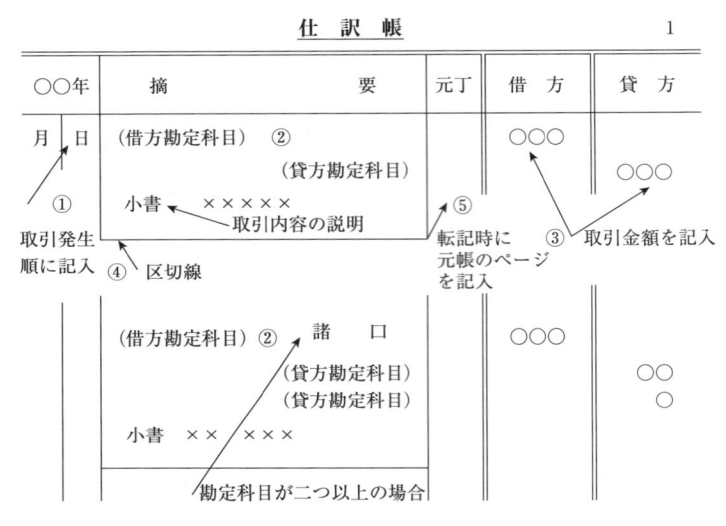

<u>仕　訳　帳</u>　　　　　　　1

○○年	摘　　　　要	元丁	借方	貸方
月 日	（借方勘定科目）　②		○○○	○○○
	（貸方勘定科目）			
	小書　×××××取引内容の説明	⑤		
① 取引発生順に記入	④ 区切線	転記時に元帳のページを記入	③ 取引金額を記入	
	（借方勘定科目）②　諸　　口		○○○	
	（貸方勘定科目）			○○
	（貸方勘定科目）			○
	小書　××　×××			
	勘定科目が二つ以上の場合			

図 1.5.2　仕訳帳の形式と記入法

④　ひとつの取引の仕訳が終了するごとに，摘要欄に朱記で単線を記入して区切る。

⑤　元丁欄は，仕訳記入のときには空欄にしておき，元帳へ転記したときに，勘定口座番号またはページ数を記入する。

(2) 仕訳帳のページ替えと締切方法

⑥　1ページの記入が終了して次ページへ移るときは，そのページの最終行の金額欄の上部に朱記で単線（合計線）を引き，その下にそのページの合計額を記入し，摘要欄に「次ページへ」と記入する。そして，次ページの最初の行の摘要欄に「前ページから」と記入して，前ページの合計額を記入する。

⑦　次ページへ移るときに，そのページに余白が生じた場合は，合計線を摘要欄の3分の2まで伸ばして，その余白に斜め線を朱記で記入する。

⑧　ひとつの仕訳は，2ページにわたって記入しない。

⑨　一定期間の記入が終了したときは，そのページの最終仕訳の下の金額欄の上部に，合計線を引き，その下に合計金額を記入する。そして，合計金

第5章 仕訳帳と総勘定元帳

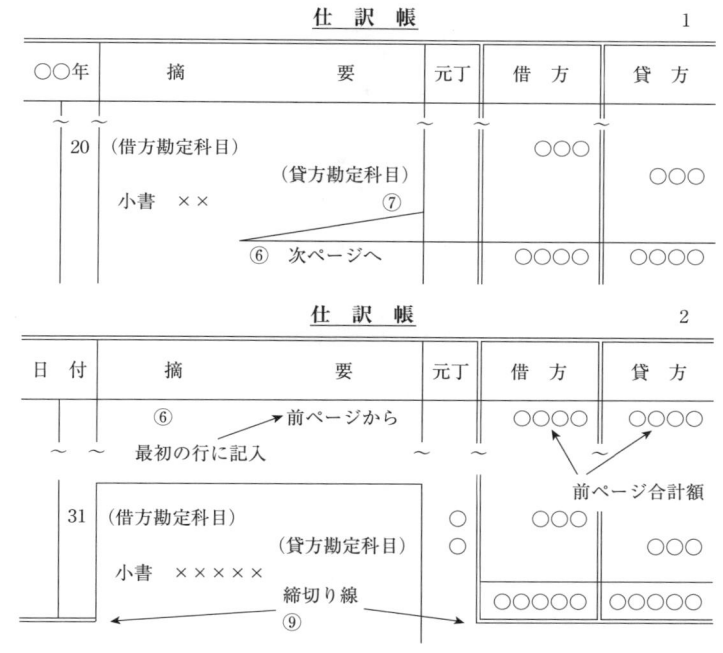

```
         仕 訳 帳                          1
┌─────┬──────────────┬────┬──────┬──────┐
│○○年│    摘    要   │元丁│ 借 方│ 貸 方│
├─────┼──────────────┼────┼──────┼──────┤
│ ～  │      ～      │ ～ │  ～  │  ～  │
│ 20  │(借方勘定科目)│    │ ○○○│      │
│     │  (貸方勘定科目)│    │      │ ○○○│
│     │  小書 ××   ⑦│    │      │      │
│     │  ⑥ 次ページへ│    │○○○○│○○○○│
└─────┴──────────────┴────┴──────┴──────┘
```

```
         仕 訳 帳                          2
┌─────┬──────────────┬────┬──────┬──────┐
│日 付│    摘    要   │元丁│ 借 方│ 貸 方│
├─────┼──────────────┼────┼──────┼──────┤
│     │ ⑥ → 前ページから│    │○○○○│○○○○│
│ ～ ～│ 最初の行に記入│ ～ │  ～  │  ～  │
│     │          前ページ合計額│
│ 31  │(借方勘定科目)│ ○ │ ○○○│      │
│     │  (貸方勘定科目)│ ○ │      │ ○○○│
│     │  小書 ×××××│    │      │      │
│     │     締切り線  │    │○○○○○│○○○○○│
│     │         ⑨    │    │      │      │
└─────┴──────────────┴────┴──────┴──────┘
```

図 1.5.3　仕訳帳のページ替えと締切法

額の下と日付欄に朱記で複線(締切線)を記入する。

例題 1.5.1

東京商事の1月4日から1月31日までの仕訳帳への記入を示すと，つぎのようになる。

1月4日　現金600,000円を出資して東京商事を開業した。
　　5日　埼玉商店から商品300,000円を仕入れ，代金は掛けとした。
　　7日　小山商店へ原価200,000円の商品を300,000円で売り渡し，代金は掛けとした。
　 10日　机・椅子および計算機器などの備品150,000円を購入し，代金は現金で支払った。
　 11日　埼玉商店から商品100,000円を仕入れ，代金は現金で支払った。
　 20日　小山商店から売掛金300,000円を現金で受け取った。
　 23日　埼玉商店へ買掛金300,000円を現金で支払った。
　 24日　小山商店へ原価100,000円の商品を150,000円で売り渡し，代金は現

金で受取った。

25日　本月分の給料90,000円を現金で支払った。

31日　本月分の諸雑費1,000円を現金で支払った。

仕　訳　帳　　　　　　　　　　1

○○年		摘　　　　要	元丁	借　方	貸　方
1	4	（現　　金）		600,000	
		（資　本　金）			600,000
		元入れ開業			
	5	（商　　品）		300,000	
		（買　掛　金）			300,000
		埼玉商店から仕入れ			
1	7	（売　掛　金）　諸　　　口		300,000	
		（商　　品）			200,000
		（商品売買益）			100,000
		小山商店に売り渡し			
		次ページへ		1,200,000	1,200,000

仕　訳　帳　　　　　　　　　　2

○○年		摘　　　　要	元丁	借　方	貸　方
		前ページから		1,200,000	1,200,000
	10	（備　　品）		150,000	
		（現　　金）			150,000
		机・椅子および計算機器など購入			
	11	（商　　品）		100,000	
		（現　　金）			100,000
		埼玉商店から仕入れ			
	20	（現　　金）		300,000	
		（売　掛　金）			300,000
		小山商店から売掛金回収			
	23	（買　掛　金）		300,000	
		（現　　金）			300,000
		埼玉商店へ買掛金支払い			

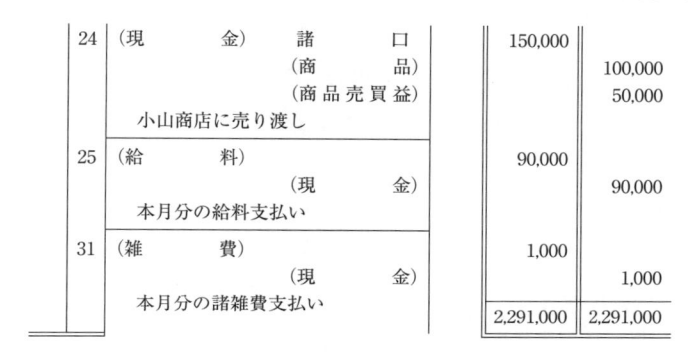

24	(現　　金)	諸　　口			150,000	
		(商　　品)				100,000
		(商品売買益)				50,000
	小山商店に売り渡し					
25	(給　　料)				90,000	
		(現　　金)				90,000
	本月分の給料支払い					
31	(雑　　費)				1,000	
		(現　　金)				1,000
	本月分の諸雑費支払い					
					2,291,000	2,291,000

2　総勘定元帳（元帳）

　総勘定元帳は，すべての勘定口座を集めた帳簿で元帳ともいう。この帳簿の役割は，各勘定口座の記録から，各勘定科目ごとの現在高や発生額を把握することができるとともに，貸借対照表や損益計算書を作成する資料である。

　総勘定元帳の記録は，仕訳帳に記入した歴史的記録を移し替えたものであり，この手続きを転記という。したがって，仕訳帳と総勘定元帳の関係は，転記の手続きによって帳簿体系を形成している。

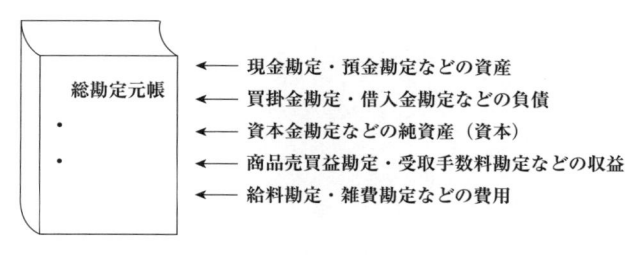

　　　　総勘定元帳　←── 現金勘定・預金勘定などの資産
　　　　　　　　　　←── 買掛金勘定・借入金勘定などの負債
　　　　　　　　　　←── 資本金勘定などの純資産（資本）
　　　　　　　　　　←── 商品売買益勘定・受取手数料勘定などの収益
　　　　　　　　　　←── 給料勘定・雑費勘定などの費用

図 1.5.4　総勘定元帳の構成

(1)　総勘定元帳の記入方法

仕訳帳から総勘定元帳に記入する方法は，つぎのとおりである。
① 　仕訳帳に記録した借方勘定科目を総勘定元帳の綴り込みから捜し出す。
② 　日付欄に仕訳帳の取引発生日を記入する。
③ 　借方金額欄に仕訳帳に記録した借方金額を記入する。

④ 摘要欄に仕訳の貸方勘定科目を記入する。ただし，貸方勘定科目が二つ以上あるときは，「諸口」と記入する。
⑤ 仕丁欄に仕訳帳のページ数を記入する。これで仕訳帳の借方記録の転記が終了する。
⑥ 仕訳帳の元丁欄に勘定口座のページ数を記入する。
⑦ 以上の①～⑥までの手続きを，仕訳帳に記録した貸方勘定科目についても同様に転記する。
⑧ 残高式の「借または貸」欄は，「残高」欄の残高金額が借方側または貸方側のどちらにあるかを記入する。

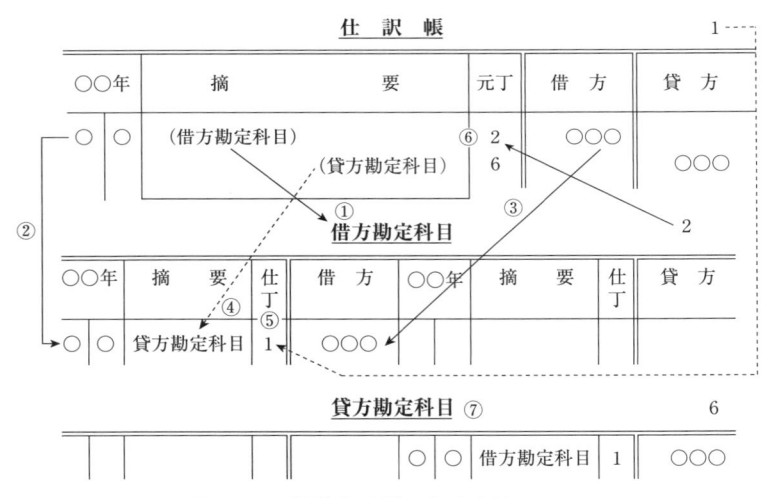

図 1.5.5 総勘定元帳の記入方法（標準式）

第5章 仕訳帳と総勘定元帳 53

仕 訳 帳　　　　1

○○年	摘　要	元丁	借　方	貸　方
○ ○	（借方勘定科目）	⑥ 2	○○○	
	（貸方勘定科目）	6		○○○

借方勘定科目　　　　2

○○年	摘要	仕丁	借　方	貸　方	借また は貸	残　高
○ ○	貸方勘定科目	1	○○○		借 ⑧	○○○

貸方勘定科目 ⑦　　　　6

| ○ ○ | 借方勘定科目 | 1 | | ○○○ | 貸 ⑧ | ○○○ |

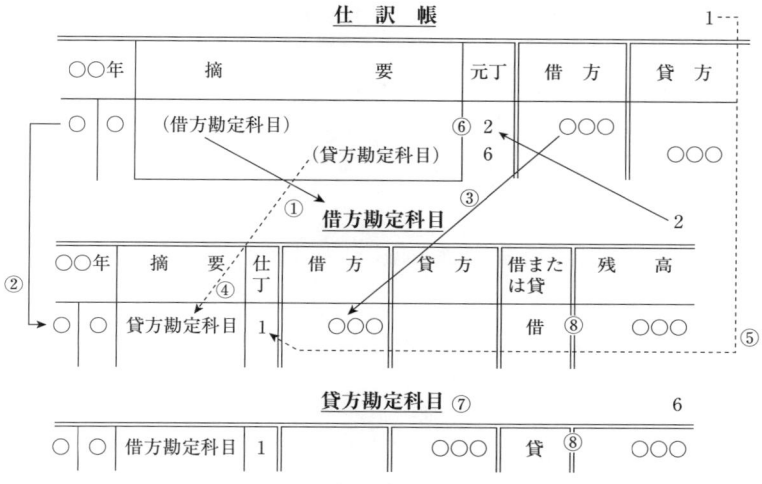

図 1.5.6　総勘定元帳の記入方法（残高式）

例題1.5.2

例題1.5.1の東京商事の1月4日から1月31日までの仕訳帳と総勘定元帳への記入を示すと，つぎのようになる。

なお，ここに示した勘定口座の形式は，標準式であるが，残高式が実務では便利とされるため，勘定口座の一部を残高式でも示す。

仕 訳 帳　　　　1

○○年		摘　　要	元丁	借　方	貸　方
1	4	（現　　金）	1	600,000	
		（資　本　金）	6		600,000
		元入れ開業			
	5	（商　　品）	3	300,000	
		（買　掛　金）	5		300,000
		埼玉商店から仕入れ			
	7	（売　掛　金）　　諸　　口	2	300,000	
		（商　　品）	3		200,000
		（商品売買益）	7		100,000
		小山商店に売り渡し			

10	(備　　品)			4	150,000		
		(現　　金)		1		150,000	
	机・椅子および計算機器など購入						
11	(商　　品)			3	100,000		
		(現　　金)		1		100,000	
	埼玉商店から仕入れ						
20	(現　　金)			1	300,000		
		(売　掛　金)		2		300,000	
	小山商店から売掛金回収						
23	(買　掛　金)			5	300,000		
		(現　　金)		1		300,000	
	埼玉商店へ買掛金支払い						
24	(現　　金)	諸　　口		1	150,000		
		(商　　品)		3		100,000	
		(商品売買益)		7		50,000	
	小山商店に売り渡し						
25	(給　　料)			8	90,000		
		(現　　金)		1		90,000	
	本月分の給料支払い						
31	(雑　　費)			9	1,000		
		(現　　金)		1		1,000	
	本月分の諸雑費支払い						
					2,291,000	2,291,000	

総勘定元帳　　（標準式）

現　　金　　　　　　　　　1

○○年		摘　　要	仕丁	借　方	○○年		摘　　要	仕丁	貸　方
1	4	資　本　金	1	600,000	1	10	備　　品	1	150,000
	20	売　掛　金	1	300,000		11	商　　品	1	100,000
	24	諸　　口	1	150,000		23	買　掛　金	1	300,000
						25	給　　料	1	90,000
						31	雑　　費	1	1,000

売　掛　金　　　　　　　　　2

○○年		摘　　要	仕丁	借　方	○○年		摘　　要	仕丁	貸　方
1	7	諸　　口	1	300,000	1	20	現　　金	1	300,000

商品　3

○○年		摘　要	仕丁	借　方	○○年		摘　要	仕丁	貸　方
1	5	買　掛　金	1	300,000	1	7	売　掛　金	1	200,000
	11	現　　　金	1	100,000		24	現　　　金	1	100,000

備品　4

○○年		摘　要	仕丁	借　方	○○年		摘　要	仕丁	貸　方
1	10	現　　　金	1	150,000					

買掛金　5

○○年		摘　要	仕丁	借　方	○○年		摘　要	仕丁	貸　方
1	23	現　　　金	1	300,000	1	5	商　　　品	1	300,000

資本金　6

○○年		摘　要	仕丁	借　方	○○年		摘　要	仕丁	貸　方
					1	4	現　　　金	1	600,000

商品売買益　7

○○年		摘　要	仕丁	借　方	○○年		摘　要	仕丁	貸　方
					1	7	売　掛　金	1	100,000
						24	現　　　金	1	50,000

給料　8

○○年		摘　要	仕丁	借　方	○○年		摘　要	仕丁	貸　方
1	25	現　　　金	1	90,000					

雑費　9

○○年		摘　要	仕丁	借　方	○○年		摘　要	仕丁	貸　方
1	31	現　　　金	1	1,000					

総勘定元帳（残高式）

現　　金　　1

○○年		摘　　要	仕丁	借　方	貸　方	借または貸	残　高
1	4	資　本　金	1	600,000		借	600,000
	10	備　　品	1		150,000	〃	450,000
	11	商　　品	1		100,000	〃	350,000
	20	売　掛　金	1	300,000		〃	650,000
	23	買　掛　金	1		300,000	〃	350,000
	24	諸　　口	1	150,000		〃	500,000
	25	給　　料	1		90,000	〃	410,000
	31	雑　　費	1		1,000	〃	409,000

買　掛　金　　5

○○年		摘　　要	仕丁	借　方	貸　方	借または貸	残　高
1	5	商　　品	1		300,000	貸	300,000
	23	現　　金	1	300,000			0

商品売買益　　7

○○年		摘　　要	仕丁	借　方	貸　方	借または貸	残　高
1	7	売　掛　金	1		100,000	貸	100,000
	23	現　　金	1		50,000	〃	150,000

給　　料　　8

○○年		摘　　要	仕丁	借　方	貸　方	借または貸	残　高
1	25	現　　金	1	90,000		借	90,000

練習問題（5）

1 つぎの取引を，仕訳帳と総勘定元帳へ記入しなさい。

4月1日　現金 600,000 円と商品 300,000 円および備品 100,000 円を出資して前橋商事を開業した。

7日　小山商店へ原価 200,000 円の商品を 300,000 円で売り渡し，代金は掛けとした。

10日　机・椅子・計算機器などの備品 150,000 円を購入し，代金は現金で支払った。

11日　埼玉商店から商品 100,000 円を仕入れ，代金は掛けとした。
20日　小山商店から売掛金 300,000 円を現金で受け取った。
23日　埼玉商店へ買掛金 100,000 円を現金で支払った。
24日　小山商店へ原価 100,000 円の商品を 150,000 円で売り渡し，代金は現金で受け取った。
25日　本月分の給料 90,000 円を現金で支払った。
30日　本月分の諸雑費 1,000 円を現金で支払った。

仕 訳 帳　　　　　　　　　　　　　　　　1

○○年	摘	要	元丁	借　方	貸　方

第1編　簿記会計の基礎

仕　訳　帳　　　　　　　　　2

○○年	摘　　　　要	元丁	借　方	貸　方

総勘定元帳

現　　金　　　　1

○○年	摘要	仕丁	借方	○○年	摘要	仕丁	貸方

売　掛　金　　　　2

○○年	摘　要	仕丁	借　方	○○年	摘　要	仕丁	貸　方

商　品　　　　3

○○年	摘　要	仕丁	借　方	○○年	摘　要	仕丁	貸　方

備　品　　　　4

○○年	摘　要	仕丁	借　方	○○年	摘　要	仕丁	貸　方

買　掛　金　　　　5

○○年	摘　要	仕丁	借　方	○○年	摘　要	仕丁	貸　方

資　本　金　　　　6

○○年	摘　要	仕丁	借　方	○○年	摘　要	仕丁	貸　方

商品売買益　　　　7

○○年	摘　要	仕丁	借　方	○○年	摘　要	仕丁	貸　方

給　料　　8

○○年	摘　要	仕丁	借　方	○○年	摘　要	仕丁	貸　方

雑　費　　9

○○年	摘　要	仕丁	借　方	○○年	摘　要	仕丁	貸　方

2　つぎの仕訳を転記した。下記の総勘定元帳に誤りがあれば訂正しなさい。

(1)　(借) 現　　　金　100,000　　(貸) 資　本　金　100,000
(2)　(借) 商　　　品　 90,000　　(貸) 現　　　金　 30,000
　　　　　　　　　　　　　　　　　　　買　掛　金　 60,000
(3)　(借) 売　掛　金　 50,000　　(貸) 商　　　品　 40,000
　　　　　　　　　　　　　　　　　　　商品売買益　 10,000
(4)　(借) 給　　　料　 5,000　　(貸) 現　　　金　 5,000

```
         現      金      1                     売  掛  金      2
(1)   100,000 │ (2)  30,000            (3)   50,000 │
(4)     5,000 │                                     │

         商      品      3                     買  掛  金      4
(2)    90,000 │ (3)  40,000                         │ (2)  60,000

         資  本  金      5                     商品売買益      6
              │ (1) 100,000                         │ (3)  10,000

         給      料      7
              │ (4)   5,000
```

第6章　基本的な帳簿組織と伝票

1　基本的な帳簿組織

　帳簿とは，簿記の機能を展開するための道具である。この道具を機能的に結合させ，一定の体系のもとに制度化したものを帳簿組織という。帳簿組織は，最近の経済の発展と科学技術の目覚ましい発達に伴い，会計事務の能率化をはかるために進展を遂げている。

(1)　**帳簿組織の進展**

　帳簿組織は，つねに改善が加えられ進化して今日にいたっている。この改善については，つぎの三つにおいて研究され進展してきた。

① むだな二重転記を排除する。
② 記帳事務の分業を可能にし，簡略にする。
③ 誤記を少なくし，迅速・正確に記帳する。

(2)　**帳簿組織の基本的な体系**

つぎの三つに分類することができる。

① **帳簿組織の基本形**

　帳簿組織の基本形は，取引の仕訳を帳簿式仕訳帳に記入し，そのつど帳簿式総勘定元帳に転記する仕組みであり，本書のここまでの説明は，この形である。
　なお，基本形の補助簿を特殊仕訳帳として，転記簿の役割をもたせたり，複合元帳制を導入した発展タイプもある。

② **伝票化タイプ**

　伝票化タイプは，帳簿組織の基本形の仕訳帳を伝票化し，総勘定元帳を試算表形式で表わすタイプである。なお，このタイプを発展させ複写式伝票で転記および補助簿の作成を行う発展タイプもある。

③ 電子計算機システムタイプ

電子計算機システムタイプは，オフィスオートメーションの発展により，仕訳の入力を行うだけで，各帳簿をコンピュータによって作成する方法である。

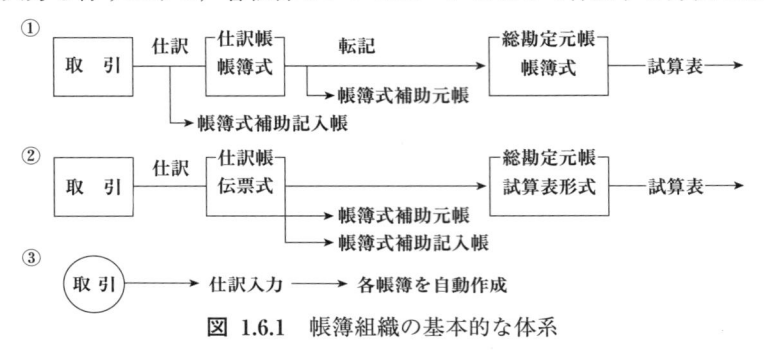

```
①  取引 ─仕訳→ ┌仕訳帳 ┐ ─転記→ ┌総勘定元帳┐ ──→ 試算表 →
              └帳簿式 ┘        └帳簿式  ┘
                     └→ 帳簿式補助元帳
                     └→ 帳簿式補助記入帳

②  取引 ─仕訳→ ┌仕訳帳 ┐        ┌総勘定元帳 ┐ ──→ 試算表 →
              └伝票式 ┘        └試算表形式 ┘
                     └→ 帳簿式補助元帳
                     └→ 帳簿式補助記入帳

③  取引 ──→ 仕訳入力 ──→ 各帳簿を自動作成
```

図 1.6.1 帳簿組織の基本的な体系

2　証ひょうと伝票

帳簿への記帳は，取引の事実を証明する証ひょう類に基づいて行う。証ひょう類には，仕入先から受け取る納品書，請求書，領収書と，得意先から受け取る注文書，商品受領書および，仕入先へ渡す注文書の写し，振り出した小切手や手形の控えと，得意先へ渡す納品書と請求書の写し，領収書の控えがある。

この証ひょう類に基づいて，一定の形式を備えた紙片に取引の内容を記入し，帳簿の一つとして用いる紙片を伝票という。なお，伝票に記入することを起票という。

伝票を用いて記帳していく方法には，貸借仕訳式伝票制（仕訳伝票）と，現金式伝票制（入金伝票・出金伝票・振替伝票）および，現金式伝票制に仕入伝票と売上伝票を加えた五伝票制などがある。

3 貸借仕訳式伝票制(仕訳伝票)

　貸借仕訳式伝票制とは，一取引の仕訳をそのまま1枚の伝票（仕訳伝票）に起票し，この伝票を綴り込み仕訳帳として用いることである。

　伝票の転記には，仕訳伝票から1枚ずつ総勘定元帳に転記する個別転記と，決められた期間ごとに仕訳伝票をまとめて，各勘定科目ごとに金額を集計した検証表から，勘定科目ごとの合計額を総勘定元帳に転記する合計転記がある。

　なお，補助簿の記入は，各仕訳伝票から記入する。

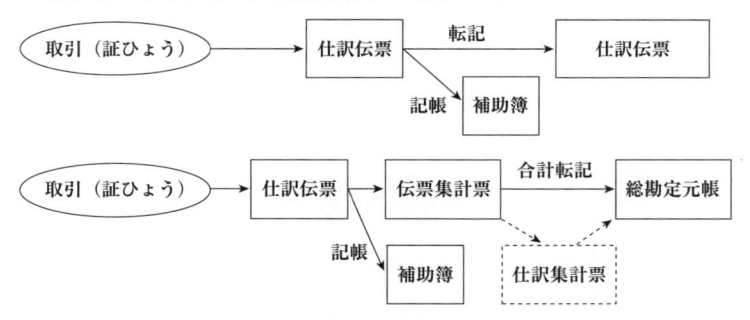

図 1.6.2　貸借仕訳式伝票制の転記

　また，複写式の仕訳伝票を採用し，仕訳帳と総勘定元帳および補助簿の記入を同時に行うことができる方法（ワンライティング・システム）もある。

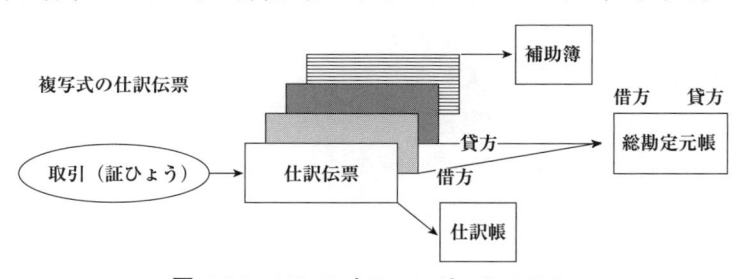

図 1.6.3　ワンライティング・システム

(1) 仕訳伝票の起票

　仕訳伝票の起票は，一取引の仕訳を仕訳帳に記帳する方法と同様に記入する。なお，仕訳伝票の起票の特徴は，起票順に番号を記入し勘定科目欄の余白

64　第1編　簿記会計の基礎

```
                    仕 訳 伝 票        No. ○          起票者・責任者
    取引発生日 →   ○○年○月○日   ┘ 起票順に番号を記入    ㊞    ㊞

    | 勘 定 科 目 | 元丁 |   借  方  | 勘 定 科 目 | 元丁 |   貸  方  |
    | 借方勘定科目 |  ×  |    ○○○   | 貸方勘定科目 |  ×  |    ○○○   |
    |  ／         |      |            |  ／         |      |  ← 余白行  |
    |   合   計   |      |    ○○○   |   合   計   |      |    ○○○   |
    摘  要  取引の要点 → △△商店　○商品○個　@¥○　△△△受け取り
```

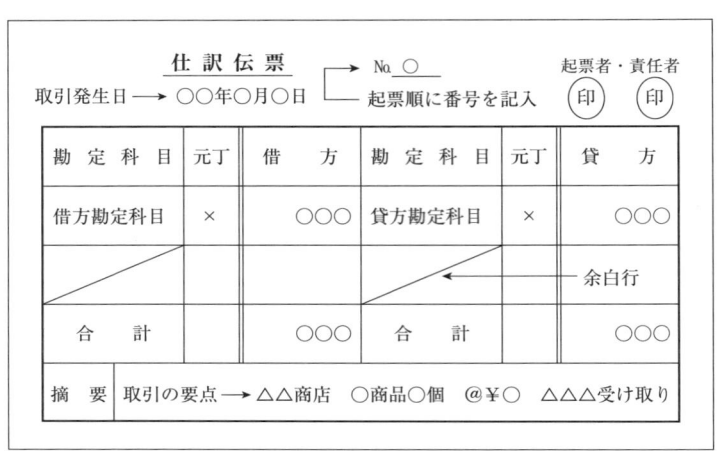

図 1.6.4　仕訳伝票の形式と記入

の行に斜め線を引くこと，および摘要欄に取引の要点を記入することである。

(2)　仕訳伝票の個別転記

仕訳伝票から総勘定元帳に転記する方法は，つぎのとおりである。

① 仕訳伝票に記録された借方勘定科目を総勘定元帳の綴り込みから捜し出す。
② 日付欄に仕訳伝票の取引発生日を記入する。
③ 借方金額欄に仕訳伝票に記録された借方金額を記入する。
④ 仕丁欄に伝票番号を記入する。
⑤ 摘要欄に仕訳の貸方勘定科目を記入する。ただし，貸方勘定科目が二つ以上あるときは，「諸口」と記入する。
⑥ これで仕訳伝票の借方記録の転記が終了する。つぎに仕訳伝票の元丁欄に勘定口座番号，またはページ数を記入する。
⑦ 以上の①〜⑥までの手続きを仕訳伝票に記録された貸方側の転記に適用する。
⑧ 残高式の「借または貸」欄は，「残高」欄の残高金額が借方側または貸方側のどちらにあるかを記入する。

例題1.6.1

つぎの取引の起票と転記を示すと，以下のようになる。

1月7日　小山商店へ原価200,000円の商品を300,000円で売り渡し，代金は掛けとした。

A商品　10個　@¥20,000　　B商品　20個　@¥5,000

仕訳伝票　No. 3　　○○年1月7日　　起票者・責任者 印 印

勘定科目	元丁	借方	勘定科目	元丁	貸方
売掛金	2	300,000	商品	3	200,000
			商品売買益	7	100,000
合計		300,000	合計		300,000

摘要　小山商店へA商品10個@¥20,000，B商品20個@¥5,000　掛け

売掛金　2

○○年		摘要	仕丁	借方	貸方	借または貸	残高
1	7	諸口	3	300,000		借	300,000

商品　3

○○年		摘要	仕丁	借方	貸方	借または貸	残高
1	5	買掛金	2	300,000		借	300,000
	7	売掛金	3		200,000	〃	100,000

商品売買益　7

○○年		摘要	仕丁	借方	貸方	借または貸	残高
1	7	売掛金	3		100,000	貸	100,000

(3) 仕訳集計表と合計転記

個別転記は，起票の回数が多くなると転記の回数も増えるため，合理性に欠けることや，誤りの発生する回数も増えその発見にも時間がかかる欠点があ

る。したがって，個別転記の補完を目的に，毎日または決められた期日ごとに仕訳伝票を整理し，各勘定科目ごとに集計して仕訳集計表を作成する。仕訳集計表の各勘定科目ごとの合計金額を，各勘定口座に転記することを合計転記という。

なお，合計転記は合理的かつ検証性を兼ね備えた方法である。

例題1.6.2

東京商事の1月8日の取引を記入した略式仕訳伝票から，仕訳集計表の作成を示すと，つぎのようになる。

```
┌─────────────────────────┐  ┌─────────────────────────┐
│      仕訳伝票     No.1  │  │      仕訳伝票     No.2  │
│        1月8日           │  │        1月8日           │
│ 商品 300,000 買掛金 300,000│  │売掛金 300,000 商品 200,000│
│              (埼玉商店)   │  │(小山商店) 商品売買益 100,000│
└─────────────────────────┘  └─────────────────────────┘

┌─────────────────────────┐  ┌─────────────────────────┐
│      仕訳伝票     No.3  │  │      仕訳伝票     No.4  │
│        1月8日           │  │        1月8日           │
│ 備品 150,000 現金 150,000│  │ 商品 100,000 現金 100,000│
└─────────────────────────┘  └─────────────────────────┘

┌─────────────────────────┐  ┌─────────────────────────┐
│      仕訳伝票     No.5  │  │      仕訳伝票     No.6  │
│        1月8日           │  │        1月8日           │
│買掛金 300,000 現金 300,000│  │現金 150,000 商品 100,000│
│     (埼玉商店)            │  │      商品売買益 50,000  │
└─────────────────────────┘  └─────────────────────────┘
```

仕訳集計表

○○年1月8日　　No.8

	借　方	元丁	勘定科目	元丁	貸　方	
伝票No.6	150,000		現　　金		550,000	伝票No.3. 4. 5
伝票No.2	300,000		売　掛　金			
伝票No.1. 4	400,000		商　　品		300,000	伝票No.2. 6
伝票No.3	150,000		備　　品			
伝票No.5	300,000		買　掛　金		300,000	伝票No.1
			商品売買益		150,000	伝票No.2. 6
	1,300,000		←一致→		1,300,000	

第6章 基本的な帳簿組織と伝票　67

(4) 合計転記の方法

仕訳集計表から総勘定元帳に合計転記する方法は，つぎのとおりである。

① 仕訳集計表の上位の各勘定科目ごとに，総勘定元帳の綴り込みを捜し出す。
② 各勘定口座の日付欄に仕訳集計表の集計日を記入する。
③ 仕訳集計表の各勘定科目の借方と貸方の金額を，該当口座の借方と貸方に転記する。
④ 仕訳集計表の元丁欄に該当口座のページ数を記入する。
⑤ 総勘定元帳の仕丁欄に仕訳集計表の番号を記入する。
⑥ 総勘定元帳の摘要欄に「仕訳集計表」と記入する。なお，記入しないこともある。

例題1.6.3

東京商事の1月8日の仕訳集計表から総勘定元帳への転記を示すと，つぎのようになる。

仕 訳 集 計 表

○○年1月8日　　No.8

借　方	元丁	勘定科目	元丁	貸　方
150,000	1	現　　　金	1	550,000
300,000	2	売　掛　金		
400,000	3	商　　　品	3	300,000
150,000	4	備　　　品		
300,000	5	買　掛　金	5	300,000
		商品売買益	7	150,000
1,300,000				1,300,000

現　　金　　1

○○年		摘　要	仕丁	借　方	○○年		摘　要	仕丁	貸　方
1	8	仕訳集計表	8	150,000	1	8	仕訳集計表	8	550,000

売　掛　金　　2

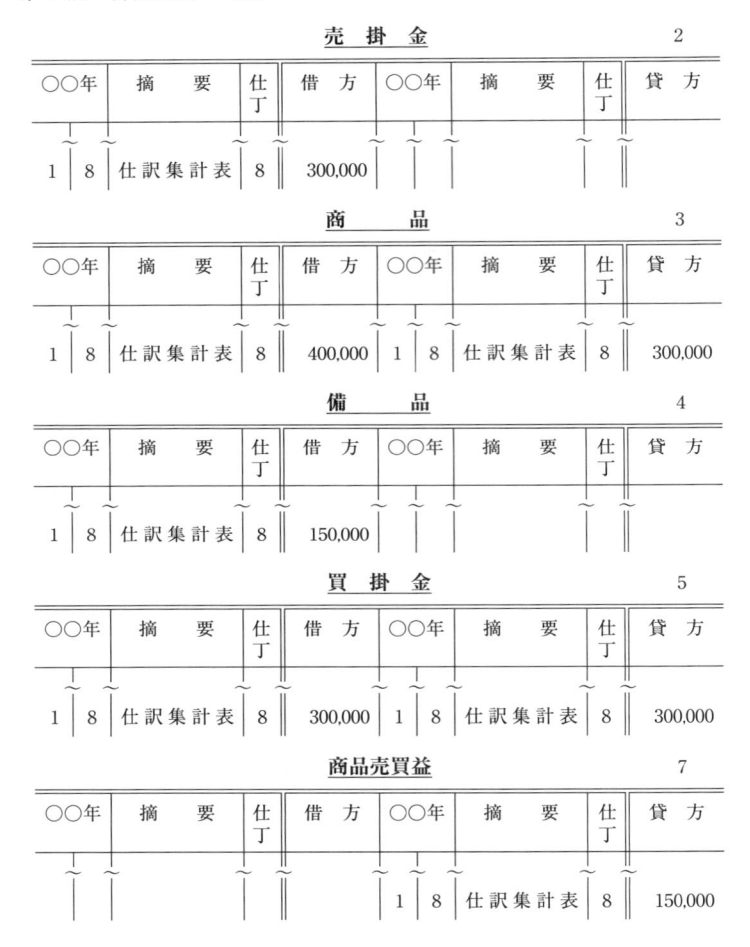

○○年	摘　要	仕丁	借　方	○○年	摘　要	仕丁	貸　方
1　8	仕訳集計表	8	300,000				

商　品　　3

○○年	摘　要	仕丁	借　方	○○年	摘　要	仕丁	貸　方
1　8	仕訳集計表	8	400,000	1　8	仕訳集計表	8	300,000

備　品　　4

○○年	摘　要	仕丁	借　方	○○年	摘　要	仕丁	貸　方
1　8	仕訳集計表	8	150,000				

買　掛　金　　5

○○年	摘　要	仕丁	借　方	○○年	摘　要	仕丁	貸　方
1　8	仕訳集計表	8	300,000	1　8	仕訳集計表	8	300,000

商品売買益　　7

○○年	摘　要	仕丁	借　方	○○年	摘　要	仕丁	貸　方
				1　8	仕訳集計表	8	150,000

(5) 複写式の仕訳伝票

　複写式の仕訳伝票は，1枚目の伝票が仕訳帳の役割を果たし，2枚目の伝票が総勘定元帳の借方側の役割で，3枚目の伝票が総勘定元帳の貸方側の役割を果たす。なお，4枚目の伝票と5枚目の伝票は必要に応じて補助簿の役割を果たす。したがって，総勘定元帳への転記や補助簿への記入は，不要である。ただし，複写式の仕訳伝票は，起票のときに借方勘定科目と貸方勘定科目のどちらか一方または両方に二つ以上の勘定科目が生じるときは，伝票1枚につき，

借方勘定科目と貸方勘定科目が1科目ずつになるように起票する。この方法を一科目一葉主義という。

現金式伝票制の三伝票制と五伝票制

1 三伝票制
現金式伝票制の三伝票制は，取引に現金収支を伴うかどうかという点から，入金伝票・出金伝票・振替伝票を用いる。入金伝票は現金収入を伴う取引を，出金伝票は現金支出を伴う取引を起票する。また，振替伝票は現金収支を伴わない取引を起票する方法である。

2 五伝票制
現金式伝票制の五伝票制は，商品の売買取引が旺盛に行われる企業において，取引を合理的に処理する方法で，入金伝票・出金伝票・振替伝票に仕入伝票と売上伝票を加えて用いる。この伝票制は，入金の取引を入金伝票に起票し，出金の取引を出金伝票に起票する方法に加えて，仕入れの取引と売上げの取引を，仕入伝票と売上伝票に起票し，それ以外の取引は振替伝票に起票する。

練習問題（6）

1 つぎの取引を略式仕訳伝票の（ ）に勘定科目と金額を＿＿＿に商店名を記入し，総勘定元帳に転記しなさい。

4月1日 現金600,000円と商品300,000円および備品100,000円を出資して前橋商事を開業した。

7日 小山商店へ原価200,000円の商品を300,000円で売り渡し，代金は掛けとした。

10日 机・椅子・計算機器などの備品150,000円を購入し，代金は現金で支払った。

11日 埼玉商店から商品100,000円を仕入れ，代金は掛けとした。

20日 小山商店から売掛金300,000円を現金で受け取った。

23日 埼玉商店へ買掛金100,000円を現金で支払った。

24日 小山商店へ原価100,000円の商品を150,000円で売り渡し，代金は現金で受け取った。

25日 本月分の給料90,000円を現金で支払った。

30日 本月分の諸雑費1,000円を現金で支払った。

第1編　簿記会計の基礎

仕訳伝票　　No.1	仕訳伝票　　No.2
4月1日	4月7日
(　　　) (　　　)	(　　　) (　　　)
(　　　) (　　　)	_____　(　　　)
(　　　) (　　　)	

仕訳伝票　　No.3	仕訳伝票　　No.4
4月10日	4月11日
(　　　) (　　　)	(　　　) (　　　)
	_____

仕訳伝票　　No.5	仕訳伝票　　No.6
4月20日	4月23日
(　　　) (　　　)	(　　　) (　　　)
_____	

仕訳伝票　　No.7	仕訳伝票　　No.8
4月24日	4月25日
(　　　) (　　　)	(　　　) (　　　)
(　　　) (　　　)	

仕訳伝票　　No.9
4月30日
(　　　) (　　　)

総勘定元帳
現　　金　　　　　　　　　　1

○○年	摘要	仕丁	借方	○○年	摘要	仕丁	貸方

売 掛 金

○○年	摘要	仕丁	借方	○○年	摘要	仕丁	貸方

商 品　　　　　3

○○年	摘要	仕丁	借方	○○年	摘要	仕丁	貸方

備 品　　　　　4

○○年	摘要	仕丁	借方	○○年	摘要	仕丁	貸方

買 掛 金　　　　5

○○年	摘要	仕丁	借方	○○年	摘要	仕丁	貸方

資 本 金　　　　6

○○年	摘要	仕丁	借方	○○年	摘要	仕丁	貸方

商品売買益　　　7

○○年	摘要	仕丁	借方	○○年	摘要	仕丁	貸方

72　第1編　簿記会計の基礎

			給　　料					8
○○年	摘　要	仕丁	借　方	○○年	摘　要	仕丁	貸　方	

			雑　　費					9
○○年	摘　要	仕丁	借　方	○○年	摘　要	仕丁	貸　方	

2　つぎの取引を仕訳伝票に記入し完成しなさい。また複写式の仕訳伝票に記入するときの仕訳をしなさい（一科目一葉主義）。

　4月7日　小山商店へ原価200,000円の商品を300,000円で売り渡し，代金は掛けとした。

　（仕訳伝票2番）A商品　10個　＠¥20,000　　B商品　20個　＠¥5,000

```
        仕　訳　伝　票      No.___          起票者・責任者
          平成○年　月　日                    印    印

  勘定科目 元丁  借　方   勘定科目 元丁  貸　方

    合　計              合　計
  摘　要
```

　　（借方）（　　　）（　　　）　（貸方）（　　　）（　　　）
　　　　　（　　　）（　　　）　　　　　（　　　）（　　　）

3　つぎの仕訳伝票から仕訳集計表を作成し，総勘定元帳の各勘定口座へ転記しなさい。

```
      仕訳伝票                        仕訳伝票
      4月18日                         4月18日

 商品  100,000 買掛金 100,000    商品  120,000 現金  120,000
               （前橋商店）
```

第6章 基本的な帳簿組織と伝票 73

```
┌─────────────────────────┐   ┌─────────────────────────┐
│        仕訳伝票          │   │        仕訳伝票          │
│        4月18日           │   │        4月18日           │
│ 売掛金 250,000 商品   100,000│   │ 現金   30,000 商品    50,000│
│ (高崎商店)  商品売買益 150,000│   │ 売掛金 120,000 商品売買益 100,000│
│                         │   │ (高崎商店)              │
└─────────────────────────┘   └─────────────────────────┘

┌─────────────────────────┐   ┌─────────────────────────┐
│        仕訳伝票          │   │        仕訳伝票          │
│        4月18日           │   │        4月18日           │
│ 現金 80,000 売掛金 80,000 │   │ 買掛金 30,000 現金 30,000│
│          (桐生商店)      │   │         (小山商店)      │
└─────────────────────────┘   └─────────────────────────┘

┌─────────────────────────┐   ┌─────────────────────────┐
│        仕訳伝票          │   │        仕訳伝票          │
│        4月18日           │   │        4月18日           │
│ 現金 20,000 受取手数料 20,000│ │ 給料 90,000 現金 90,000 │
└─────────────────────────┘   └─────────────────────────┘
```

仕 訳 集 計 表

○○年4月8日　　　　No.18

借　方	元丁	勘定科目	元丁	貸　方

現　　金　　　　　　　　　　1

○○年	摘　要	仕丁	借　方	○○年	摘　要	仕丁	貸　方
～	～	～	～	～	～	～	～

売　掛　金　　　　　　　　　　2

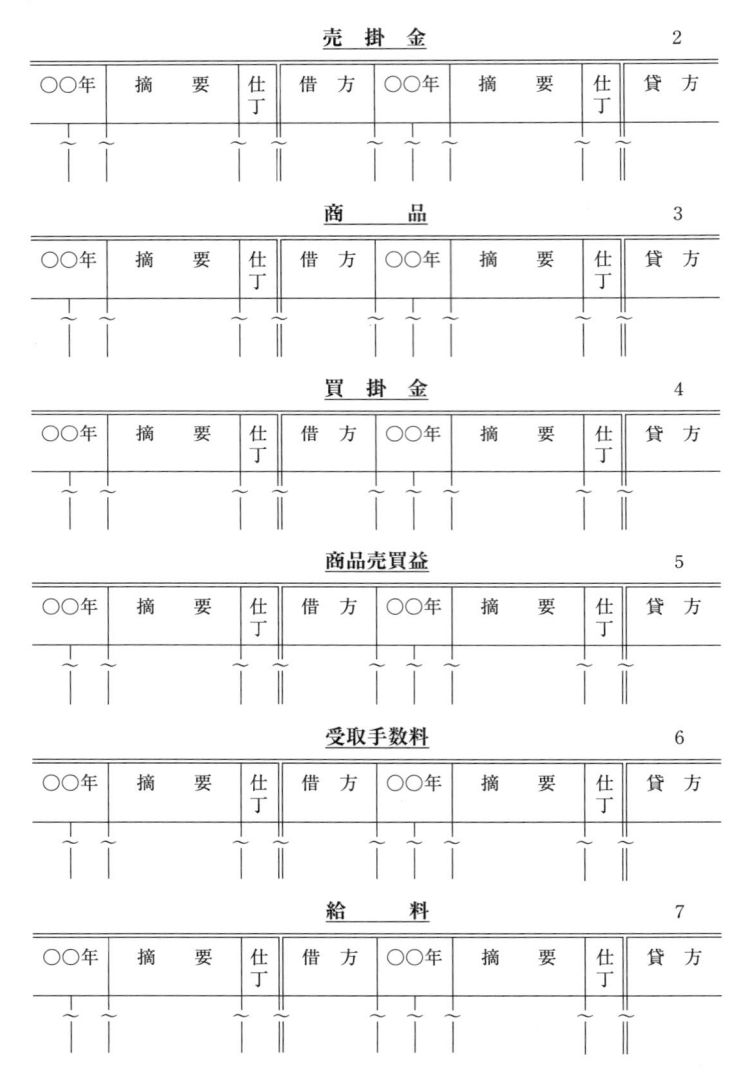

○○年	摘要	仕丁	借方	○○年	摘要	仕丁	貸方

商　　品　　　　　　　　　　3

○○年	摘要	仕丁	借方	○○年	摘要	仕丁	貸方

買　掛　金　　　　　　　　　　4

○○年	摘要	仕丁	借方	○○年	摘要	仕丁	貸方

商品売買益　　　　　　　　　　5

○○年	摘要	仕丁	借方	○○年	摘要	仕丁	貸方

受取手数料　　　　　　　　　　6

○○年	摘要	仕丁	借方	○○年	摘要	仕丁	貸方

給　料　　　　　　　　　　7

○○年	摘要	仕丁	借方	○○年	摘要	仕丁	貸方

第7章 試算表

1 試算表

　簿記上の取引は，仕訳帳または伝票の記録から総勘定元帳に転記する。この転記が正確になされているかどうかを確かめることが必要になる。そこで，転記の正確性を検証するため，貸借平均の原理を利用して作成する一覧表が試算表である。

　試算表（trial baiance T/Bと略す）は，総勘定元帳の各勘定の合計額または残高を集計した一覧表である。したがって，試算表の借方金額の合計額と貸方金額の合計額は，必ず一致する。よって，貸借の合計額が一致したときは，総勘定元帳の記録に誤りがなかったことになる。なお，試算表は決算のときに作成するほかに，毎日作成する日計表，毎週作成する週計表，および毎月作成する月計表と呼ばれる帳簿もある。

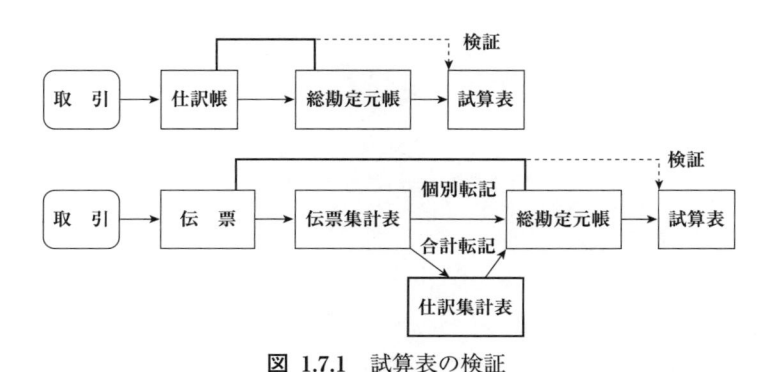

図 1.7.1　試算表の検証

76　第1編　簿記会計の基礎

2　試算表の種類

試算表には，合計試算表と残高試算表および合計残高試算表の三つの種類がある。

(1)　合計試算表

合計試算表は，各勘定の借方金額の合計額と貸方金額の合計額を，勘定別に集め作成した一覧表である。したがって，合計試算表の借方と貸方の合計額が一致するとともに，この合計額と仕訳帳の借方と貸方の合計額が一致したときに，一会計期間の転記が正確に行われたことが確認できる。しかし，これだけでは発見できない誤りもある。

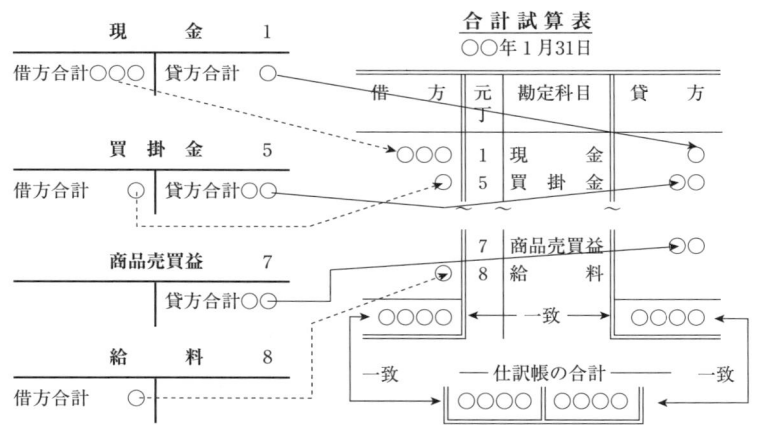

＊合計試算表の元帳欄に，各勘定口座の番号を記入する。

図 1.7.2　合計試算表の作成

(2)　残高試算表

残高試算表は，各勘定の借方金額の合計額と貸方金額の合計額を比較し，その借方残高か貸方残高の金額を，勘定別に集め作成した一覧表である。したがって，合計試算表の各勘定残高のみを表示し作成した表である。なお，この試算表の機能は合計試算表に比べると劣るが，財政状態や経営成績の概要を把握することには適している。

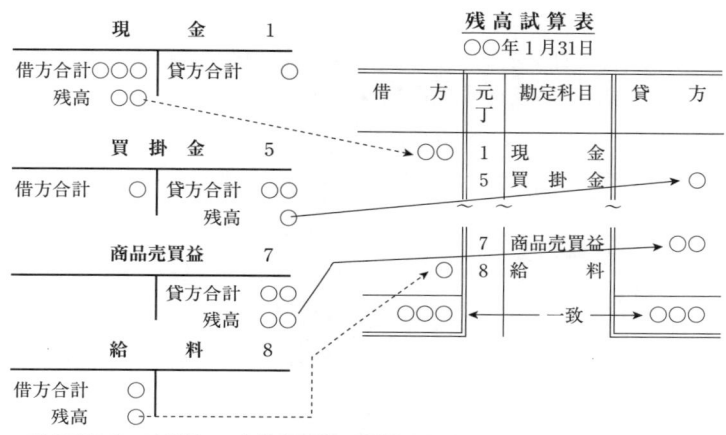

第7章 試算表

```
        現    金    1
借方合計○○○ │ 貸方合計  ○
    残高  ○○ │

        買 掛 金   5
借方合計    ○ │ 貸方合計 ○○
                │    残高 ○

        商品売買益  7
                │ 貸方合計 ○○
                │    残高 ○○

        給    料   8
借方合計    ○ │
    残高    ○ │
```

借　方	元丁	勘定科目	貸　方
○○	1	現　　金	
	5	買 掛 金	○
～	～	～	～
	7	商品売買益	○○
	8	給　　料	
○○○	←一致→		○○○

残高試算表
○○年1月31日

＊残高試算表の元帳欄に，各勘定口座の番号を記入する。

図 1.7.3　残高試算表の作成

（3）合計残高試算表

合計残高試算表は，合計試算表と残高試算表を併合した試算表である。したがって，両試算表の利点を持ち合わせている。

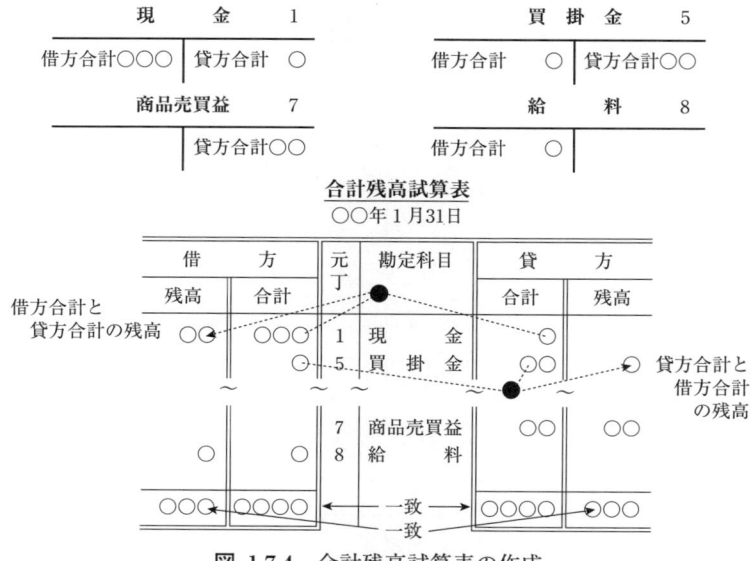

```
       現    金    1              買 掛 金    5
借方合計○○○│貸方合計 ○    借方合計 ○│貸方合計 ○○

     商品売買益  7                給    料    8
              │貸方合計 ○○    借方合計 ○│
```

合計残高試算表
○○年1月31日

借　方		元丁	勘定科目	貸　方	
残高	合計			合計	残高
○	○○○	1	現　　金	○	
	○	5	買 掛 金	○○	○
～	～	～	～	～	～
○		7	商品売買益	○○	○○
		8	給　　料		
○○○	○○○○	←一致→		○○○○	○○○
		←一致→			

借方合計と貸方合計の残高

貸方合計と借方合計の残高

図 1.7.4　合計残高試算表の作成

例題1.7.1

東京商事の1月4日から1月31日までの総勘定元帳への記入から，1月31日の合計試算表，残高試算表，合計残高試算表を作成すると，つぎのようになる。

現　金　1

○○年		摘　要	仕丁	借　方	○○年		摘　要	仕丁	貸　方
1	1	資　本　金	1	600,000	1	10	備　　　品	1	150,000
	20	売　掛　金	1	300,000		11	商　　　品	1	100,000
	24	諸　　　口	1	150,000		23	買　掛　金	1	300,000
						25	給　　　料	1	90,000
						31	雑　　　費	1	1,000

売　掛　金　2

○○年		摘　要	仕丁	借　方	○○年		摘　要	仕丁	貸　方
1	7	諸　　　口	1	300,000	1	20	現　　　金	1	300,000

商　品　3

○○年		摘　要	仕丁	借　方	○○年		摘　要	仕丁	貸　方
1	5	買　掛　金	1	300,000	1	7	売　掛　金	1	200,000
	11	現　　　金	1	100,000		24	現　　　金	1	100,000

備　品　4

○○年		摘　要	仕丁	借　方	○○年		摘　要	仕丁	貸　方
1	10	現　　　金	1	150,000					

買　掛　金　5

○○年		摘　要	仕丁	借　方	○○年		摘　要	仕丁	貸　方
1	23	現　　　金	1	300,000	1	5	商　　　品	1	300,000

資　本　金　6

○○年		摘　要	仕丁	借　方	○○年		摘　要	仕丁	貸　方
					1	4	現　　　金	1	600,000

第7章 試算表

商品売買益 7

○○年		摘要	仕丁	借方	○○年		摘要	仕丁	貸方
					1	7	売 掛 金	1	100,000
						24	現 金	1	50,000

給料 8

○○年		摘要	仕丁	借方	○○年		摘要	仕丁	貸方
1	25	現 金	1	90,000					

雑費 9

○○年		摘要	仕丁	借方	○○年		摘要	仕丁	貸方
1	31	現 金	1	1,000					

合計試算表
○○年1月31日

借方	元丁	勘定科目	貸方
1,050,000	1	現 金	641,000
300,000	2	売 掛 金	300,000
400,000	3	商 品	300,000
150,000	4	備 品	
300,000	5	買 掛 金	300,000
	6	資 本 金	600,000
	7	商品売買益	150,000
90,000	8	給 料	
1,000	9	雑 費	
2,291,000			2,291,000

残高試算表
○○年1月31日

借方	元丁	勘定科目	貸方
409,000	1	現 金	
	2	売 掛 金	
100,000	3	商 品	
150,000	4	備 品	
	5	買 掛 金	
	6	資 本 金	600,000
	7	商品売買益	150,000
90,000	8	給 料	
1,000	9	雑 費	
750,000			750,000

合計残高試算表
○○年1月31日

借方		元丁	勘定科目	貸方	
残高	合計			合計	残高
409,000	1,050,000	1	現 金	641,000	
	300,000	2	売 掛 金	300,000	
100,000	400,000	3	商 品	300,000	
150,000	150,000	4	備 品		
	300,000	5	買 掛 金	300,000	
		6	資 本 金	600,000	600,000
		7	商品売買益	150,000	150,000
90,000	90,000	8	給 料		
1,000	1,000	9	雑 費		
750,000	2,291,000			2,291,000	750,000

仕　訳　帳　　　　　　　　　　2

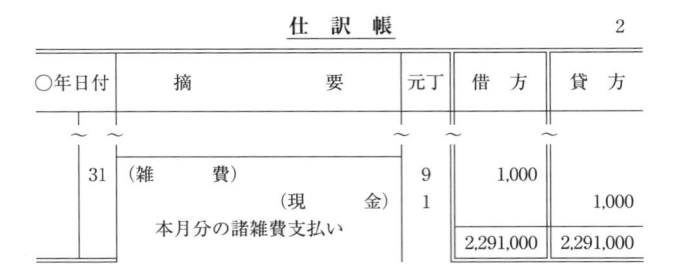

○年日付	摘　　　要	元丁	借　方	貸　方
～	～	～	～	～
31	（雑　費）	9	1,000	
	（現　　金）	1		1,000
	本月分の諸雑費支払い			
			2,291,000	2,291,000

　合計試算表の借方と貸方の合計額が2,291,000円で一致し，この合計額と仕訳帳の借方と貸方の合計額が2,291,000円で一致した。このことにより，転記が正確に行われていたことが確認できた。

3　試算表で誤りを調査する方法

　試算表の借方欄と貸方欄の合計額が一致しないときは，仕訳帳の記入から試算表の作成までの手続きのどこかに誤りがある。したがって，不一致の原因を調査して訂正する必要から，つぎのような順序で不一致の原因を調べる。

(1) 試算表の借方欄の合計額と，貸方欄の合計額の計算に誤りがないか検算する。
(2) 検算した試算表の合計額と，仕訳帳の合計額を照合する。
(3) 総勘定元帳の各勘定から試算表に記入するときに，記入漏れや金額の

── 試算表で発見できない誤り ──

つぎのような誤りがある。
(1) 一つの取引を仕訳帳に記入しなかったとき（仕訳漏れ）
(2) 取引の勘定科目を間違えて仕訳したとき（科目間違え）
(3) 一つの取引の借方と貸方の勘定科目を反対に転記し，金額は一致しているとき（反対転記）
(4) 一つの仕訳を二重転記したり，転記漏れのとき（二重転記と転記漏れ）
(5) 総勘定元帳の勘定口座を，他の勘定口座と間違えて同じ側に転記したとき
(6) 二つ以上の誤りが重なりあい相殺したとき

　ただし，(4)は，合計試算表の合計額と仕訳帳の合計額を照合するときに，誤りを発見できる。

誤記および，借方と貸方の反対記入がなされていないかを調べる。
(4) 総勘定元帳の各勘定の合計額または残高の計算に誤りがないかを調べる。
(5) 仕訳帳から総勘定元帳の各勘定への転記に誤りがないかを調べる。
(6) 仕訳帳の各仕訳と金額に誤りがないかを調べる。

（1）から（6）の順序によって誤りを発見し訂正した結果によって，試算表の借方欄と貸方欄の合計額が一致しても，発見できない誤りがある。

練習問題 (7)

1 つぎの各勘定口座の記録から，○1年4月30日の合計試算表を作成しなさい。

現　金　1

○1年		摘　要	仕丁	借　方	○1年		摘　要	仕丁	貸　方
4	1	資　本　金	1	600,000	4	10	備　　品	3	150,000
	20	売　掛　金	5	300,000		23	買　掛　金	6	100,000
	24	諸　　　口	7	150,000		25	給　　料	8	90,000
						30	雑　　費	9	1,000

売　掛　金　2

○1年		摘　要	仕丁	借　方	○1年		摘　要	仕丁	貸　方
4	7	諸　　　口	2	300,000	4	20	現　　金	5	300,000

商　品　3

○1年		摘　要	仕丁	借　方	○1年		摘　要	仕丁	貸　方
4	1	資　本　金	1	300,000	4	7	売　掛　金	2	200,000
	11	買　掛　金	4	100,000		24	現　　金	7	100,000

備　品　4

○1年		摘　要	仕丁	借　方	○1年		摘　要	仕丁	貸　方
4	1	資　本　金	1	100,000					
	10	現　　金	3	150,000					

買　掛　金　　　　　5

○1年		摘要	仕丁	借方	○1年		摘要	仕丁	貸方
4	23	現　　金	6	100,000	4	11	商　　品	4	100,000

資　本　金　　　　　6

○1年		摘要	仕丁	借方	○1年		摘要	仕丁	貸方
					4	1	諸　　口	1	1,000,000

商品売買益　　　　　7

○1年		摘要	仕丁	借方	○1年		摘要	仕丁	貸方
					4	7	売　掛　金	2	100,000
						24	現　　金	7	50,000

給　　料　　　　　8

○1年		摘要	仕丁	借方	○1年		摘要	仕丁	貸方
4	25	現　　金	2	90,000					

雑　費　　　　　9

○1年		摘要	仕丁	借方	○1年		摘要	仕丁	貸方
4	30	現　　金	9	1,000					

合　計　試　算　表

○1年4月30日

借方	元丁	勘定科目	貸方

第7章 試算表 83

2 上記1の資料から残高試算表を作成しなさい。

残 高 試 算 表
〇1年4月30日

借 方	元丁	勘定科目	貸 方

3 つぎの合計残高試算表の（ ）のなかに適当な金額を記入して，完成しなさい。

合計残高試算表
〇2年3月31日

借　方		元丁	勘定科目	貸　方	
残　高	合　計			合　計	残　高
41,000	(380,000)	1	現　　金	339,000	
(198,000)	619,000	2	預　　金	421,000	
285,000	635,000	3	売 掛 金	(350,000)	
(230,000)	790,000	4	商　　品	560,000	
(250,000)	250,000	5	備　　品		
	300,000	6	買 掛 金	520,000	(220,000)
		7	借 入 金	(150,000)	150,000
		8	資 本 金	(500,000)	(500,000)
		9	商品売買益	289,000	(289,000)
		10	受取手数料	(23,000)	23,000
(78,000)	(78,000)	11	給　　料		
90,000	(90,000)	12	支払家賃		
(10,000)	10,000	13	雑　　費		
1,182,000	3,152,000			3,152,000	1,182,000

4 つぎの合計試算表と諸取引から，月末の合計残高試算表を作成しなさい。

資料 1

合 計 試 算 表
○3年5月28日

借 方	元丁	勘定科目	貸 方
415		現　　　金	247
2,183		預　　　金	1,435
1,886		売　掛　金	1,613
870		商　　　品	500
130		備　　　品	
1,180		買　掛　金	1,510
		借　入　金	300
		資　本　金	1,000
		商品売買益	255
		受取手数料	13
150		給　　　料	
56		支 払 家 賃	
3		雑　　　費	
6,873			6,873

資料 2　取引

29日：売上　原価¥50　売買益¥10　代金は現金で受け取り
　　　　　　原価¥30　売買益¥ 5　代金は掛け
　　　仕入れ商品¥80　代金は掛け
　　　買掛金¥130 をA銀行の預金を引き出して支払った

30日：売上　原価¥30　売買益¥ 6　代金は掛け
　　　　　　原価¥45　売買益¥ 9　代金は現金で受け取り
　　　仕入れ商品¥73 代金は掛け
　　　売掛金¥110 がA銀行の預金に振り込まれた

31日：売上　原価¥57　売買益¥13　代金は現金で受け取り
　　　　　　原価¥15　売買益¥ 3　代金は現金で受け取り
　　　本月分家賃¥28　を現金で支払った
　　　本月分給料¥75　を現金で支払った
　　　本月分の売買手数料¥ 2 を現金で受け取り

合計残高試算表
○3年5月31日

借方		元丁	勘定科目	貸方	
残高	合計			合計	残高
			現　金		
			預　金		
			売掛金		
			商　品		
			備　品		
			買掛金		
			借入金		
			資本金		
			商品売買益		
			受取手数料		
			給　料		
			支払家賃		
			雑　費		

第8章　決算と決算手続

1　決　算

　一会計期間における仕訳帳と総勘定元帳および補助簿の記録だけでは，企業の営業成績や財政状態を的確に把握することはできない。そこで，一会計期間の期末に期間損益を計算するとともに，資産と負債および純資産（資本）の状態を明らかにする必要がある。よって，期末の各勘定の記録を整理し諸帳簿を締め切り，損益計算書と貸借対照表を作成する一連の手続きを行う。この手続きを決算といい，決算を行う日を決算日という。

　なお，会計期間は，継続企業（ゴーイングコンサーン）を理念として連続する期間を1年という単位に区切り，決算日の翌日からつぎの決算日までである。

2　決算手続

決算は，一般的につぎのような順序で行う。

(1)　決算予備手続

決算予備手続は，仕訳帳の日常記録の締切りと試算表および棚卸表を作成する。

① 仕訳帳の日常取引の仕訳を締め切り合計試算表を作成した後に，仕訳帳と合計試算表の合計金額を照合する。

② 総勘定元帳の各勘定の記録が正確になされているかを確かめるために，合計試算表と照合する。

③ 修正を必要とする事項を整理して，棚卸表を作成する。

(2) 英米式繰越法による決算本手続

決算本手続は，総勘定元帳の締切りと繰越試算表の作成，および仕訳帳の決算仕訳の締切りを行うことである。

① 損益勘定に，収益の各勘定と費用の各勘定の残高を振り替えて締め切る。
② 損益勘定で算出した純損益を資本金勘定に振り替える。
③ 資産の各勘定と負債の各勘定および純資産（資本）の各勘定を締め切る。
④ 繰越試算表を作成する。
⑤ 仕訳帳を締め切る（決算仕訳）。

(3) 財務諸表の作成

損益計算書と貸借対照表を作成する。なお，決算本手続の前に，残高試算表から損益計算書と貸借対照表を作成する過程を一つの表にまとめた精算表を作成することもある。

3　精　算　表

精算表とは，残高試算表の記録を基にして，損益計算書と貸借対照表を作成する過程を一つの表にまとめて示したものである。この表は，総勘定元帳の記録に基づいて行われる決算本手続の前に，企業の経営成績と財政状態を把握することと，決算の結果として作成される損益計算書や貸借対照表と照合する目的で作成する。

残高試算表を式で表わすと，つぎのような等式になる。

$$期末資産 + 費用 = 期末負債 + 期首純資産（資本）+ 収益$$

この等式を貸借対照表項目と損益計算書項目に区分すると，つぎのような等式になる。

$$期末資産 - (期末負債 + 期首純資産（資本）) = 収益 - 費用$$

この等式の関係を精算表の構造図で示すと，図1.8.1のようになる。

精算表の作成方法は，つぎのような手続きによって行う。

88 第1編 簿記会計の基礎

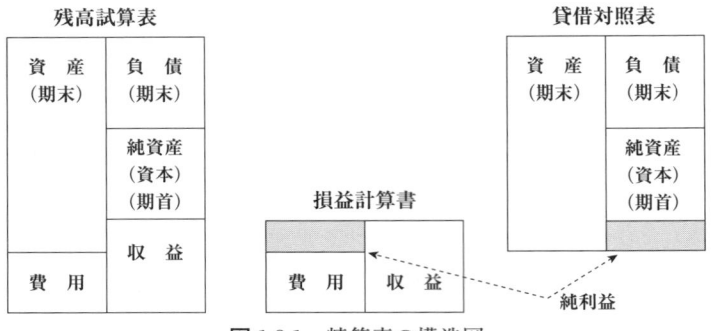

図1.8.1 精算表の構造図

① 総勘定元帳の資産・負債および純資産（資本）と収益・費用の各勘定科目を，勘定科目欄に記入し，残高試算表欄の借方欄か貸方欄に各勘定科目の残高金額を移す。
② 残高試算表欄の各勘定科目の金額のうち，収益と費用に属するものを損益計算書欄に移す。
③ 残高試算表欄の各勘定科目の金額のうち，資産と負債および純資産（資本）に属するものを貸借対照表欄に移す。
④ 損益計算書欄の借方と貸方の差額を算出し，つぎに貸借対照表欄の借方と貸方の差額を算出して，その差額が一致することを確認する。
⑤ 損益計算書欄と貸借対照表欄の貸借差額は，当期純利益（または当期純損失）として金額の少ない欄に記入し，各欄の借方合計と貸方合計が一致することを確認して締め切る。なお，当期純利益のときは，勘定科目欄に

精　算　表

勘定科目	元丁	残高試算表 借方	残高試算表 貸方	損益計算書 借方	損益計算書 貸方	貸借対照表 借方	貸借対照表 貸方
資　　産	○	○○				○○	
負　　債	○		○○				○○
純資産（資本）	○		○○				○○
収　　益	○		○○		○○		
費　　用	○	○○		○○			
⑤当期純利益							

＊6桁精算表は，試算表2桁と損益計算書2桁および貸借対照表2桁で計6桁になる。

当期純利益と朱記し、その金額を損益計算書欄の借方に朱記するとともに、貸借対照表欄の貸方に記入する。また、当期純損失のときは、勘定科目欄に当期純損失と朱記し、その金額を損益計算書欄の貸方に朱記するとともに、貸借対照表欄の借方に記入する。ただし、実務上は項目および数字を朱記することなく黒記する。

例題 1.8.1

東京商事の1月4日から1月31日までの総勘定元帳の記録に基づいて、残高試算表と精算表を作成すると、つぎのようになる。

現　金　　　1

○年		摘　要	仕丁	借　方	○年		摘　要	仕丁	貸　方
1	4	資　本　金	1	600,000	1	10	備　　品	1	150,000
	20	売　掛　金	1	300,000		11	商　　品	1	100,000
	24	諸　　口	1	150,000		23	買　掛　金	1	300,000
						25	給　　料	1	90,000
						31	雑　　費	1	1,000

売　掛　金　　　2

○年		摘　要	仕丁	借　方	○年		摘　要	仕丁	貸　方
1	7	諸　　口	1	300,000	1	20	現　　金	1	300,000

商　品　　　3

○年		摘　要	仕丁	借　方	○年		摘　要	仕丁	貸　方
1	5	買　掛　金	1	300,000	1	7	売　掛　金	1	200,000
	11	現　　金	1	100,000		24	現　　金	1	100,000

備　品　　　4

○年		摘　要	仕丁	借　方	○年	摘　要	仕丁	貸　方
1	10	現　　金	1	150,000				

買　掛　金　　　5

○年		摘　要	仕丁	借　方	○年		摘　要	仕丁	貸　方
1	23	現　　金	1	300,000	1	5	商　　品	1	300,000

資　本　金　　　　　　　　　　　6

○年	摘要	仕丁	借方	○年	摘要	仕丁	貸方
				1	4	現　　金	1	600,000

商　品　売　買　益　　　　　　　7

○年	摘要	仕丁	借方	○年	摘要	仕丁	貸方
				1	7	売　掛　金	1	100,000
					24	現　　金	1	50,000

給　　料　　　　　　　　　　　　8

○年	摘要	仕丁	借方	○年	摘要	仕丁	貸方
1	25	現　　金	1	90,000				

雑　　費　　　　　　　　　　　　9

○年	摘要	仕丁	借方	○年	摘要	仕丁	貸方
1	31	現　　金	1	1,000				

残　高　試　算　表
○年1月31日

借方	元丁	勘定科目	貸方
409,000	1	現　　　　金	
—	2	売　　掛　　金	
100,000	3	商　　　　品	
150,000	4	備　　　　品	
	5	買　　掛　　金	—
	6	資　　本　　金	600,000
	7	商　品　売　買　益	150,000
90,000	8	給　　　　料	
1,000	9	雑　　　　費	
750,000			750,000

精　算　表
〇年1月31日

勘定科目	元丁	残高試算表 借方	残高試算表 貸方	損益計算書 借方	損益計算書 貸方	貸借対照表 借方	貸借対照表 貸方
現　　　　金	1	409,000				409,000	
商　　　　品	3	100,000				100,000	
備　　　　品	4	150,000				150,000	
資　本　金	6		600,000				600,000
商品売買益	7		150,000		150,000		
給　　　　料	8	90,000		90,000			
雑　　　費	9	1,000		1,000			
当期純利益				59,000			59,000
		750,000	750,000	150,000	150,000	659,000	659,000

4　英米式繰越法による決算本手続

決算本手続は，つぎの順序で行う。

(1)　収益と費用に属する勘定の処理

　純損益を算出するため，新たに損益勘定（集合勘定）を設け，この勘定に収益と費用の各勘定の発生高を振り替える。振り替えとは，ある勘定に記入してある金額を他の勘定に移すことをいう。なお，新たに設けた損益勘定は，決算時に収益と費用の各勘定を集計する。このような勘定を集合勘定という。

　損益勘定への振り替えは，つぎの順序で行う。

①　収益に属する勘定の発生額を損益勘定へ振り替え

　この振り替えを行うときは仕訳帳に振替仕訳を行ってから転記する。ただし，振替仕訳の損益勘定への転記は，各勘定の合計額を諸口としてまとめて転記せずに，収益の各勘定ごとに転記する。なお，振替仕訳を仕訳帳に記入するときは仕訳帳の摘要欄に決算仕訳と明記してから記入を行う。決算仕訳とは振替仕訳と整理仕訳を総称した呼び名である。

②　費用に属する勘定の発生高を損益勘定へ振り替え

　この振り替えを行うときは，仕訳帳に振替仕訳を行ってから転記する。ただし，振替仕訳の損益勘定への転記は，各勘定の合計額を諸口としてまとめて転

92　第1編　簿記会計の基礎

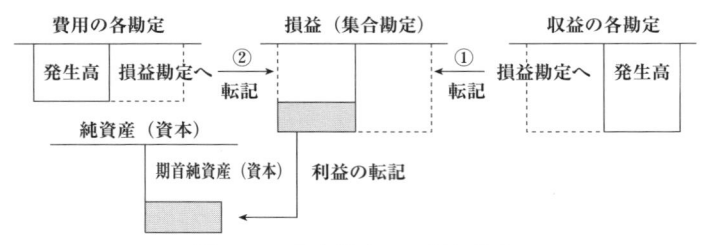

図1.8.2　集合勘定への振り替え

記せずに，費用の各勘定ごとに転記する。なお，費用の各勘定の振替仕訳は，収益の各勘定の振替仕訳と区別するため摘要欄の単線の次行から記入する。

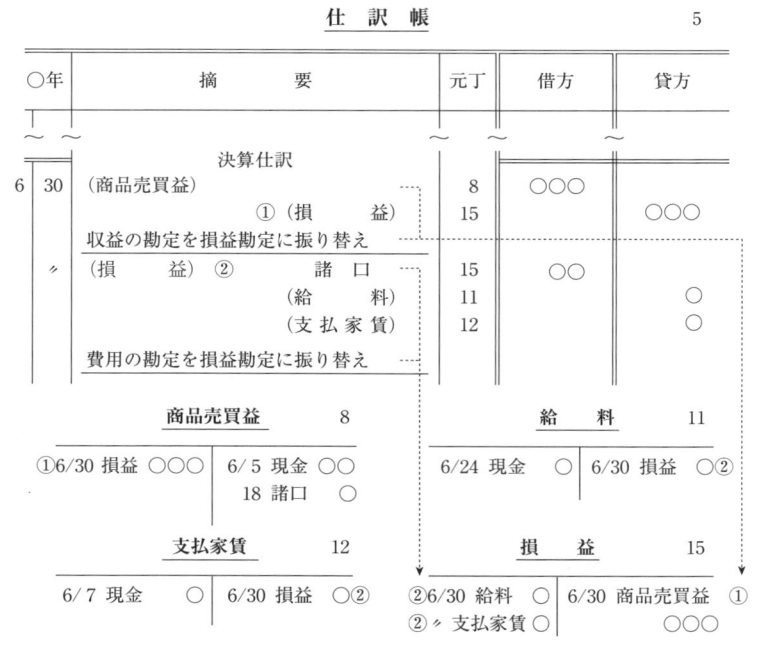

仕　訳　帳　　　　　5

○年		摘　　　要	元丁	借方	貸方
～	～	～	～	～	～
		決算仕訳			
6	30	（商品売買益）	8	○○○	
		①（損　　益）	15		○○○
		収益の勘定を損益勘定に振り替え			
	〃	（損　益）②　　諸　口	15	○○	
		（給　料）	11		○
		（支払家賃）	12		○
		費用の勘定を損益勘定に振り替え			

```
        商品売買益      8                         給　料       11
①6/30 損益 ○○○ │ 6/ 5 現金 ○○        6/24 現金 ○ │ 6/30 損益 ○②
                 │   18 諸口 ○

        支払家賃      12                          損　益      15
  6/ 7 現金 ○    │ 6/30 損益 ○②      ②6/30 給料    ○ │ 6/30 商品売買益 ①
                                     ②〃 支払家賃 ○ │              ○○○
```

＊損益勘定への転記は，勘定科目で転記する。

図1.8.3　収益・費用に属する勘定の処理

③　純損益の資本金勘定への振り替え

損益勘定の貸方合計額は収益勘定の総額を示し，借方合計額は費用勘定の総額を示す。よって，損益勘定の貸借差額は一会計期間の純損益を示すため，差

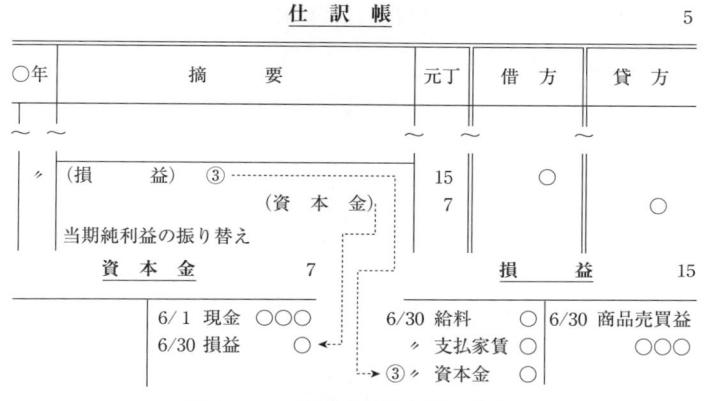

```
                   仕 訳 帳                    5
┌─────┬──────────────┬────┬──────┬──────┐
│ ○年 │   摘    要   │ 元丁│ 借 方 │ 貸 方 │
├─────┼──────────────┼────┼──────┼──────┤
~   ~         ~           ~    ~      ~
  〃  │(損  益)  ③   │ 15 │  ○   │      │
      │    (資 本 金)│  7 │      │  ○   │
      │当期純利益の振り替え│    │      │      │
```

         資 本 金   7   損   益   15
───────────────────────   ─────────────────────────────
 6/1 現金 ○○○   6/30 給料   ○ │ 6/30 商品売買益 ○○○
 6/30 損益 ○   〃 支払家賃 ○ │
                   ③〃 資本金 ○ │

図 1.8.4 当期純利益の振り替え

─────────当期純損失の振り替え─────────
 仕訳 (借)資本金 ○ (貸)損 益 ○

      資 本 金   7   損   益   15
 ─────────────────   ─────────────────────────
→6/30 損益 ○ │ 6/1 現金 ○○○   6/30 給料   ○○ │ 6/30 商品売買益 ○○
              │   〃 支払家賃 ○ │ 〃 資本金 ○ ←

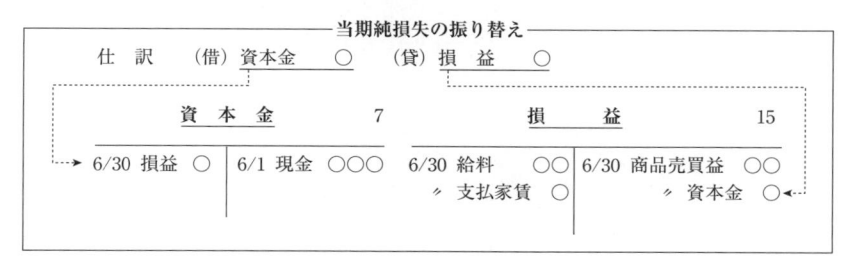

額が貸方に発生したときは当期純利益であり純資産（資本）の増加となる。また，差額が借方に発生したときは，当期純損失であり純資産（資本）の減少となる。

　当期純利益は資本の増加を意味するため資本金勘定の貸方へ振り替え，当期純損失は資本の減少を意味するため資本金勘定の借方へ振り替える。なお，振り替えは振替仕訳に基づいて資本金勘定への転記を行う。

④　収益と費用に属する勘定および損益勘定の締め切り

　①，②，③の振り替え記入によって，収益と費用の各勘定および損益勘定の借方合計額と貸方合計額が一致するため，勘定を締め切る。

　勘定の締切法は，勘定の記帳が貸借ともに1行のときは，貸借の金額欄と日付欄に締切線である二重線を引き締め切る。また，勘定の記帳が貸借ともに複数行で同数のときは，最終行の金額欄に合計線である単線を引き，貸借ともに

合計額を記入した後に金額欄と日付欄に締切線である二重線を引き締め切る。

なお，勘定の記帳が貸借少なくともどちらか複数あり，貸借の記帳に差があるときは，記帳の多い側の最終行の金額欄に合わせて貸借とも合計線である単線を引き，貸借どちらかの摘要欄の余白部分に斜め線を摘要欄の2分の1および3分の1の所まで引き，合計線を延長して結ぶ。つぎに，貸借ともに合計額を記入した後に金額欄と日付欄に締切線である二重線を引き締め切る。

例題 1.8.2

前橋商事の決算仕訳を記入した仕訳帳と，収益に属する勘定と費用に属する勘定の締切りを示すと，つぎのようになる。

仕 訳 帳　2

○年		摘　　要	元丁	借方	貸方
～	～	～	～	2,291,000	2,291,000
1	31	決算仕訳 （商品売買益）	7	150,000	
		（損　　益）	10		150,000
		収益の勘定を損益勘定に振り替え			
	〃	（損　　益）　　諸　口	10	91,000	
		（給　　料）	8		90,000
		（雑　　費）	9		1,000
		費用の勘定を損益勘定に振り替え			
	〃	（損　　益）	10	59,000	
		（資　本　金）	6		59,000
		当期純利益の振り替え			

総 勘 定 元 帳
資 本 金　6

○年	摘要	仕丁	借方	○年		摘要	仕丁	貸方
				1	1	現　金	1	600,000
					31	損　益	2	59,000

資本金勘定の内容
- 期首資本金　　　　600,000
- 追加元入額　＋　　　　　0
- 期中引出額　－　　　　　0
- 当期純利益　＋　　59,000
- 期末資本金　　　　659,000
- （次期の期首資本金）

資本金
期中引出額	期首資本金
	追加元入額
	当期純利益

商品売買益　　　　　　　　7

○年		摘要	仕丁	借方	○年		摘要	仕丁	貸方
1	31	損　　益	2	150,000	1	7	売　掛　金	1	100,000
						24	現　　　金	1	50,000
				150,000					150,000

給　料　　　　　　　　8

○年		摘要	仕丁	借方	○年		摘要	仕丁	貸方
1	25	現　　金	2	90,000	1	31	損　　益	2	90,000

＊借方と貸方ともに記帳が1行のときは，合計線を省略して締め切る。

雑　費　　　　　　　　9

○年		摘要	仕丁	借方	○年		摘要	仕丁	貸方
1	31	現　　金	2	1,000	1	31	損　　益	2	1,000

損　益　　　　　　　　10

○年		摘要	仕丁	借方	○年		摘要	仕丁	貸方
1	31	給　　料	2	90,000	1	31	商品売買益	2	150,000
	〃	雑　　費	2	1,000					
	〃	資　本　金	2	59,000					
				150,000					150,000

(2) 資産と負債および純資産（資本）に属する勘定の処理

　資産と負債および純資産（資本）の各勘定を締め切り，各勘定の残高を次期に繰り越す簡便な方法である。なお，各勘定の締め切り後，各勘定の締切りが正しく行われたかを検証するために繰越試算表を作成する。

① 資産と負債および純資産（資本）に属する勘定の締め切り

　資産の各勘定は，借方の合計額が貸方の合計額より大きく，借方残高になるため，決算日の日付で，貸方の摘要欄に「次期繰越」と金額欄に借方残高を記入し，借方合計と貸方合計が一致するため勘定を締め切る。

負債の各勘定および資本金勘定は，貸方の合計額が借方の合計額より大きく，貸方残高になるため，決算日の日付で，借方の摘要欄に「次期繰越」と金額欄に貸方残高を記入し，借方合計額と貸方合計額が一致するため締め切る。

勘定の締切法は，勘定の記帳が貸借ともに1行のときは，貸借の金額欄と日付欄に締切線である二重線を引き締め切る。また，勘定の記帳が貸借ともに複数行で同数のときは，最終行の金額欄に合計線である単線を引き，貸借ともに合計額を記入した後に金額欄と日付欄に締切線である二重線を引き締め切る。なお，貸借の記帳に差があるときは，記帳の多い側の最終行の金額欄に合わせて貸借ともに合計線である単線を引き，貸借どちらかの摘要欄の余白部分に斜め線を摘要欄の2分の1および3分の1の所まで引き，合計線を延長して結ぶ。つぎに，貸借ともに合計額を記入した後に金額欄と日付欄に締切線である二重線を引き締め切る。

なお，資産の各勘定は，次期繰越高を決算日の翌日付で，借方の摘要欄に「前期繰越」と記入し，金額欄には繰越高を記入する。また，負債の各勘定および資本金勘定は，貸方の摘要欄に「前期繰越」と記入し，金額欄に繰越高を記入する。したがって英米式繰越法は，仕訳帳に仕訳を記入しない記入方法で

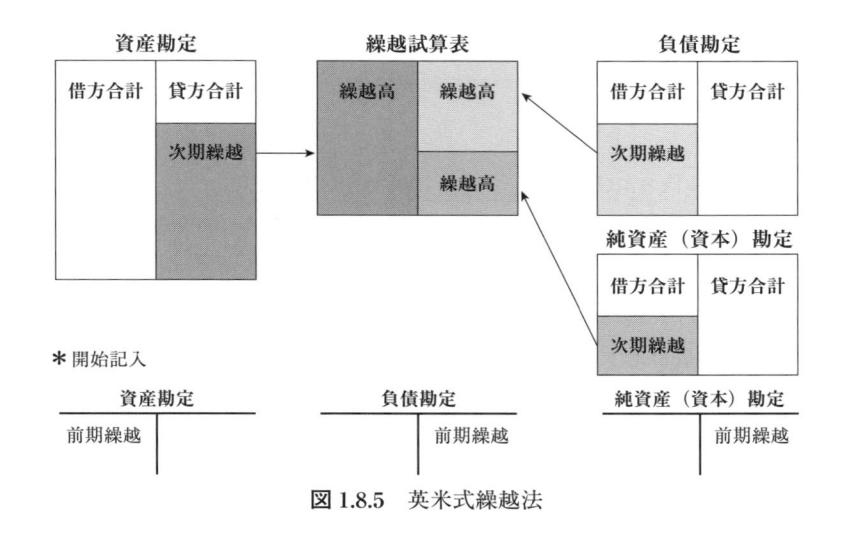

図 1.8.5　英米式繰越法

あるため，総勘定元帳の仕丁欄には✓（check）を記入する。この記入を開始記入という。

② 繰越試算表を作成

英米式繰越法による資産と負債および資本金勘定の締切りは，各勘定ごとの繰越記入であるため検証性に欠ける。そこで，記入の正確性を確かめる方法として繰越試算表を作成することがある。繰越試算表は，資産の各勘定の次期繰越高を借方に集め，負債の勘定と資本金勘定の次期繰越高を貸方に集めて作成する。なお，借方の合計額と貸方の合計額は一致する。

(3) 仕訳帳の締切り

仕訳帳は，決算仕訳の転記が終了した後に，借方の合計金額と貸方の合計金額を算出して締め切る。なお，英米式繰越法では，開始仕訳を行わないため，合計試算表の借方合計額および貸方合計額と，仕訳帳の借方合計額および貸方合計額は一致しないことから，決算日の翌日付で，仕訳帳の摘要欄に「前期繰越」と記入し，貸借欄に繰越試算表の合計額を記入して，日常の取引を記入したとき，仕訳帳の借方合計額および貸方合計額が合計試算表の借方合計額および貸方合計額と一致する。

繰越試算表
〇年6月30日

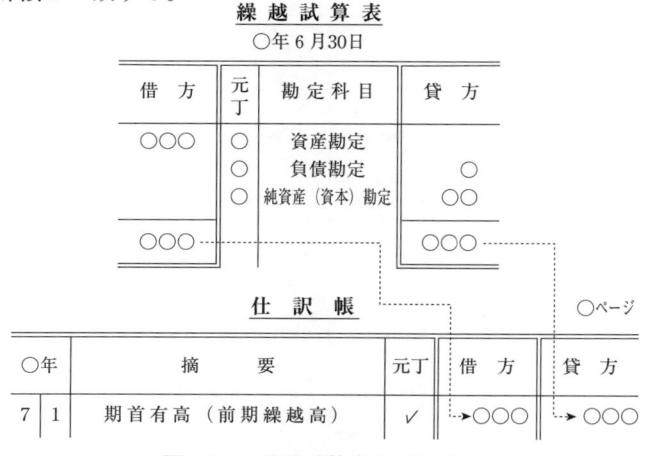

借方	元丁	勘定科目	貸方
○○○	○	資産勘定	
	○	負債勘定	○
	○	純資産（資本）勘定	○○
○○○			○○○

仕 訳 帳
〇ページ

〇年		摘　要	元丁	借　方	貸　方
7	1	期首有高（前期繰越高）	✓	→○○○	→○○○

図 1.8.6　繰越試算表と開始仕訳

例題 1.8.3

東京商事の会計期末（1月31日）における資産と負債，および資本に属する勘定の締め切りと，繰越試算表の作成および仕訳帳に開始仕訳を示すと，つぎのようになる．

現　　金　　　　　　　　　　　　　　　　1

○年		摘　　要	仕丁	借　方	○年		摘　　要	仕丁	貸　方
1	4	資　本　金	1	600,000	1	10	備　　品	1	150,000
	20	売　掛　金	1	300,000		11	商　　品	1	100,000
	24	諸　　　口	1	150,000		23	買　掛　金	1	300,000
						25	給　　料	1	90,000
						31	雑　　費	1	1,000
						〃	次 期 繰 越	✓	409,000
				1,050,000					1,050,000
2	1	前 期 繰 越	✓	409,000					

売　掛　金　　　　　　　　　　　　　　　2

○年		摘　　要	仕丁	借　方	○年		摘　　要	仕丁	貸　方
1	7	諸　　　口	1	300,000	1	20	現　　金	1	300,000

商　　品　　　　　　　　　　　　　　　　3

○年		摘　　要	仕丁	借　方	○年		摘　　要	仕丁	貸　方
1	5	買　掛　金	1	300,000	1	7	売　掛　金	1	200,000
	11	現　　金	1	100,000		24	現　　金	1	100,000
						31	次 期 繰 越	✓	100,000
				400,000					400,000
2	1	前 期 繰 越	✓	100,000					

備　　品　　　　　　　　　　　　　　　　4

○年		摘　　要	仕丁	借　方	○年		摘　　要	仕丁	貸　方
1	10	現　　金	1	150,000	1	31	次 期 繰 越	✓	150,000
2	1	前 期 繰 越	✓	150,000					

買　掛　金　　　　　　　　5

○年		摘要	仕丁	借方	○年		摘要	仕丁	貸方
1	23	現　金	1	300,000	1	5	商　品	1	300,000

資　本　金　　　　　　　　6

○年		摘要	仕丁	借方	○年		摘要	仕丁	貸方
1	31	次期繰越	✓	659,000	1	4	現　金	1	600,000
						31	損　益	2	59,000
				659,000					659,000
					2	1	前期繰越	✓	659,000

繰　越　試　算　表
○年1月31日

借方	元丁	勘定科目	貸方
409,000	1	現　　金	
100,000	3	商　　品	
150,000	4	備　　品	
	6	資　本　金	659,000
659,000			659,000

仕　訳　帳　　　　　　　　7

○年		摘要	元丁	借方	貸方
2	1	期首有高（前期繰越高）	✓	659,000	659,000

5　財務諸表の作成

　総勘定元帳の各勘定と仕訳帳の締め切りおよび繰越試算表の作成に続いて，外部に公表する財務諸表を作成して決算本手続を終了する。この財務諸表の作成は損益計算書と貸借対照表の作成である。

(1)　損益計算書

　損益計算書は，企業の一定期間における収益と費用の内容および純損益を示す経営成績の報告書であり，損益勘定から誘導して作成する。なお，損益勘定

は純損益を資本金として示すのに対して，損益計算書では当期純利益または当期純損失として示すことに表示上の相違点がある。

(2) 貸借対照表

貸借対照表は，会計期間の期首と期末に企業の財政状態を示するものであり，繰越試算表から誘導して作成する。なお，繰越試算表は，当期純利益または当期純損失と期首資本金の合計額を期末資本金として示すのに対して，期末貸借対照表では，当期純利益または当期純損失と期首資本金を区別して示すことに表示上の相違点がある。

例題 1.8.4

東京商事の会計期末（1月31日）における損益勘定と損益計算書，および繰越試算表と貸借対照表を示すと，つぎのようになる。

損　益　　　　　　　　　　　10

○年		摘　要	仕丁	借　方	○年		摘　要	仕丁	貸　方
1	31	給　料	2	90,000	1	31	商品売買益	2	150,000
	〃	雑　費	2	1,000					
	〃	資 本 金	2	59,000					
				150,000					150,000

損　益　計　算　書

東京商事　　○年1月4日から○年1月31日まで　　単位：円

費　用	借　方	収　益	貸　方
給　料	90,000	商品売買益	150,000
雑　費	1,000		
当期純利益	59,000		
	150,000		150,000

＊損益勘定では資本金 ¥59,000 を損益計算書では当期純利益 ¥59,000 と記載する。

繰　越　試　算　表
○年1月31日

借　方	元丁	勘定科目	貸　方
409,000	1	現　　金	
100,000	3	商　　品	
150,000	4	備　　品	
	6	資 本 金	659,000
659,000			659,000

貸借対照表

東京商事　　○年1月31日　　単位 円

資産	借方	負債および純資産（資本）	貸方
現　　金	409,000	資　本　金	600,000
商　　品	100,000	当期純利益	59,000
備　　品	150,000		
	659,000		659,000

＊期首資本金¥600,000と当期純利益¥59,000を区別して記載する。

6　大陸式繰越法による総勘定元帳の締め切り

　大陸式繰越法では，収益と費用に属する各勘定の残高を損益勘定に振り替え，損益勘定で算出した純損益を資本金勘定に振り替えて締め切る。この処理は，英米式繰越法と同様である。しかし，資産と負債および純資産（資本）に

仕　訳　帳

○年		摘　　要	元丁	借方	貸方
~	~		~	~	
	30	（損　益）	○	○	
		（資本金）	○		○
		当期純利益の振り替え			
	〃	（閉鎖残高）	16	○○○	
		（現　金）	○		○
		（売掛金）	○		○
		（商　品）	○		○
		資産勘定を残高勘定に振り替える			
	〃	（買掛金）	○	○	
		（資本金）	○	○○	
		（閉鎖残高）	16		○○○
		負債・資本勘定を残高勘定に振り替える			

```
            閉鎖残高         16
      現　金  ○ │ 買掛金   ○
      売掛金  ○ │ 資本金  ○○
      商　品  ○ │
            ─── │ ───
            ○○○│ ○○○
```

102　第1編　簿記会計の基礎

資産の各勘定

借方合計	貸方合計
	閉鎖残高

負債の各勘定

借方合計	貸方合計
閉鎖残高	

純資産（資本）勘定

借方合計	貸方合計
閉鎖残高	

閉鎖残高勘定

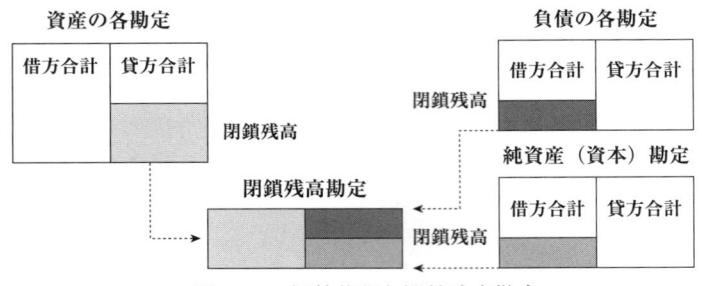

図 1.8.7　振替仕訳と閉鎖残高勘定

属する各勘定の締切りは，あらたに閉鎖残高勘定（集合勘定）を設けて，この勘定に資産と負債および純資産（資本）に属する各勘定の残高を，仕訳帳に振替仕訳を行い振り替えて締切る。また，開始記入もあらたに開始残高勘定を設けて，仕訳帳に開始仕訳を行い，資産と負債および純資産（資本）に属する各勘定に振り替える。

なお，この繰越法で行う振替仕訳は重要な意味を持たないため，実務上ではあまり普及していない。

仕　訳　帳

○年		摘　　　　要	元丁	借　方	貸　方
7	1	（現　　金）	○	○	
		（売　掛　金）	○	○	
		（商　　品）	○	○	
		（開 始 残 高）	17		○○○
		資産勘定の前期繰越			
	〃	（開始残高）	17	○○○	
		（買　掛　金）	○		○
		（資　本　金）	○		○○
		負債・資本勘定の前期繰越			

```
                    開始残高              17
          買掛金    ○    現　金    ○
          資本金   ○○   売掛金    ○
                         商　品    ○
                  ＿＿＿＿＿＿＿
                    ○○○         ○○○
```

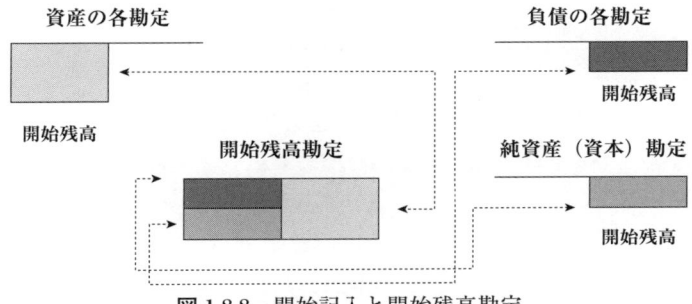

図 1.8.8　開始記入と開始残高勘定

例題 1.8.5

東京商事の会計期末（1月31日）における資産と負債，および資本に属する各勘定の締切りを大陸式繰越法で示すと，つぎのようになる。

仕 訳 帳　　　2

○年		摘　　要	元丁	借　方	貸　方
～	～	～	～	～	～
	31	（損　益）	10	59,000	
		（資 本 金）	6		59,000
		当期純利益の振り替え			
	〃	（閉鎖残高）	11	659,000	
		（現　　金）	1		409,000
		（商　　品）	3		100,000
		（備　　品）	4		150,000
		資産勘定を残高勘定に振り替える			
	〃	（資 本 金）	6	659,000	
		（閉 鎖 残 高）	11		659,000
		負債・純資産（資本）の勘定を残高勘定に振り替える			
				1,618,000	1,618,000

仕 訳 帳　　　3

○年		摘　　要	元丁	借　方	貸　方
2	1	（現　　金）	1	409,000	
		（商　　品）	3	100,000	
		（備　　品）	4	150,000	

104 第1編 簿記会計の基礎

			（開始残高）	12		659,000
		資産勘定の前期繰越				
	〃	（開始残高）		12	659,000	
			（資 本 金）	6		659,000
		負債・資本勘定の前期繰越				

＊開始仕訳の参考例（資産・負債・純資産（資本）を分割しないで仕訳する方法）

2	1	諸　　口		
		（現　　金）	1	409,000
		（商　　品）	3	100,000
		（備　　品）	4	150,000
		（資 本 金） 6		659,000

現　　金　　　　　1

○年		摘　要	仕丁	借　方	○年		摘　要	仕丁	貸　方
1	1	資 本 金	1	600,000	1	10	備　　品	1	150,000
	20	売 掛 金	1	300,000		11	商　　品	1	100,000
	24	諸　　口	1	150,000		23	買 掛 金	1	300,000
						25	給　　料	2	90,000
						31	雑　　費	2	1,000
						〃	閉鎖残高	2	409,000
				1,050,000					1,050,000
2	1	開始残高	3	409,000					

売　掛　金　　　　　2

○年		摘　要	仕丁	借　方	○年		摘　要	仕丁	貸　方
1	7	諸　　口	1	300,000	1	20	現　　金	1	300,000

商　　品　　　　　3

○年		摘　要	仕丁	借　方	○年		摘　要	仕丁	貸　方
1	5	買 掛 金	1	300,000	1	7	売 掛 金	1	200,000
	11	現　　金	1	100,000		24	現　　金	1	100,000
						31	閉鎖残高	2	100,000
				400,000					400,000
2	1	開始残高	3	100,000					

備　品　4

○年		摘　要	仕丁	借　方	○年		摘　要	仕丁	貸　方
1	10	現　　金	1	150,000	1	31	閉鎖残高	2	150,000
2	1	開始残高	✓	150,000					

買　掛　金　5

○年		摘　要	仕丁	借　方	○年		摘　要	仕丁	貸　方
1	23	現　　金	1	300,000	1	5	商　　品	1	300,000

資　本　金　6

○年		摘　要	仕丁	借　方	○年		摘　要	仕丁	貸　方
1	31	閉鎖残高	2	659,000	1	1	現　　金	1	600,000
						31	資　本　金	2	59,000
				659,000					659,000
					2	1	開始残高	3	659,000

閉　鎖　残　高　11

○年		摘　要	仕丁	借　方	○年		摘　要	仕丁	貸　方
1	31	現　　金	2	409,000	1	31	資　本　金	2	659,000
	〃	商　　品	2	100,000					
	〃	備　　品	2	150,000					
				659,000					659,000

開　始　残　高　12

○年		摘　要	仕丁	借　方	○年		摘　要	仕丁	貸　方
1	31	資　本　金	3	659,000	1	31	現　　金	3	409,000
						〃	商　　品	3	100,000
						〃	備　　品	3	150,000
				659,000					659,000

練習問題（8）

1　東京商店の4月中の勘定口座の記録から，つぎの問いに答えなさい。
(1)　合計試算表を作成しなさい。
(2)　英米式繰越法により，必要な仕訳を示し，各勘定口座を締め切りなさい。
(3)　繰越試算表を作成しなさい。
(4)　損益計算書と貸借対照表を作成しなさい。
　　　ただし，会計期間は仮に平成〇年4月1日から平成〇年4月30日とする。

現　金　　1

〇年		摘　要	仕丁	借　方	〇年		摘　要	仕丁	貸　方
4	1	資　本　金	1	600,000	4	10	備　　品	1	150,000
	20	売　掛　金	1	300,000		23	買　掛　金	1	100,000
	24	諸　　口	1	150,000		25	給　　料	2	90,000
						30	雑　　費	2	1,000

売　掛　金　　2

〇年		摘　要	仕丁	借　方	〇年		摘　要	仕丁	貸　方
4	7	諸　　口	1	300,000	4	20	現　　金	1	300,000

商　品　　3

〇年		摘　要	仕丁	借　方	〇年		摘　要	仕丁	貸　方
4	1	資　本　金	1	300,000	4	7	売　掛　金	1	200,000
	11	買　掛　金	1	100,000		24	現　　金	1	100,000

備　品　　4

〇年		摘　要	仕丁	借　方	〇年		摘　要	仕丁	貸　方
4	1	資　本　金	1	100,000					
	10	現　　金	1	150,000					

第8章　決算と決算手続　107

買　掛　金　　　　　　　　　　5

○年		摘　要	仕丁	借　方	○年		摘　要	仕丁	貸　方
4	23	現　　金	1	100,000	4	11	商　　品	1	100,000

資　本　金　　　　　　　　　　6

○年		摘　要	仕丁	借　方	○年		摘　要	仕丁	貸　方
					4	1	諸　　口	1	1,000,000

商品売買益　　　　　　　　　　7

○年		摘　要	仕丁	借　方	○年		摘　要	仕丁	貸　方
					4	7	売　掛　金	1	100,000
						24	現　　金	1	50,000

給　　料　　　　　　　　　　　8

○年		摘　要	仕丁	借　方	○年		摘　要	仕丁	貸　方
4	25	現　　金	2	90,000					

雑　　費　　　　　　　　　　　9

○年		摘　要	仕丁	借　方	○年		摘　要	仕丁	貸　方
4	30	現　　金	2	1,000					

損　　益　　　　　　　　　　　10

○年		摘　要	仕丁	借　方	○年		摘　要	仕丁	貸　方

(1)

合計試算表
〇年4月30日

借　方	元丁	勘定科目	貸　方

(2)

仕　訳　帳　　　　　　　　2

〇年	摘　　　　要	元丁	借　方	貸　方
	決算仕訳			

(3)

繰越試算表
○年4月30日

借方	元丁	勘定科目	貸方

(4)

損益計算書

東京商店　　○年4月1日から○年4月30日まで

費用	金額	収益	金額

貸借対照表

東京商店　　○年4月30日

資産	金額	負債および純資産（資本）	金額

2 つぎの合計試算表と諸取引から，月末の精算表を作成しなさい。

資料1

合　計　試　算　表
〇年5月28日

借　　方	元丁	勘 定 科 目	貸　　方
415	1	現　　　　金	247
2,183	2	預　　　　金	1,435
1,886	3	売　掛　金	1,613
870	4	商　　　　品	500
130	5	備　　　　品	
1,180	6	買　掛　金	1,510
	7	借　入　金	300
	8	資　本　金	1,000
	9	商品売買益	255
	10	受取手数料	13
150	11	給　　　　料	
56	12	支 払 家 賃	
3	13	雑　　　　費	
6,873			6,873

資料2　取引29日：売上　原価¥50　売買益¥10　代金は現金で受け取り
　　　　　　　　　　　　　原価¥30　売買益¥ 5　代金は掛け
　　　　　　　　　仕入れ商品¥80　代金は掛け
　　　　　　　　　買掛金¥130をA銀行の預金を引き出して支払った
　　　　　30日：売上　原価¥30　売買益¥ 6　代金は掛け
　　　　　　　　　　　　　原価¥45　売買益¥ 9　代金は現金で受け取り
　　　　　　　　　仕入れ商品¥73　代金は掛け
　　　　　　　　　売掛金¥110がA銀行の預金に振り込まれた
　　　　　31日：売上　原価¥57　売買益¥13　代金は現金で受け取り
　　　　　　　　　　　　　原価¥15　売買益¥ 3　代金は現金で受け取り
　　　　　　　　　本月分家賃¥28を現金で支払った
　　　　　　　　　本月分給料¥75を現金で支払った
　　　　　　　　　本月分の売買手数料¥ 2を現金で受け取り

第8章　決算と決算手続　111

精算表
〇年5月31日

勘定科目	元丁	残高試算表		損益計算書		貸借対照表	
		借方	貸方	借方	貸方	借方	貸方
現　　　　金	1						
預　　　　金	2						
売　掛　　金	3						
商　　　　品	4						
備　　　　品	5						
買　掛　　金	6						
借　入　　金	7						
資　本　　金	8						
商品売買益	9						
受取手数料	10						
給　　　　料	11						
支払家賃	12						
雑　　　　費	13						

3　東京商店のある期末の総勘定元帳の記録は，つぎのとおりである。決算に必要な仕訳を示し，元帳を締め切りなさい。なお，開始記入も行う。

　　　ただし，(1)　大陸式繰越法による。
　　　　　　(2)　転記は，相手科目と金額を記入する。
　　　　　　(3)　あらたに閉鎖残高勘定と開始残高勘定を設ける。

現　　金　　1		売　掛　金　2		商　　品　　3	
200,000	100,000	300,000	150,000	400,000	280,000

備　　品　　4		買　掛　金　5		借　入　金　6	
150,000		50,000	150,000		80,000

資　本　金　7		商品売買益　8		受取手数料　9	
	200,000		170,000		28,000

給　　料	10		通　信　費	11		支　払　利　息	12
50,000			6,000			2,000	

損　　益	13		閉　鎖　残　高	14		開　始　残　高	15

振替仕訳

		損　　益	198,000
損　　益	58,000		
損　　益	140,000		
閉鎖残高			
		閉鎖残高	
		開始残高	
開始残高			

第2編　諸取引と会計処理

第1章　商品売買の取引と処理

1　商品の普通売買処理

　商品とは，売買業を営む企業が販売を目的に他企業などから購入し所有する物品などである。

　商品売買は，特殊な条件のない商品の売買を行う普通売買と，特殊な条件の基で売買を行う特殊売買とがある。

　なお，ここでは，商品の普通売買についての記録方法を解説する。記録方法には，分記法，総記法及び分割法がある。

(1)　分記法

　分記法は，商品を仕入れたとき，その商品の仕入原価を商品勘定（資産勘定）の借方に記入し，販売したとき，その商品の仕入原価を商品勘定の貸方に記入する方法である。

　なお，販売によって得た商品売買損益は，別に商品売買益（または商品売買損）勘定を設けて記入するため，商品勘定の残高をみれば，いつでも商品の手元有り高がわかる。

　したがって，販売するたびに商品の仕入原価と，商品売買損益を算出して記入するため，多品種大量販売には適さないが，高額な宝石や絵画などの販売の

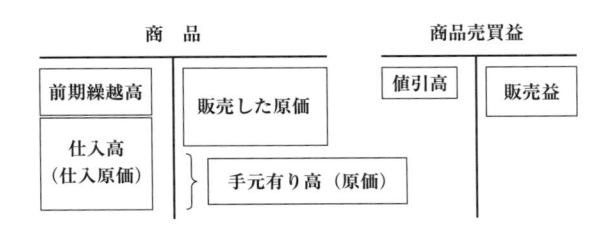

商　品		商品売買益	
前期繰越高	販売した原価	値引高	販売益
仕入高 (仕入原価)	手元有り高（原価）		

ような，個々に仕入原価と販売価額とを認識できる商品には適している方法である。しかし分記法は，現在の企業会計では，ほとんど使用されない。

純額主義

分記法のように，売上高と売上原価が勘定科目として表われず，その差額としての商品売買益のみが記入される方法を，純額主義という。

企業会計原則は，損益計算書において，総売上高から売上値引き及び，売上戻り高を控除した純売上高のみを記入し，売上値引き及び売上戻り高を表示しないことを認めているが，他の項目処理では，原則として純額主義を認めていない場合が多い。

なお，受取利息と支払利息とを相殺し，その差額だけを受取利息ないし支払利息として表示することは認めていない。

---

(2) 総記法

総記法は，分記法と同様に商品を仕入れたとき，商品勘定の借方に商品の仕入原価を記入し，商品を販売したときには，商品の販売価額を商品勘定の貸方に記入する方法である。

したがって，商品勘定の一勘定だけで仕入原価と販売価額を記入するため，商品売買損益は，期末の商品棚卸高を商品勘定の貸方に記入した後に求める。

なお，一つの勘定に商品という資産要素と，商品売買損益という損益要素とが混在した混合勘定（mixed a/c）になるため，仕入れや在庫といった商品管理及び，営業活動における販売損益の把握において，それぞれを認識することがむずかしくなる。

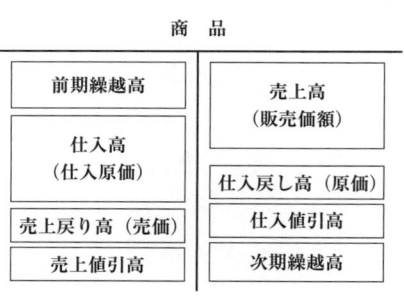

商　品

前期繰越高	売上高（販売価額）
仕入高（仕入原価）	
	仕入戻し高（原価）
売上戻り高（売価）	仕入値引高
売上値引高	次期繰越高

(3) 分割法

一つひとつの商品を把握できる売買の場合は，分記法で処理することも可能であるが，多品種大量の商品の売買を記録するときは，個々に把握しきれないため，分割法のほうが便利で商品管理上でも優れている。

したがって，大部分の企業が，分記法や総記法の欠点を避けて商品勘定を分けた分割法を用いている。

なお，分割法には，二分法，三分法，五分法などがあるが，企業の商品売買を仕入れ，販売，在庫の各活動に合わせて，仕入勘定，売上勘定，繰越商品勘定に分けて記入する三分法が一般に広く用いられる。

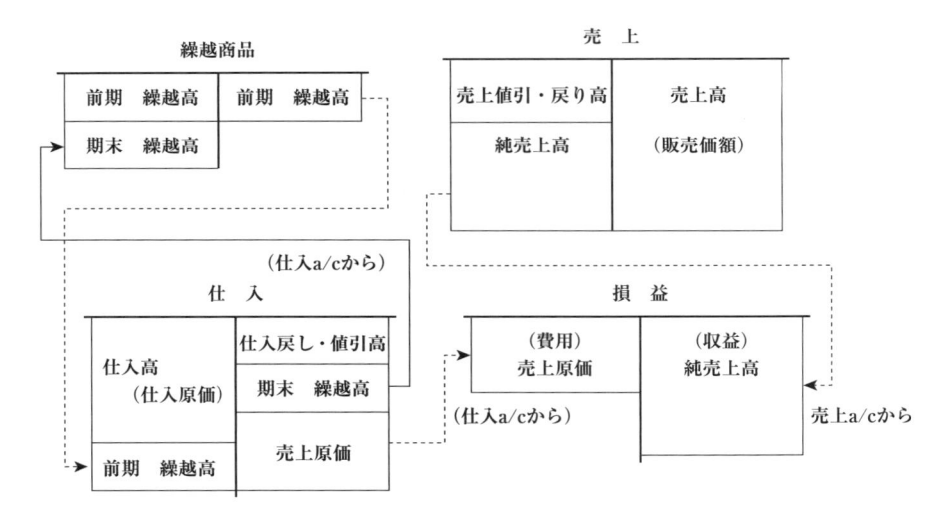

繰越商品	
前期　繰越高	前期　繰越高
期末　繰越高	

売　上	
売上値引・戻り高	売上高
純売上高	（販売価額）

仕　入	
仕入高 （仕入原価）	仕入戻し・値引高
	期末　繰越高
前期　繰越高	売上原価

（仕入a/cから）

損　益	
（費用） 売上原価	（収益） 純売上高

（仕入a/cから）　　　売上a/cから

三分法とは，商品を仕入れたとき，仕入勘定（費用勘定）の借方に商品の仕入原価を記入し，商品を販売したとき，商品の販売価額を売上勘定（収益勘定）の貸方に記入する。また，期末に売れ残った商品（期末商品棚卸高）は，繰越商品として繰越商品勘定（資産勘定）の借方に記入するとともに，仕入勘定の貸方にも記入し，仕入勘定で当期の売上原価を算出する。

なお，仕入勘定の借方残高である売上原価を，損益勘定の借方に振り替え，売上勘定の貸方残高を損益勘定の借方に振り替えたとき，その差額は商品売買

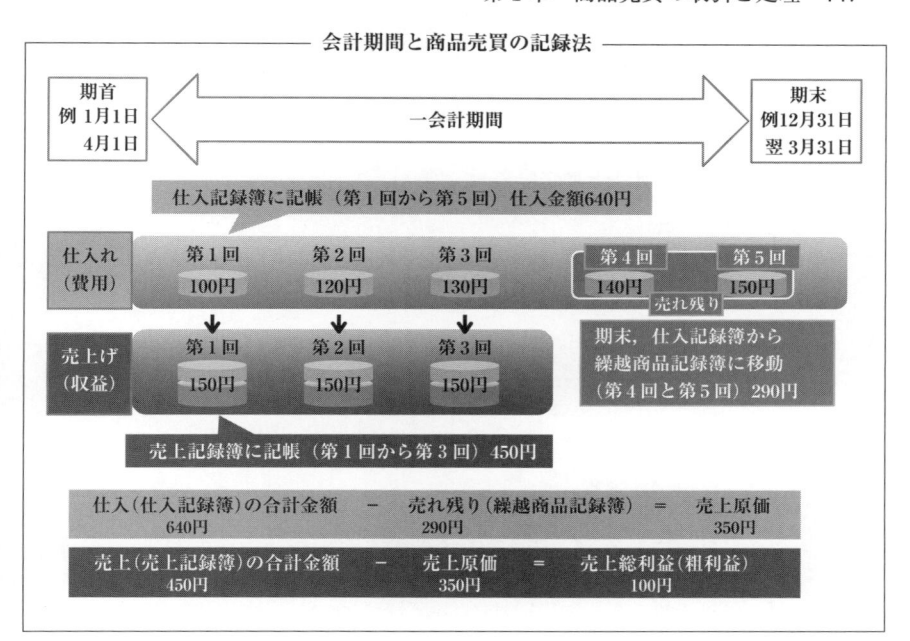

第1章　商品売買の取引と処理　117

```
―――――――――― 会計期間と商品売買の記録法 ――――――――――

┌──────┐                                            ┌──────┐
│ 期首  │                                            │ 期末  │
│例1月1日│←――――――― 一会計期間 ―――――――→│例12月31日│
│ 4月1日│                                            │翌3月31日│
└──────┘                                            └──────┘

        仕入記録簿に記帳（第1回から第5回）仕入金額640円

┌────┐  ┌───┐  ┌───┐  ┌───┐    ┌───┐  ┌───┐
│仕入れ│  │第1回│  │第2回│  │第3回│    │第4回│  │第5回│
│(費用)│  │100円│  │120円│  │130円│    │140円│  │150円│
└────┘  └───┘  └───┘  └───┘    └───┘  └───┘
                                              売れ残り
           ↓       ↓       ↓
┌────┐  ┌───┐  ┌───┐  ┌───┐    期末，仕入記録簿から
│売上げ│  │第1回│  │第2回│  │第3回│    繰越商品記録簿に移動
│(収益)│  │150円│  │150円│  │150円│    （第4回と第5回）290円
└────┘  └───┘  └───┘  └───┘

        売上記録簿に記帳（第1回から第3回）450円

   仕入(仕入記録簿)の合計金額  －  売れ残り(繰越商品記録簿)  ＝  売上原価
         640円                        290円                    350円

   売上(売上記録簿)の合計金額  －  売上原価  ＝  売上総利益(粗利益)
         450円                      350円          100円
```

損益を示す。

よって，損益勘定は，期末の決算のときに用いる集合勘定であり，各収益勘定と各費用勘定の差額から当期の損益額を算出する役割を有する。

例題 2.1.1

つぎの取引の仕訳を示し，合わせて勘定記入も行いなさい。

7月1日　神田商店より商品200,000円を仕入れ，代金は現金で支払った。
7月8日　市ヶ谷商店に商品60,000円（原価50,000円）を掛けで売り渡した。
7月15日　大手町商店に商品100,000円（原価80,000円）を売り渡し，代金は現金で受け取った。

(1)　分記法による仕訳と勘定記入

7/1	(借)	商　　品	200,000	(貸)	現　　金	200,000	
8	(借)	売 掛 金	60,000	(貸)	商　　品	50,000	
					商品売買益	10,000	
15	(借)	現　　金	100,000	(貸)	商　　品	80,000	
					商品売買益	20,000	

商　品				商品売買益			
7/1 現　金 200,000	7/8 売掛金 50,000				7/8 売掛金 10,000		
	15 現　金 80,000				15 現　金 20,000		

(2) 総記法による仕訳と勘定記入

　　7／1　（借）商　　　　品　200,000　（貸）現　　　　金　200,000
　　　8　（借）売　掛　金　60,000　（貸）商　　　　品　60,000
　　　15　（借）現　　　　金　100,000　（貸）商　　　　品　100,000

商　品	
7/1 現　金 200,000	7/8 売掛金 60,000
	15 当座預金 100,000

(3) 三分法による仕訳と勘定記入

　　7／1　（借）仕　　　　入　200,000　（貸）現　　　　金　200,000
　　　8　（借）売　掛　金　60,000　（貸）売　　　　上　60,000
　　　15　（借）現　　　　金　100,000　（貸）売　　　　上　100,000

繰越商品		売　上	
		7/8 売掛金 60,000	
		15 現　金 100,000	

仕　入	
7/1 現　金 200,000	

① 繰越商品勘定

　繰越商品勘定（資産勘定）の記入方法は，借方に前期からの売れ残り商品である前期繰越高（期首商品棚卸高）を記入する。

　なお，決算では，貸方に当期の売れ残り商品としての次期繰越高（期末商品棚卸高）を記入する。したがって，会計年度中の記帳は行うことがない勘定である。

② 仕入勘定

　仕入勘定（費用勘定）の記入方法は，商品を仕入れたとき，借方に仕入高を

記入し，貸方には仕入戻し高（返品）や，仕入値引高を記入する。

なお，商品を仕入れたときに発生する仕入諸掛りには，引取運賃や，保険料などの諸費用があり仕入原価に加えて仕入高とする。

仕入高 ＝ 仕入原価 ＋ 仕入諸掛

仕入勘定の総仕入高である借方合計額から，仕入戻し高・仕入値引高の貸方合計額を差し引いた借方残高は純仕入高を示す。

純仕入高 ＝ 総仕入高 － 仕入戻し高・仕入値引高

仕　入	
純仕入高 仕入諸掛 を含む）	仕入戻し高 仕入値引き高
	｝純仕入高

③ 売上勘定

売上勘定（収益勘定）の記入方法は，商品を売り渡した時，貸方に売上高を記入し，借方には売上戻り高（返品）や売上値引高を記入する。

なお，仕入勘定とは異なり，商品を売り渡したときに発生する発送諸掛りの荷造費や，発送運賃などの諸費用は，当方で負担する場合，売上勘定とは別に発送費勘定（費用勘定）を設けてその借方に記入する。また，先方負担の発送諸掛りの場合には，立替金勘定（資産勘定）を設けて処理する。

売上勘定の貸方合計金額の総売上高から，売上戻り高・売上値引高の借方合計額を差し引いた貸方残高は純売上高を表す。

純売上高 ＝ 総売上高 － 売上戻り高・売上値引高

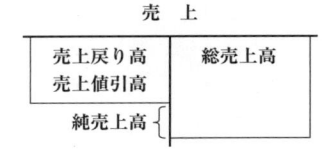

売　上	
売上戻り高 売上値引高	総売上高
純売上高｛	

例題 2.1.2

　市ヶ谷商店のつぎの取引を三分法で仕訳し，各勘定に記入しなさい。

　8月1日　前期からの繰越商品は，つぎのとおりであった。

| | Yシャツ | 50枚 | @3,000円 | 150,000円 |
| | カバン | 30個 | @2,000円 | 60,000円 |

5日 虎ノ門商店につぎの商品を売り渡し，代金は同店振出の小切手で受け取った。

| | Yシャツ | 20枚 | @5,000円 | 100,000円 |

12日 恵比寿商店からつぎの商品を仕入れ，代金は小切手を振り出して支払った。

| | Yシャツ | 40枚 | @2,200円 | 88,000円 |
| | カバン | 100個 | @1,800円 | 180,000円 |

15日 恵比寿商店から仕入れた商品のうち，品違いのためつぎの商品を返品した。代金については，買掛金から差し引くことにした。

| | Yシャツ | 10枚 | @2,200円 | 22,000円 |

20日 渋谷商店につぎの商品を売り渡し，代金は掛けとした。なお，発送諸掛り3,000円は現金で支払った。

| | Yシャツ | 50枚 | @3,500円 | 175,000円 |
| | カバン | 80個 | @2,400円 | 192,000円 |

25日 渋谷商店に売り渡した商品について，つぎのとおり返品があった。返品額については，売掛金から差し引くことにした。

| | Yシャツ | 2枚 | @3,500円 | 7,000円 |

29日 代々木商店からつぎの商品を仕入れ，代金は掛けとした。なお，引取運賃15,000円は現金で支払った。

| | Yシャツ | 50枚 | @2,500円 | 125,000円 |

仕　訳

8/1	前月繰越の問題のため仕訳不要
5	（借）現　　　金 100,000 （貸）売　　　上 100,000
12	（借）仕　　　入 268,000 （貸）当座預金 268,000
15	（借）買　掛　金 22,000 （貸）仕　　　入 22,000
20	（借）売　掛　金 367,000 （貸）売　　　上 367,000
	発　送　費 3,000 　　　現　　　金 3,000
25	（借）売　　　上 7,000 （貸）売　掛　金 7,000
29	（借）仕　　　入 140,000 （貸）買　掛　金 125,000
	現　　　金 15,000

勘定記入（相手勘定科目は省略）

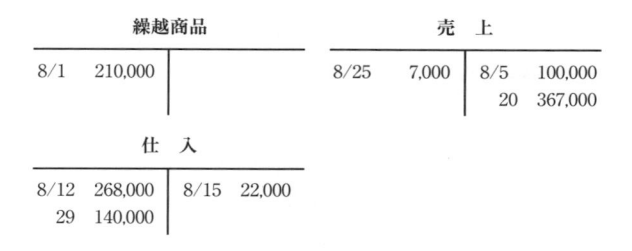

第1章 商品売買の取引と処理 121

```
       繰越商品                    売    上
 8/1  210,000              8/25  7,000 | 8/5  100,000
                                        | 20  367,000

           仕    入
 8/12  268,000 | 8/15  22,000
    29  140,000 |
```

2　仕入帳・売上帳・商品有高帳

　商品売買における取引の詳細を記帳するため，補助簿である補助記入帳と補助元帳がある。
　なお，補助記入帳は仕入帳・売上帳であり，補助元帳は商品有高帳である。

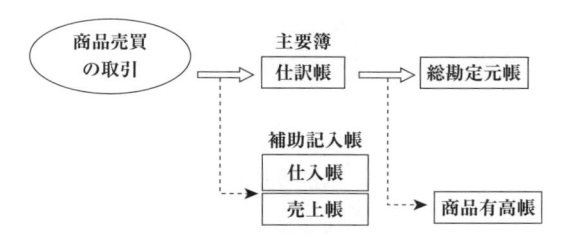

```
                  主要簿
  ┌─────┐      ┌─────┐      ┌─────┐
  │商品売買 │ ──> │仕訳帳 │ ──> │総勘定元帳│
  │の取引  │      └─────┘      └─────┘
  └─────┘          
     │        補助記入帳
     │        ┌─────┐
     └──────>│仕入帳 │
             ├─────┤       ┌──────┐
             │売上帳 │ ····> │商品有高帳│
             └─────┘       └──────┘
```

図 2.1.1　商品売買における主要簿と補助簿の関係

(1)　**仕入帳**（purchases book）

　仕入帳は，商品を仕入れたときに仕入取引の詳細を記入する補助記入帳である。
　例題 2.1.2 における 8 月12日の取引の仕訳は，つぎのとおりである。
　　8/12　（借）仕　　入　268,000　（貸）当座預金　268,000
　このように，仕訳帳の記入からは，仕入取引の日付と仕入金額を知ることはできるが，仕入の内容について細かく知ることはできない。したがって，仕入勘定の補助記入帳として仕入帳が必要となる。
　仕入帳の記入方法は，つぎのとおりである。
　①　日付欄には，仕入取引の日付を発生順に記入する。

② 摘要欄には，仕入先商店名，代金の支払条件，商品名，数量，単価，金額など取引の明細を記入する。
③ 摘要欄には，取引運賃や手数料，保険料などの仕入諸掛りも記入する。
④ 二つ以上の商品等がある場合は，各商品ごとにその小計金額を内訳欄に記入し，合計金額を金額欄に記入する。
⑤ 一つの取引の記入が終了したときには，摘要欄に単線を記入して，つぎの取引と区分する。
⑥ 仕入値引高や仕入戻し高があるときは，赤字で記入するかマイナス記号を使って記入する。
⑦ 月末に帳簿を締め切るときに，仕入値引高や仕入戻し高は赤字かマイナス記号を使って記入し，その額を総仕入高から差し引いて純仕入高を算出する。なお，純仕入高は仕入勘定の借方残高と一致するはずである。
⑧ 最後に，日付欄と金額欄に複線を引いて締め切る。

なお，例題2.1.2の取引を仕入帳に記入して締め切ると，つぎのとおりである。

仕　入　帳

平成○年		摘　　要		内　訳	金　額
8	12	恵比寿商店	小切手		
		Yシャツ　40枚	@¥2,200	88,000	
		カバン　100個	@¥1,800	180,000	268,000
	15	恵比寿商店	掛け戻し		
		Yシャツ　10枚	@¥2,200		22,000
	29	代々木商店	掛		
		Yシャツ　50枚	@¥2,500	125,000	
		引取運賃現金払い		15,000	140,000
	31	総仕入高			408,000
	〃	仕入戻し高			22,000
		純仕入高			386,000

(2) 売上帳 (sales book)

売上帳とは，商品を売り上げたとき，売上取引の詳細を記入する補助記入帳である。

売上帳の記入方法は，つぎのとおりである。
① 日付欄には，売上取引の日付を発生順に記入する。
② 摘要欄には，得意先商店名，代金の受取条件，商品名，数量，単価，金額など取引の明細を記入する。
③ 二つ以上の商品等があるときは，商品ごとにその小計金額を内訳欄に記入し，合計金額を金額欄に記入する。
④ 一つの取引の記入が終了したときには，摘要欄に単線を記入し，つぎの取引と区分する。
⑤ 売上値引高や売上戻り高があるときは，赤字で記入するかマイナス記号を使って記入する
⑥ 月末に帳簿を締め切るときに，売上値引高や売上戻り高は赤字かマイナス記号を使って記入し，その額を総売上高から差し引いて純売上高を算出する。なお，純売上高は売上勘定の貸方残高と一致するはずである。
⑦ 最後に，日付欄と金額欄に複線を引いて締め切る。
⑧ 売上帳は，仕入帳と異なり発送運賃や，手数料および保険料などの売上諸掛りは記入しない。

なお，例題2.1.2の取引を売上帳に記入して締め切ると，つぎのとおりである。

売 上 帳

平成○年		摘　　要			内　訳	金　額
8	5	虎ノ門商店		小切手		
		Yシャツ	20 枚	@ ¥5,000		100,000
	20	渋谷商店		掛　け		
		Yシャツ	50 枚	@ ¥3,500	175,000	
		カバン	80 個	@ ¥2,400	192,000	367,000
	25	渋谷商店		掛け戻り		
		Yシャツ	2 枚	@ ¥3,500		7,000
	31			総 売 上 高		467,000
	〃			売上戻り高		7,000
				純 売 上 高		467,000

払出原価の算出方法

売上高に対する払出原価の算出方法には，以下のような方法がある。

1　個別法（identified method）

個別法とは，売上に対する仕入れについて，実地に調べて売上高に対する払出原価（売上原価）を決める方法である。

しかしながら，商品の売上のたびに，その売却分を実地に確認することは，実際にはかなり困難な方法といえる。

2　先入先出法（first-in first-out method；FIFO）

実際の取引事実とは関係なく，先に仕入れた商品から先に払い出された（売られた）とみなして払出価格を決める方法が先入先出法である。この方法は，実際の商品取引の流れに沿った考え方をしていることから，買い入れ順法ともよばれている。

3　平均法（average method）

平均法とは，異なる仕入単価についてその平均値を求めて，その平均単価を払出数量に掛けて払出価額を決める方法である。

この方法には，移動平均法ならびに総平均法などがある。

移動平均法（moving average method）とは，単価の異なる仕入れが行われるたびに，商品有高帳の残高欄（新たに仕入れる直前の在庫品）の金額と新たに仕入れた金額の合計額を，残高欄の数量と新たな仕入数量の合計で割って新しい平均単価を求め，この単価をその後の払出（売上）商品に対する払出単価とする方法である。

$$平均単価 = \frac{残高欄の金額 + 仕入れた金額}{残高欄の数量 + 仕入れた数量}$$

総平均法（gross average method, periodic average method）とは，一定期間内の仕入金額合計を仕入数量合計で割って平均単価を求め，この払出単価を当該期間中のすべての払出（売上）商品の数量に掛けて，払出単価を算出する方法である。

なお，前月からの繰越分があるときは，その数量と金額をそれぞれ加算して平均単価（払出単価）を求めることになる。

上記のような払出原価の算出方法には，他に標準原価法や小売棚卸法などがある。

---

(3)　**商品有高帳**（stock ledger）

商品有高帳とは，繰越商品勘定の補助元帳であり，仕入勘定および売上勘定の補助元帳でもある。

商品有高帳を設ける目的の一つには，商品の入庫および出庫についての数量

の記録を行うことにより，帳簿上つねに在庫数量を明らかにすることから，帳簿による在庫数量管理を行う。

　もう一つの目的は，入庫および出庫についての金額の記録を行うことにより，帳簿上の仕入原価と払出価額とを明らかにすることから，期末商品棚卸高と売上原価の計算を行うさいに役立てる。

　商品有高帳は，異なる商品の種類・等級ごとに別の口座を設け，それぞれの受入高や払出高（引渡高）および，残高をすべて「原価」で記入する。

　なお，同じ種類の商品や同じ等級のものであっても，仕入時期によって単価が異なる点に注意しなければならない。また，商品の払出欄（引渡欄）の単価についても原価で記入するが，記帳方法の違いによって変わる。

　商品有高帳の記入方法は，つぎのとおりである。

① 異なる商品の種類・等級ごとに，別の口座を設けて記入する。
② 開始線の左肩に払出原価の計算方法を記入し，タイトル線の下には商品名を記入する。なお，右肩には商品の数量単位を記入する。
③ 日付欄には，同一商品の仕入取引および，売上取引の日付を発生順に記入する。
④ 摘要欄には，取引先商店名および，仕入や売上といった取引名を記入する。
⑤ 受入欄には，仕入れた数量，単価，金額を記入する。
⑥ 払出欄には，払い出した数量，単価，金額を記入する。なお，単価については，上記の各方法で算出した払出単価を用いる。
⑦ 仕入戻し高は，数量，単価，金額を払出欄に記入する。
⑧ 仕入値引き高は，その金額を払出欄に記入し，残高欄の単価と金額を訂正する。
⑨ 売上戻り高があるときには，数量，単価，金額を受入欄に記入する。
⑩ 売上値引高は，売価の修正であるため，商品有高帳に記入しない。

　なお，例題2.1.2の商品売買取引の「Yシャツ」について，先入先出法により，商品有高帳に記入して締め切ると，つぎのとおりである。

① 商品有高帳

②（先入先出法）　　　　　品名　Yシャツ　　　　　　　　単位：枚

③ 平成 ○年		④ 摘要	⑤ 受入			⑥ 払出			残高		
			数量	単価	金額	数量	単価	金額	数量	単価	金額
8	1	前月繰越	50	3,000	150,000				50	3,000	150,000
	5	売上				20	3,000	60,000	30	3,000	90,000
	12	仕入	40	2,200	88,000				{ 30	3,000	90,000
									40	2,200	88,000
⑦	15	戻し				10	2,200	22,000	{ 30	3,000	90,000
									30	2,200	66,000
	20	売上				{ 30	3,000	90,000	{ 10	2,200	22,000
						20	2,200	44,000			
⑨	25	戻り	2	2,200	4,400				12	2,800	26,400
	29	仕入	50	2,800	140,000				{ 12	2,200	26,400
									50	2,800	140,000
	31	次月繰越				{ 12	2,200	26,400			
						50	2,800	140,000			
			142		382,400	142		382,400			
9	1	前月繰越	{ 12	2,200	26,400				{ 12	2,200	26,400
			50	2,800	140,000				50	2,800	140,000

解説

20日の払出単価は，先入先出法によることから，時間の経過の古い商品から先に払いだしたと考えている。

8月29日の仕入単価は，仕入金額に引取運賃を含んでおり，その金額を数量で割って，算出する。

$$仕入単価 = \frac{125,000円 + 15,000円}{50枚} = 2,800円$$

また，例題2.2.2の商品売買取引の「Yシャツ」について，移動平均法により，商品有高帳に記入すると，つぎのとおりである。

商品有高帳

（移動平均法）　　　　　品名　Yシャツ　　　　　　　　単位：枚

平成 ○年		摘要	受入			払出			残高		
			数量	単価	金額	数量	単価	金額	数量	単価	金額
8	1	前月繰越	50	3,000	150,000				50	3,000	150,000
	5	売上				20	3,000	60,000	30	3,000	90,000

第1章　商品売買の取引と処理

12	仕	入	40	2,200	88,000				70	2,543	178,000
15	戻	し				10	2,200	22,000	60	2,600	156,000
20	売	上				50	2,600	130,000	10	2,600	26,000
25	戻	り	2	2,600	5,200				12	2,600	31,200
29	仕	入	50	2,800	140,000				62	2,761	171,200
31	次月繰越					62	2,761	171,200			
			142		383,200	142		383,200			
9	1	前月繰越	62	2,761	171,200				62	2,761	171,200

解　説

　8月12日の残高欄の単価は，移動平均法によることから，新しく仕入れた金額を今までの残高欄の在庫金額に加算し，その合計金額を合計数量で割って，そのつど算出する。

$$払出単価 = \frac{90,000 円 + 88,000 円}{30袋 + 40袋} = 2,543 円$$

　8月20日の払出単価は，移動平均法によることから，残高欄の単価を用いる。

会計公準（Accounting Postulates）とは？

　会計を踏まえた企業の体系的帳簿を作成するための基本的な前提条件である。したがって，公準を満たさない国には，体系的な帳簿は存在しない。

　つぎの三つの公準は，国際社会一般に広く同意を得ているが，不変的に存在する考え方ではない。

・企業実体（Business Entity）の公準

　企業自体が存在し，企業個々の記録・計算・報告を会計単位（Accounting unit）と考える仮説である。

・継続企業（Going concern）の公準

　個々の企業が永遠に継続することを前提とし，会計年度を設定した期間損益計算を行っていると考える仮説である。

・貨幣的評価（Monetary Valuation）の公準

　その国において，自国の通貨の貨幣的価値が実質的に安定し，会計行為を統一貨幣額により行うと考える仮説である。

練習問題（1）

1 つぎの取引の仕訳を示しなさい。ただし，商品勘定は，三分法によること。
   6月5日　横浜商店から商品100,000円を仕入れ，代金は小切手を振り出して支払った。
   18日　名古屋商店に商品70,000円（原価45,000円）を掛けで売り渡した。
   19日　島根商店から商品35,000円を仕入れ，代金は掛けとした。なお，引取運賃5,000円は現金で支払った。
   25日　米原商店に商品200,000円（原価140,000円）を売り渡し，代金は同店振出小切手で受取り，ただちに当座預金に預け入れた。
   26日　上記名古屋商店に売り渡した商品のうち，一部に破損があったため5,000円の値引きを承諾した。

日付	借　方	貸　方

2 つぎの仕入帳および売上帳にもとづき，(1)，(2) を示しなさい。

仕　入　帳　　　　　　　　　　　　4

平成○年		摘　要		金　額
4	3	秋田商店　　　　小切手 A品　50 個　　@¥300		15,000
	20	岐阜商店　　　　現金 A品　30 個　　@¥320		9,600

売　上　帳　　　　　　　　　　　　4

平成○年		摘　要		金　額
4	9	沖縄商店　　　　掛け A品　60 個　　@¥400		24,000
	25	山口商店　　　　現金 A品　40 個　　@¥450		18,000

　(1) 先入先出法によって商品有高帳を作成しなさい。ただし，A品の前月繰越高が，数量30個，1個あたりの単価290円である。
　(2) 4月中における売上高，売上原価，売上総利益を計算しなさい。

第1章　商品売買の取引と処理　129

(1)　商品有高帳の作成

商　品　有　高　帳

先入先出法　　　　　　　　　品名　A品　　　　　　　　単位：個

日付		摘　要	受　入			払　出			残　高		
			数量 個	単価 円	金額 円	数量 個	単価 円	金額 円	数量 個	単価 円	金額 円
4	1										
5	1	前月繰越									

(2)　売上総利益の計算

売上高　　　　　￥_____
売上原価（－）　￥_____
売上総利益　　　￥_____

第2章　現金および預金の取引と処理

1　現　金(cash on hand a/c)

　企業の活動は，ほとんどの取引において直接的または，間接的に現金の収支を伴う。したがって，現金および現金の代替物としての通貨代用証券を媒体とした取引は，量的に膨大である。よって，簿記的な記帳や，会計的な判断を伴うことが増えるため，それに伴い担当者の不正や誤りの原因を生むこともしばしばある。

　一般に現金というと紙幣や硬貨を思い浮かべるが，簿記上では，現金勘定として処理するものに，通貨のほかに金融機関ですぐに現金化できるため，現金と同じ扱いをする通貨代用券がある。

　なお，通貨代用券はつぎのとおりである。

- 他人振出小切手
- 郵便為替証書
- 送金小切手　　　　　　　　　財務諸表等規則ガイドライン15-1-1参照
- 期限の到来した公社債の利札
- 配当金領収証など

　勘定記入にあたっては，通貨や通貨代用証券などを取引の相手方から受け取ったときには，現金勘定の借方に記入し，逆にこれを取引の相方に渡したときには，現金勘定の貸方に記入する。したがって現金勘定はつねに借方残高とな

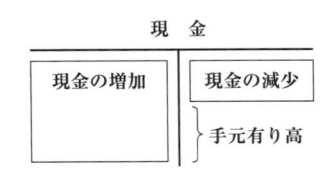

現　金

現金の増加	現金の減少
	手元有り高

第 2 章　現金および預金の取引と処理　131

り，これは現金の手元有り高を示す。

(1) 通貨代用証券

① 他人振出小切手

他人振出小切手は小切手を振り出した人が，小切手持参人に現金を支払うことを約束した証券である。小切手を受け取った人は，指定銀行に小切手を持ち込み，その場で現金と交換する。

ただし，他人振出小切手が先日付小切手であるときは，支払期日が後日に指定されているため，受取手形勘定ないし先日付小切手勘定といった別勘定を設けて記帳する。

② 送金小切手

送金小切手は，銀行で小切手を発行してもらった後に，受取人に小切手を郵送し，受取人はこの小切手を銀行に持ち込み現金の支払いを受ける事ができる小切手である。

なお，当座預金口座を開設しなくても利用できる。

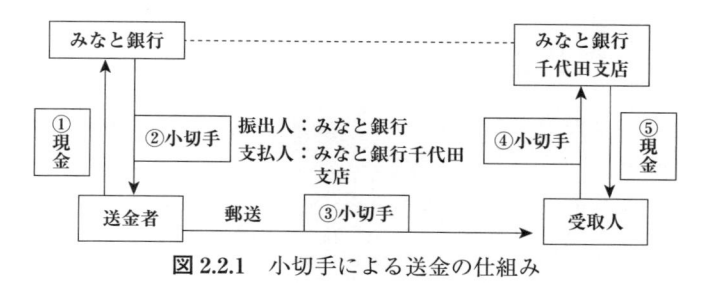

図 2.2.1　小切手による送金の仕組み

③ 郵便為替証書

郵便為替証書は，郵便為替による送金の際に発行される証書である。受取人はこの証書と引き換えに郵便局で現金を受け取る。

なお，郵便為替証書には，あらかじめ金額が指定されている定額小為替もある。送金場所は，ゆうちょ銀行などである。

普通為替

ご利用いただける方	個人及び法人その他団体
送金方法	●郵便局の貯金窓口にお申し込みください。 ●為替金の額を表示した普通為替証書をお渡ししますので，お受取人へお届けください。 ※お受取人を指定することができます。
受取方法	郵便局の貯金窓口で普通為替証書と引換えに現金を受け取ることができます。 ※正当権利者であることを確認できる証明資料の提示が必要な場合があります。
特殊扱い	●証書送達：普通為替証書を郵便局から配達記録郵便により，お受取人に郵送することができます。 ●払渡済み通知：為替金をお受取人にお支払いした旨の通知を受けることができます。 ●払渡済否の調査：お受取人が為替金の払渡しを受けているかどうか確認することができます。
料金	●普通為替の料金 | 為替金額 | 1万円以下 | 1万円を超え10万円以下 | 10万円を超え100万円以下 | |---|---|---|---| | 料金 | 100円 | 200円 | 400円 | ※100万円を超える場合は，100万円又はその端数ごとに，上記料金を合計した額となります。 ●特殊扱いの料金 ■証書送達：310円／枚（代金引換の引換金に係る証書を速達郵便により送達する場合270円） ■払渡済み通知：70円 ■払渡済否の調査 ・普通郵便による場合：140円 ・電信による場合：300円 ※払渡済否の調査については，貯金事務センターへの照会が必要な場合に限り料金がかかります。 ※料金には消費税（地方消費税を含む。）が含まれています。
その他	●為替証書の金額は，1枚につき500万円以下です。 ※郵便局，取扱方法等により異なる場合があります。 ●為替証書の有効期間は，発行日から6か月です。 ●為替証書を紛失，汚染又はき損したとき，為替証書の有効期間が経過したときは，ご請求により為替証書を再交付します。 ●有効期間経過後，3年間為替証書の再交付等の請求がないときは，為替金の権利は消滅します。 ●普通為替証書は，お受取人を指定している場合には，銀行その他公社の定める金融機関以外の者に譲り渡すことができません。 ●ご利用の際には，ご本人であることを確認できる公的書類の提示が必要な場合があります。 ※この取扱いには，郵便為替規定が適用されます。 ※資料：ゆうちょ銀行

第2章　現金および預金の取引と処理　133

――― 電信為替 ―――

ご利用いただける方	個人及び法人その他団体		
送金方法	郵便局の貯金窓口でお申込みください。ご請求の際には、次の払渡方法の中から一の方法をご指定ください。		
	払渡方法	内容	
	証書払	電信為替証書を発行してお受取人に送付し、当該証書と引換えに為替金を払い渡す方法	
	居宅払	為替金の額に相当する現金をお受取人（個人に限ります。）に送付して為替金を払い渡す方法 ※1回の為替金の額は、100万円以下です。 ※配達時に同一受取人への送金金額の合計金額が200万円を超える場合は、本人限定受取郵便により送付します。	
	窓口払	ご送金人が指定された郵便局においてお受取人に為替金の額に相当する現金を交付する方法	
受取方法	ご送金人から指定された払渡方法によりお支払いします。 ※正当権利者であることを確認できる証明資料の提示を求める場合があります。 ※窓口払について、14日以内に指定された郵便局でのお受け取りがないときは、電信為替証書を作成しご送金人へ返送します。		
特殊扱い	●通信文の通知：ご送金人が請求書に記載した通信文をお受取人に通知することができます。 ●払渡済み通知：為替金をお受取人にお支払いした旨の通知を受けることができます。 ●払渡済否の調査：為替金をお受取人にお支払いしたかどうか確認することができます。		
料金	●電信為替の料金		

為替金額	1万円以下	1万円を超え10万円以下	10万円を超え100万円以下
証書払	620円	800円	1,410円
居宅払	1,040円	1,220円	1,620円
窓口払	240円	400円	760円

※「証書払」及び「居宅払」の速達取扱地域外へのお届けは、270円を差し引いた料金となります。
※為替証書を郵便局に留め置く場合は、郵便料金相当額を差し引いた料金となります。
※100万円を超える場合は、100万円又はその端数ごとに、上記料金に次表の料金を加えた額となります。

為替金額	1万円以下	1万円を超え10万円以下	10万円を超え100万円以下
証書払	270円	450円	850円
窓口払	240円	400円	760円

●特殊払いの料金
■通信文の通知：5文字又はその端数ごとに50円
■窓口払の払渡しに関する事項の通知
　・電話による場合：50円
　・普通郵便による場合：100円
■払渡済み通知：70円
■払渡済否の調査
　・普通郵便による場合：140円
　・電信による場合：300円
●その他の料金
■払渡方法の変更：変更後の払渡方法により電信為替が差し出される場合の料金から、窓口払の料金として納付した額を差し引いた額
※居宅払への変更は、お受取人が個人の場合に限ります。
■為替金の払渡しの停止・停止解除：300円
■為替金の払渡しに関する事項の訂正：320円
※払渡済否の調査、為替金の払渡しの停止・停止解除及び為替金の払渡しに関する事項の訂正については、貯金事務センター又はご送金人が指定する郵便局等への照会が必要な場合に限り料金がかかります。
※料金には消費税（地方消費税を含む。）が含まれています。

その他	●為替証書の金額は、1枚につき500万円以下です。 ※郵便局、取扱方法等により異なる場合があります。 ●為替証書の有効期間は、発行日から6か月です。 ●為替証書を紛失、汚染又はき損したとき、為替証書の有効期間が経過したときは、ご請求により為替証書を再交付します。 ●有効期間経過後、3年間為替証書の再交付等の請求がないときは、為替金の権利は消滅します。 ●電信為替証書は、銀行その他会社の定める金融機関以外の者に譲り渡すことができません。 ●居宅払で配達時に同一受取人への送金金額の合計金額が200万円を超える場合は、本人限定受取郵便での配達となるため、お届けに日数を要する場合があります。 ●ご利用の際には、ご本人であることを確認できる公的書類の提示が必要な場合があります。 ※この取扱いには、郵便為替規定が適用されます。 ※資料：ゆうちょ銀行

―― 定額小為替 ――

ご利用いただける方	個人及び法人その他団体
送金方法	●郵便局の貯金窓口で為替金額をお申し出ください。 ●為替金の額を表示した定額小為替証書をお渡ししますので、お受取人にお届けください。 ※お受取人を指定することができます。 ※定額小為替証書には、次の7種類の金種があります。 　50円、100円、200円、300円、400円、500円、1,000円
受取方法	郵便局の貯金窓口で定額小為替証書と引換えに現金を受け取ることができます。 ※正当権利者であることを確認できる証明資料の提示を求める場合があります。
料　金	定額小為替証書1枚につき10円 ※料金には消費税（地方消費税を含む。）が含まれています。
その他	●為替証書の有効期間は、発行日から6か月です。 ●為替証書を汚染又はき損したとき、為替証書の有効期間が経過したときは、ご請求により為替証書を再交付します。 ●有効期間経過後、1年間為替証書の再交付等の請求がないときは、為替金の権利は消滅します。 ●定額小為替証書は、お受取人を指定している場合には、銀行その他公社の定める金融機関以外の者に譲り渡すことができません。 ●ご利用の際には、ご本人であることを確認できる公的書類の提示が必要な場合があります。 ※この取扱いには、郵便為替規定が適用されます。 ※資料：ゆうちょ銀行

④　支払期日到来の公社債利札

　株式会社が，一般から広く資金を集めるために発行する証券を社債（bond）という。

　なお，同じ目的で，国や地方公共団体などが発行する証券を公債といい，国債や県債などがある。

　公社債の発行は，発行者にとっての借入金にあたるため，当然，利息の支払いが必要となる。したがって，公社債は，あらかじめ利札（利息札やクーポン）が印刷されており，利息の支払いについては，支払期日の到来した利札を切り離し，金融機関に持参し現金と交換する仕組みである。

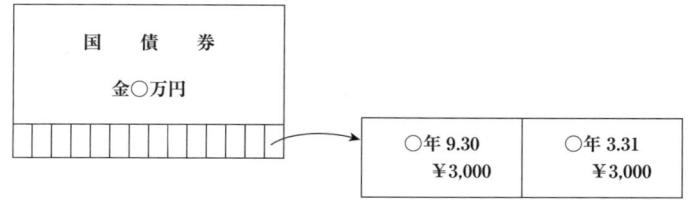

第2章　現金および預金の取引と処理　135

＊利札とは，公社債の券面に表示された半年分の利息の支払日と金額が一枚ずつ記載されている受取証のことである。

図 2.2.2　利札の仕組み

⑤　配当金領収書

株式会社は利益をあげたとき，その一部を出資者（株主）に配分する。これが配当金である。

なお，配当金支払いは配当金領収書（または郵便為替支払通知書）の送付によって行われる。

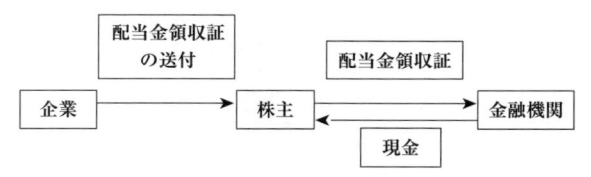

図 2.2.3　株式配当金の仕組み

例題 2.2.1

つぎの取引の仕訳を示し，現金勘定に転記しなさい。

4月1日　現金¥1,000,000を元入れして，川越商店を開業した。
4月10日　千葉商事からレジスターを¥120,000で購入し現金で支払った。
4月20日　埼玉商店に対する売掛金¥80,000を同店振出小切手で受け取った。
4月25日　従業員の4月分の給料¥300,000を現金で支払った。

仕　訳

4/1	（借）	現　金	1,000,000	（貸）	資本金	1,000,000
10	（借）	備　品	120,000	（貸）	現　金	120,000
20	（借）	現　金	80,000	（貸）	売掛金	80,000
25	（借）	給　料	300,000	（貸）	現　金	300,000

現　金

4/1	資本金	1,000,000	10	備　品	120,000
20	売掛金	80,000	25	給　料	300,000

郵便切手の処理

郵便切手は，現金の代用として使用されることが多々あるが，購入時には，通信費勘定で処理し，期末に未使用分があるときは，貯蔵品勘定（資産勘定）で処理する。

---

(2) **現金出納帳**（cash book）

現金収支の取引については，主要簿（main books, principal books）である現金勘定に記入すると共に，その明細を現金出納帳に記入する。

なお，現金出納帳は，つねに現金勘定と残高が一致する。

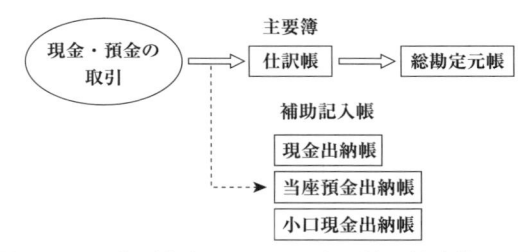

```
                              主要簿
    ┌─────────┐        ┌──────┐        ┌──────────┐
    │ 現金・預金の │  ───▶  │ 仕訳帳 │ ═════▶ │ 総勘定元帳 │
    │   取引    │        └──────┘        └──────────┘
    └─────────┘
         ┊                補助記入帳
         ┊             ┌──────────┐
         ┊             │ 現金出納帳  │
         └ ─ ─ ─ ─ ─ ▶ ├──────────┤
                       │当座預金出納帳│
                       ├──────────┤
                       │小口現金出納帳│
                       └──────────┘
```

図 2.2.4　現金預金取引における主要簿と補助簿の関係

例題 2.2.1 の取引を現金出納帳に記入した後，締め切ると次のとおりである。

現　金　出　納　帳
　　　　　　　　　　　　　　　　　　　　　　　　　　4

平成○年		摘　　　要	収　入	支　出	残　高
4	1	川越商店を開業	1,000,000		1,000,000
	10	千葉商事からレジスターの買い入れ		120,000	880,000
	20	埼玉商店からの売掛金回収	80,000		960,000
	25	従業員の4月分の給料支払い		300,000	660,000
	30	**次月繰越**		**660,000**	
			1,080,000	1,080,000	
5	1	前月繰越	660,000		660,000

現金勘定の残高と一致

なお，補助簿は一ヶ月ごとに締め切る。
① 日付欄
　取引が行われた日付を記入する。
② 摘要欄
　取引の内容を説明するための小書きを記入する。
③ 収入・支出欄
　取引金額を記入する。
④ 残高欄
　収入と支出の差額の金額を記入する。
⑤ 次月繰越の場合は，月末の日付を記入し，支出欄に金額を記入する。
⑥ 翌月の1日付で摘要欄に「前月繰越」と記入する。
(3) **現金過不足**（cash over and short a/c）

現金の有り高は，つねに厳格な管理のもとで日々実際に調査し，現金の実際の有り高と帳簿残高の一致を確認することが必要である。

現金の実際有り高が帳簿残高と一致しないときには，とりあえず現金過不足勘定に記入し，帳簿残高を実際の有り高に修正することにより，残高の金額を一致させておく。

現金過不足勘定は，現金不足時も，また逆に現金過剰時にも用いる一時的な会計処理上の仮勘定である。したがって，その後，不一致の原因が分かった時点で，適切な勘定科目に振り替える。

なお，決算日までにその原因が判明しないときは，現金過不足勘定を雑損勘定（miscellaneous loss a/c，費用勘定），または雑益勘定（miscellaneous profit a/c，収益勘定）に振り替える。

現金過不足

実際有り高＜帳簿残高　現金の不足額を記入	実際の有り高＞帳簿残高　現金の過剰額を記入

例題 2.2.2

次の取引の仕訳を示し，現金勘定および現金過不足勘定に転記しなさい。（ただし，転記に際して相手勘定科目は省略する。）

(1) 現金の実際有り高が帳簿残高より少ない場合

5月2日　現金の実際の有り高は55,000円であり，帳簿残高は60,000円であった。
6月10日　現金不足額のうち2,000円は，はがき代の記入漏れであることがわかった。
12月31日　決算を迎え，残りの現金不足額の原因は不明なので，雑損勘定に振り替えた

仕　訳

5 / 2	(借)	現金過不足	5,000	(貸)	現　　　金	5,000
6 /10	(借)	通 信 費	2,000	(貸)	現金過不足	2,000
12/31	(借)	雑　　損	3,000	(貸)	現金過不足	3,000

現　金			現金過不足			
60,000	5/2	5,000	5/2	5,000	6/10	2,000
					12/31	3,000

(2) 現金の実際の有り高が帳簿残高より多い場合

6月5日　現金の実際の有り高は80,000円であり，帳簿残高は60,000円であった。
7月13日　現金過剰額のうち5,000円は，受取手数料の記入漏れであることがわかった。
12月31日　決算を迎え，残りの現金過剰額の原因は不明なので，雑益勘定に振り替えた。

仕　訳

6 / 5	(借)	現　　　金	20,000	(貸)	現金過不足	20,000
7 /13	(借)	現金過不足	5,000	(貸)	受取手数料	5,000
12/31	(借)	現金過不足	15,000	(貸)	雑　　益	15,000

現　金		現金過不足			
60,000		7/13	5,000	6/5	20,000
6/5　20,000		12/31	15,000		

2 当座預金(current deposit a/c)

　当座預金とは，日常の経営活動における運転資金を頻繁に出し入れする預金口座で，銀行との当座取引契約（小切手を振り出すために，銀行と結ぶ当座勘定取引）に基づき開設する無利息の支払目的の要求払預金（預入期間が決まっておらず，預金者の要求によっていつでも払戻すことのできる預金）である。

　なお，預金を引き出すためには，小切手を振り出さなければならないという特徴をもっている。また，支払期日の到来した支払手形や，自動振替による諸経費の引き落とし等にも用いる。それにより当座預金は減少する。

　勘定記入にあたっては，現金や他人振出小切手などの預け入れ，他店からの取引銀行への振込みなど（当座預金の増加）は，当座預金勘定（資産勘定）の借方に記入し，小切手を振り出したときなど（当座預金の減少）は，当座預金勘定の貸方に記入する。したがって，当座預金勘定の借方残高は，当座預金の現在有り高を示す。

当　座　預　金

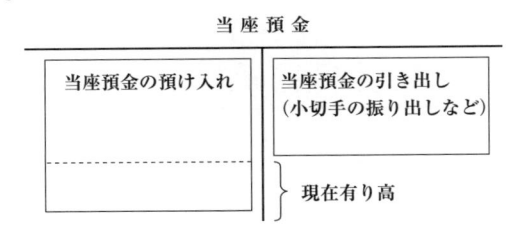

当座預金の預け入れ	当座預金の引き出し （小切手の振り出しなど）
	現在有り高

図 2.2.5　小切手の雛形

当座預金口座と小切手

　小切手は，受け取ると換金性が高いので，現金と同じに考えて処理する。現金の替わりとなる小切手を発行することは，誰にでもできることではない。銀行にお金を預けなければ銀行から小切手帳を貰うことはできない。このとき，銀行に開設する預金口座が当座預金口座である。つまり，当座預金はおもに小切手を振り出すことを目的とした口座である。また，普通預金や定期預金と違って利息はない。

例題 2.2.3

つぎの取引の仕訳を示し，当座預金勘定に転記しなさい。

5月1日　東京銀行と当座取引契約を結び，現金500,000円を預け入れた。
6月8日　大阪商店の売掛金100,000円を同店振出小切手#3で受け取り，ただちに，当座預金に預け入れた。
6月15日　京都商店の買掛金支払のため，小切手#12により50,000円を振り出して支払った。

仕　訳

5 / 1	（借）	当座預金	500,000	（貸）	現　　金	500,000
6 / 8	（借）	当座預金	100,000	（貸）	売 掛 金	100,000
6 /15	（借）	買 掛 金	50,000	（貸）	当座預金	50,000

```
              当 座 預 金
   5/1 現  金 500,000 | 6/15 買掛金 50,000
   6/8 売掛金 100,000 |
```

(1)　**当座借越**（overdraft a/c）

　当座預金勘定の残高を超えて小切手を振り出したときは，取引銀行と事前に当座借越契約（当座預金から残高よりも高い金額を小切手として振り出したいときに銀行と結ぶ契約）を結んでおくことで，不渡小切手を出さないで済む。この当座預金残高を超えて振り出した超過額は，銀行からの一時的な借り入れ（債務）を表す。

　したがって，この超過額は当座借越勘定（負債勘定）に記入し，新たな当座預金があったときに，この負債を返済して残りの額を，当座預金勘定の借方に記入する。

なお，当座借越契約に際しては，取引銀行に担保物件（債権者が有する債権の確保を目的とする物件）を差し出すか保証協会の保証（中小企業が金融機関から融資を受ける際に，その債務を保証することで資金繰りの円滑を図るための保証）を付して，借越限度額を決めておくことが必要である。

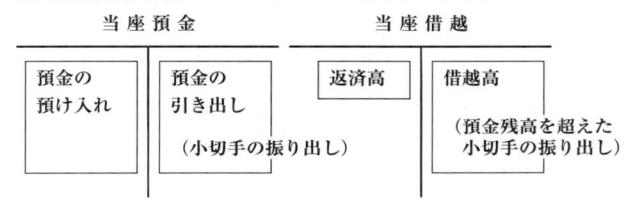

```
        当 座 預 金                    当 座 借 越
┌──────────┬──────────┐      ┌──────────┬──────────┐
│ 預金の   │ 預金の   │      │ 返済高   │ 借越高   │
│ 預け入れ │ 引き出し │      │          │          │
│          │(小切手の │      │          │(預金残高を超えた│
│          │ 振り出し)│      │          │ 小切手の振り出し)│
└──────────┴──────────┘      └──────────┴──────────┘
```

この方法は，当座預金とその超過額を取引発生のつど帳簿に記入する点では優れている。しかし，小切手を振り出すたびに，各取引銀行の当座預金残高を確認し超過分かどうか，また超過分がある場合には，当座預金口座に振り込まれた金額の仕訳に気を配らなければならない。そのため，記帳処理が煩雑となる。

――――――― 不渡小切手 ―――――――

不渡小切手とは，受け取った小切手を指定銀行に呈示したが，小切手を振り出した相手方の預金不足のために，銀行からの支払いを受けられない小切手の事をいう。6ヵ月以内に2回の不渡（手形や小切手の支払期日に支払銀行において支払が拒絶され，受取人がお金を受け取れない状態）を出すと，企業の信用は失われ2年間の銀行取引停止処分となる。

例題 2.2.4

つぎの取引の仕訳を示し，当座預金勘定および当座借越勘定に転記しなさい（ただし，転記に際して相手勘定科目は省略する）。

6月2日　大宮商店より商品200,000円を仕入れて，代金は小切手#23を振り出して支払った。なお，当座預金の残高は，160,000円で，取引銀行とは1,000,000円の当座借越契約を結んである。

6月9日　宮城商店の売掛金100,000円を同店振出小切手#101で受け取り，ただちに，当座預金に預け入れた。

6月20日　埼玉商店の商品を運搬し，その手数料として80,000円の代金は，同店

から当店の取引銀行の当座預金口座に振り込まれた旨の通知を受けた。

仕 訳（当座勘定を用いない方法）

6／2	（借）	仕　　　入	200,000	（貸）	当 座 預 金	160,000
					当 座 借 越	40,000
6／9	（借）	当 座 借 越	40,000	（貸）	売　掛　金	100,000
		当 座 預 金	60,000			
6／20	（貸）	当 座 預 金	80,000	（貸）	受取手数料	80,000

```
              当 座 預 金
                160,000 │ 6/2 仕    入 160,000
  6/9  売 掛 金  60,000 │
  6/20 受取手数料 80,000 │

              当 座 借 越
  6/9  売 掛 金  40,000 │ 6/2 仕    入  40,000
```

(2) 当座預金出納帳（bank book）

当座預金勘定の収支を管理し，その明細を記帳する補助簿として当座預金出納帳を用いる。当座預金出納帳は，取引銀行ごとに作成する。

当座預金出納帳

6

平成○年		摘　　要	預　入	引　出	借/貸	残　高
6	1	前月繰越	160,000		借	160,000
	2	大宮商店へ小切手振り出し		200,000	貸	40,000
	9	宮城商店から売掛金回収	100,000		借	60,000
	20	埼玉商店から振り込み	80,000		〃	140,000
	30	次月繰越		140,000		
			340,000	340,000		
7	1	前月繰越	140,000		借	140,000

当座預金勘定の残高と一致

＊当座預金出納帳の「貸／借」欄は，当座預金の残高が，借方か貸方のどちらにあるかを示すための欄である。

―――― 自己振出小切手 ――――

　小切手は，取引活動のなかでつぎつぎに流通していくため，自分が振り出した小切手を受け取ることがある。売掛金の回収などの取引で，自分が振り出した小切手である自己振出小切手を受け取ったときには，当座預金勘定の借方に記入する。

(3)　**小口現金**（petty cash a/c）

　企業では，盗難や不正防止のために，ほとんどの金銭取引は当座預金口座で行っている。しかし，小額の郵便料金や消耗品について，日常，小切手で支払う習慣が乏しいため，あらかじめ手元に少額の現金をおき，その支払いに充てている。この前渡しした小額の現金のことを小口現金（資産勘定）という。

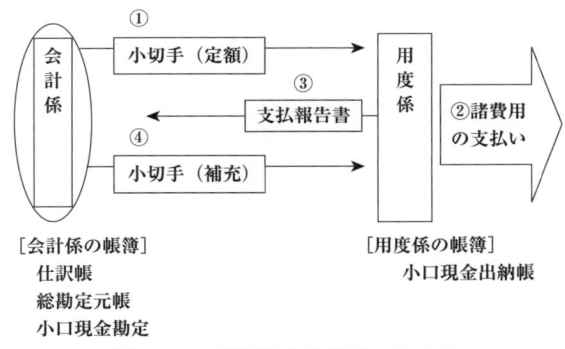

図 2.2.6　定額資金前渡法のしくみ

　小口現金の処理方法は，随時補給法と定額資金前渡法とがある。なお，前者の随時補給法は，必要に応じて補充していく方法であり，後者の方法は，いつも一定額を用度係に前渡しする。この方法が，定額資金前渡法（インプレスト・システム；imprest system）である。したがって，小口現金は，

① 　会計係から週または月ごとに，一定額が企業内の小額の支払いを担当する係である用度係（または小払係ともいう）に渡る。
② 　用度係は，週または月ごとに小口の諸費用の支払いを行う。
③ 　その支払報告書を会計係に提出する。
④ 　用度係は，支払と同額の資金の補充を受ける。したがって，小口現金勘定には，前渡額の変更がないかぎり，当初決めた一定額をつねに前渡する。

例題 2.2.5
つぎの取引の仕訳を示しなさい。

6月1日　池袋商店は，定額資金前渡法を採用している。よって，会計係は小口現金として50,000円の小切手を用度係に渡した。

6月7日　会計係は用度係から，つぎのような一週間の支払報告書を受けたので，支払額と同額の小切手を振り出して補充した。

　　通信費　12,000円　交通費　16,000円　消耗品　8,000円　雑費　3,000円

仕　訳（1）

6/1	（借）	小口現金	50,000	（貸）	当座預金	50,000
6/7	（借）	通信費	12,000	（貸）	小口現金	39,000
		交通費	16,000			
		消耗品	8,000			
		雑費	3,000			
	（借）	小口現金	39,000	（貸）	当座預金	39,000

小口現金の金額を把握するには，上記の仕訳（1）のほうが明確である。しかし，小口現金の報告と支払いの補充が同時に行われる場合には，つぎのような仕訳（2）もある。

仕　訳（2）

6/1	（借）	小口現金	50,000	（貸）	当座預金	50,000
6/7	（借）	通信費	12,000	（貸）	当座預金	39,000
		交通費	16,000			
		消耗品費	8,000			
		雑費	3,000			

(4)　小口現金出納帳（petty cash book）

小口現金の収支を管理し，その明細を記帳する補助簿をして小口現金出納帳を用いる。

第2章 現金および預金の取引と処理 145

小口現金出納帳
6

収入	平成○年		摘要	支出	内訳				残高
					通信費	交通費	消耗品費	雑費	
50,000	6	1	小切手♯8						50,000
		5	タクシー代	8,200		8,200			41,800
		8	電話代	9,600	9,600				32,200
		12	切手代	3,000	3,000				29,200
		20	ノート代	5,500			5,500		23,700
		26	新聞代	6,900				6,900	16,800
		29	バス回数券	8,000		8,000			8,800
			合計	41,200	12,600	16,200	5,500	6,900	
41,200		30	小切手♯15						50,000
		〃	次月繰越	50,000					
91,200				91,200					
50,000	7	1	前月繰越						50,000

支払合計と同額を補充

3 その他の預貯金

　企業の預金には，当座預金以外にも預貯金として，普通預金，定期預金，通知預金，郵便預金などがある。これらは1年以内に払い戻すことが予定される預貯金である。これらの預貯金は，それぞれここの勘定口座を設けて記帳する。

　なお，まとめて，諸預金勘定（資産勘定）で記帳することもある。

　勘定記入にあたっては，当座預金と同様に銀行等への振り込みなどがあったとき（預貯金の増加）には，当該預貯金勘定（資産勘定）の借方に記入し，引き出したときなど（預貯金の減少）には，当該預貯金勘定の貸方に記入する。したがって，各預貯金勘定の借方残高は，各預貯金の現在の有り高を示している。

諸預金

預貯金の増加	預貯金の減少
	現在の有り高

練習問題（2）

つぎの取引の仕訳を示しなさい。

(1) 長崎商店の買掛金400,000円のうち250,000円は小切手を振り出して支払った。
(2) 広島商店の売掛金230,000円について，同店振出小切手120,000円と現金110,000円を受け取った。
(3) 所有している千葉製作株式会社の株券1,000株について，同社から配当金領収書15,000円が郵送されてきた。
(4) 商品500,000円を掛けで販売した得意先山梨商店から，300,000円の送金小切手が送られてきた。
(5) 決算にあたり金庫を調べたところ，現金の実際有り高は156,000円であったが，帳簿残高は160,000円であった。その原因について不明のまま会計処理した。
(6) 当店は，商品300,000円を仕入れ，全額小切手を振り出して支払った。なお，当座預金残高は250,000円であったが，取引銀行とは借越限度額1,000,000円の当座借越契約を結んである。
(7) 定期預金500,000円が満期となり，利息16,000円とともに普通預金に預け入れた。
(8) 当店では，小口現金について定額資金前渡法を採用しており，用度係からつぎのような支払報告を受けたため，ただちに小切手を振り出して資金を補給した。なお，毎週月曜日に用度係から前週の支払報告を受け，これにもとづいて資金を補給している。

　　　交通費30,000円　通信費16,000円　雑費5,000円

番号	借　方	貸　方
(1)		
(2)		
(3)		
(4)		
(5)		
(6)		
(7)		
(8)		

―― **貨幣の始まり** ――

古代：物物交換から物品貨幣へ

　昔は，自分の物と他人の物を交換して，欲しいものを手に入れていた。この物物交換は，お互いの希望が容易に一致しないなどの難点があった。そこで，誰もが欲しがり，集めたり分けたりして，任意の値打ちを表わすことができ，容易に持ち運びができるとともに，保存も可能な品物が「貨幣」として使われるようになった。これが貨幣の始まりとなる物品貨幣である。すなわち，共同社会のなかで誰もが認めた使用価値の高いものが，一般的交換手段として物品貨幣となったのである。

　たとえば，貝殻，穀物，矢じり，砂金，麻布などが広く用いられたという。わが国の歴史に記された初の貨幣発行は，奈良時代和銅元年（708）に，唐銭の開元通宝をモデルにして作った和同開珎という銭貨の発行とされている（日本銀行貨幣資料館参考）。

第3章　債権および債務の取引と処理

1　債権および債務の種類

　信用経済の時代であると評され，長い年月を経ているが，未だに債権および債務の種類や，信用取引の処理科目等の理解が乏しい状況が続いている。

　なお，信用取引とは，取引の当事者間の一方が貨幣および財を，相手方に提供しその対価を後日受け取る取引である。このとき対価を後日受け取る権利を債権といい，その権利者を債権者という。また，後日支払の義務を負うことを債務といい，その義務者を債務者という。

　信用取引を記録するために，債権勘定および債務勘定の種類をつぎの表にまとめた。

　なお，債権および債務勘定はつぎのとおりである。

資産勘定	債券勘定	対する	債務勘定	負債勘定
	売掛金		買掛金	
	未収金		未払金	
	仮払金		仮受金	
	立替金		預り金	
	前払金		前受金	
	受取手形		支払手形	
	短期貸付金		短期借入	
	長期貸付金		長期借入	
	借方 / 貸方		借方 / 貸方	
	発生高 / 消滅高		返済高 / 発生高	

図 2.3.1　債権および債務勘定

商品の信用取引に伴って発生する債権・債務は，帳簿上の売上債権としての売掛金勘定と，帳簿上の仕入債務としての買掛金勘定がある。また，手形法上の債権・債務としては受取手形勘定と支払手形勘定がある。

2 売掛金勘定（accounts receivable a/c, trade debtors a/c, customers a/c）

商品の信用取引を処理するための勘定記入の方法は，商品を掛けで売り渡したとき，売掛金勘定（資産勘定）の借方に記入し，売掛金を取引先から回収したとき，売掛金勘定の貸方に記入する。したがって，売掛金勘定の残高は，借方残高となり，これは売掛金の未回収高を示す。

なお，掛で販売するということは，決算までの一定期間，取引先に信用を供与することを意味する。したがって，信用のない取引先について掛で取引すると，貸倒れの危険性が高くなる。

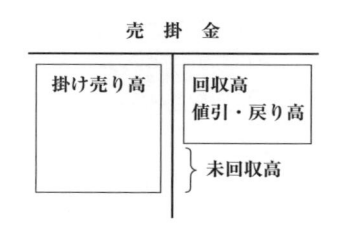

```
            売  掛  金
        ┌─────────┬─────────┐
        │ 掛け売り高 │ 回収高    │
        │         │ 値引・戻り高│
        │         ├─────────┤
        │         │} 未回収高  │
        └─────────┴─────────┘
```

例題 2.3.1
つぎの取引の仕訳を示し，合わせて勘定記入も行いなさい。
10月1日　売掛金勘定の前期繰越高　200,000円
　　　　　（内訳：京都商店100,000円，神戸商店20,000，山口商店80,000円）
　　5日　京都商店に商品60,000円を売り渡し，代金は掛けとした。
　　8日　山口商店に商品35,000円を売り渡し，代金は掛けとした。
　　12日　神戸商店に商品150,000円を売り渡し，代金は掛けとした。
　　15日　神戸商店に売り渡した商品のなかに不良品があったため，4,000円が返品された。なお，当該代金は，同店の売掛金から差し引くことにした。
　　20日　京都商店に対する売掛金50,000円を同店振出小切手＃18で受け取った。

仕　訳
  10/1　仕訳なし
    5　（借）売掛金　　60,000　　（貸）売　上　　60,000
    8　（借）売掛金　　35,000　　（貸）売　上　　35,000
   12　（借）売掛金　 150,000　　（貸）売　上　 150,000
   15　（借）売　上　　 4,000　　（貸）売掛金　　 4,000
   20　（借）現　金　　50,000　　（貸）売掛金　　50,000

売　掛　金

10/1	前期繰越	200,000	10/15	売上	4,000
5	売上	60,000	20	現金	50,000
8	売上	35,000			
12	売上	150,000			

3　買掛金勘定（trade creditors a/c, purchases a/c）

　商品の信用取引を処理するための勘定記入の方法は，商品を掛けで仕入れたとき，買掛金勘定（負債勘定）の貸方に記入し，買掛金を取引先に支払ったとき，買掛金勘定の借方に記入する。したがって，買掛金勘定の残高は，貸方残高となり買掛金の未払い高を示す。

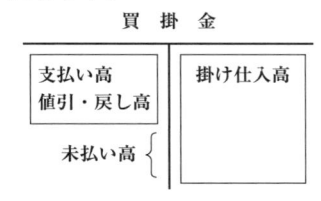

買　掛　金

支払い高 値引・戻し高	掛け仕入高
未払い高	

4　売掛金勘定および買掛金勘定と人名勘定

(1)　人名勘定（personal a/c）と簿記の関係

　商品売買にともなう融通関係で最も容易なものは，借用証書の介在なしに行う掛け取引である。しかし，商品売買の規模の拡大化・複雑化にともない，取引先との融通関係を覚えておくことが困難となる。そこで，登場したのが帳簿

組織である。この複式簿記を誕生させたのは，中世期におけるイタリア商業都市の経済的繁栄であり，企業がコメンダ（comenda）から継続企業へと発展するなかで，簿記の必要性があった。

なお，掛け取引を正確に把握していくために生み出された人名勘定は，簿記の発生に関与した一動因と考える。

このように，売掛金と買掛金は，商品の掛け取引を処理する勘定であるが，得意先と仕入先の数が多い場合には，商取引を円滑にするため，得意先別および仕入先別に売掛金勘定と，買掛金勘定の内容を分解記録して把握しておく必要がある。

この管理をおろそかにすると，すぐ残高に原因不明の過不足が生じ，その部分についての債権は損失として処理されるため，取引先との残高照合を随時行う必要がある。

(2) 売掛金勘定と売掛金元帳（accounts receivable ledger）

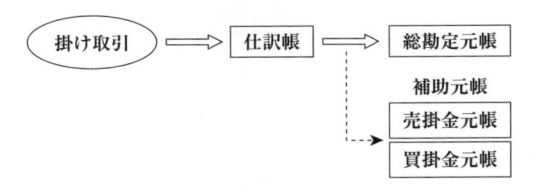

```
掛け取引 ⟹ 仕訳帳 ⟹ 総勘定元帳
                        補助元帳
                    ⤏  売掛金元帳
                        買掛金元帳
```

図 2.3.2 商品の掛け取引における主要簿と補助簿の関係

たとえば，例題2.3.1の得意先としての京都商店，神戸商店および山口商店の場合，単に売掛金勘定だけを用いて記帳したのでは，売掛金勘定の借方合計は445,000円，貸方合計は54,000円，借方残高は391,000円という金額は明らかになるものの，得意先別の売掛金の金額はわからない。

そこで，各得意先の商店名を用いて，商店別の売掛金を記帳する得意先元帳が必要となる。これを売掛金元帳（得意先元帳 customers' ledger）という。この帳簿には，売掛金の明細と増減額を記入する。

このように，総勘定元帳の売掛金勘定は，各得意先の売掛金を統括勘定ないし統制勘定（controlling a/c）といい，売掛金元帳の各人名勘定は，被統括勘定

(controlled a/c) という。

したがって，売上債権勘定の記入方法は，総勘定元帳の売掛金勘定と，得意先元帳としての売掛金元帳に二重に記録する。

補助元帳とは，総勘定元帳の特定勘定の明細を再度，口座別に記帳する補助簿である。

例題 2.3.1 の掛け取引の売上債権について，総勘定元帳の売掛金勘定と売掛金元帳に記入するしくみは，つぎのとおりである。

総勘定元帳（主要簿）

売　掛　金

10/1 前期繰越 200,000	10/15 売　上 4,000
5 売　上 60,000	20 現　金 50,000
8 売　上 35,000	
12 売　上 150,000	

売掛金商店別内訳 ←　　　　　　　→ 回収金額の商店別内訳

売掛金元帳（補助元帳）

京 都 商 店　　　　①

10/1 前月繰越 100,000	10/20 現　金 50,000
5 売　上 60,000	

神 戸 商 店　　　　②

10/1 前月繰越 20,000	10/15 売　上 4,000
12 売　上 150,000	

山 口 商 店　　　　③

10/1 前月繰越 80,000	
8 売　上 35,000	

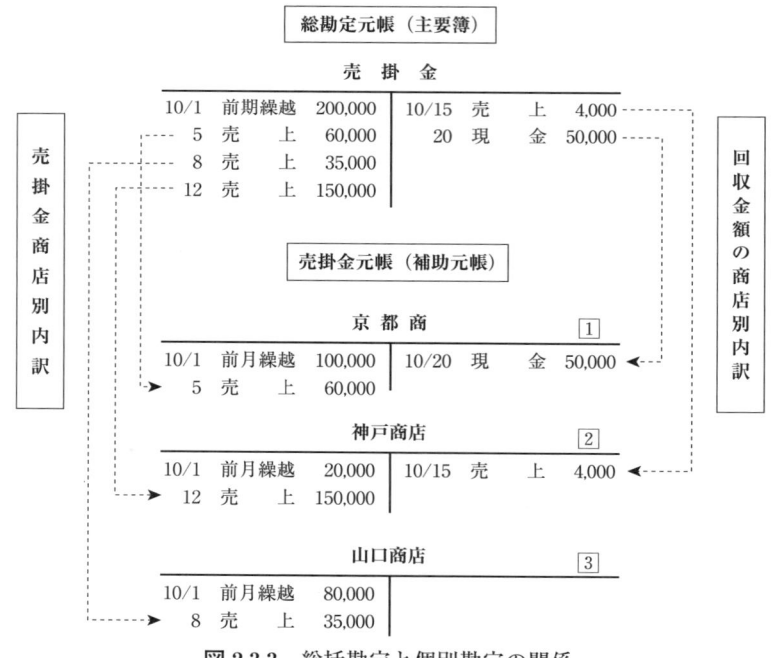

図 2.3.3 総括勘定と個別勘定の関係

上記のように総勘定元帳の売掛金勘定の内訳を，得意先元帳である売掛金元帳の各人名勘定に記入する。

実務では，残高がつねに示される残高式の売掛金元帳を用いることが多いので，残高式で記帳するとつぎのようになる。

なお，帳簿のなかの「借・貸」欄は，残高欄の金額が，借方残高であるか，貸方残高であるかの表示である。

また，売掛金について，統括勘定の売掛金勘定と，人名勘定の記入にあやまりがないかを検証するため，得意先ごとの残高を一つの表に集計して示す。売掛金明細表を作成することもある。各人名勘定の商店に売掛金の回収を働きかけることが容易となる利点もある。

売掛金元帳

京都商店　　　　　　　　　　　　　　　1

平成○年		摘　要	借　方	貸　方	借・貸	残　高
10	1	前月繰越	100,000		借	100,000
	5	売　　上	60,000		〃	160,000
	20	小切手受取り		50,000	〃	110,000
	31	**次月繰越**		**110,000**		
			160,000	160,000		
11	1	前月繰越	110,000		借	110,000

神戸商店　　　　　　　　　　　　　　　2

平成○年		摘　要	借　方	貸　方	借・貸	残　高
10	1	前月繰越	20,000		借	20,000
	12	売　　上	150,000		〃	170,000
	15	売上戻り		4,000	〃	166,000
	31	**次月繰越**		**166,000**		
			170,000	170,000		
11	1	前月繰越	166,000		借	166,000

山口商店　　　　　　　　　　　　　　　3

平成○年		摘　要	借　方	貸　方	借・貸	残　高
10	1	前月繰越	80,000		借	80,000
	8	売　　上	35,000		〃	115,000
	31	次月繰越		115,000		
			115,000	115,000		
11	1	前月繰越	115,000		借	115,000

売　掛　金　明　細　表

平成○年10月31日

京都商店	110,000
神戸商店	166,000

山口商店	115,000
残高合計	391,000

(3) 買掛金勘定と買掛金元帳 (accounts payable ledger)

帳簿上の債務である仕入先に対する買掛金勘定も，売掛金勘定と同様に，人名勘定の統括勘定であり，勘定記入の方法は，総勘定元帳の買掛金勘定と仕入先元帳としての買掛金元帳（仕入先元帳 creditors' ledger）に二重に記録する。

なお，買掛金についても，買掛金明細表を作成することもある。

5 貸倒れ (bed debts)

売掛金は，得意先の倒産などの事由で回収不能になることがある。このことを貸倒れといい不良債権の存在を示す。そのときの勘定記入は，当該回収不能の売掛金の額を，売掛金勘定の貸方に記入するとともに，貸倒引当金勘定または貸倒損失勘定（費用勘定）を設けて，その借方に記入する。

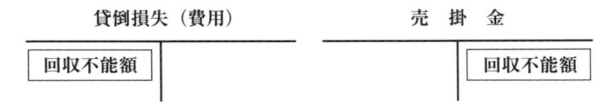

貸倒損失（費用）		売 掛 金	
回収不能額			回収不能額

例題 2.3.2

つぎの取引の仕訳を示しなさい。

11月2日　得意先の東京商店が倒産したため，同店の売掛金200,000円を貸倒れとして処理した。

仕　訳

　　11/2　（借）貸倒損失　200,000　　（貸）売掛金　200,000

このように得意先の貸倒れは，いつ起きるかわからないため，このような事態に備えて期間損益計算の観点から，あらかじめ決算の段階で，売掛金残高全体に対し過去の経験などを参考にし，予測を立てることが一般に行われている。これを貸倒れの見積もりといい決算整理のときに算出する。この見積もり額のことを繰入額という。

したがって，期中で貸倒れが生じた場合，前期決算における貸倒れの見積もり額（貸倒引当金勘定）の範囲内の金額であれば，この貸倒引当金勘定（allowance for bad debts a/c）を用いた会計処理を行う。

なお，貸倒引当金勘定は，売掛金勘定や受取手形勘定の評価勘定である。すなわち，評価勘定（valuation a/c）とは特定勘定の補助的な性質を持ち，両者を一緒に見ることにより勘定の意味が分かる。特定勘定は，評価勘定の数値を勘案して適切な価額を表示する。

また，この貸倒引当金勘定を超えた額の貸倒れが生じた場合は，貸倒引当金と貸倒損失の二つの勘定を用いて処理することになる。

評価勘定とは負債勘定でもなく資産勘定でもない。貸借対照表の売上債権を控除する勘定形式のことである。

例題 2.3.3

つぎの取引の仕訳を示し，合わせて勘定記入も行いなさい。

11月7日　得意先の大阪商店が倒産し，同店の売掛金250,000円が貸倒れとなった。ただし，貸倒引当金残高が300,000円ある。

11月20日　得意先の宮崎が倒産し，同店の売掛金120,000円が貸倒れとなった。

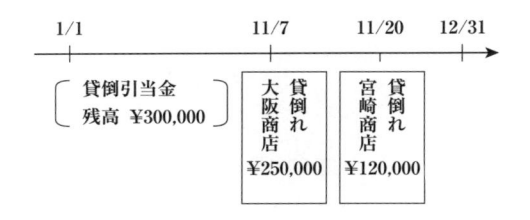

```
        1/1           11/7      11/20     12/31
         ├─────────────┼──────────┼─────────→
                       ┌────┬────┐
   ┌ 貸倒引当金         │大 貸│宮 貸│
   ⎨ 残高 ¥300,000     │阪 倒│崎 倒│
   └                   │商 れ│商 れ│
                       │店   │店   │
                       │¥250,│¥120,│
                       │000  │000  │
                       └────┴────┘
```

仕　訳

11/ 7	（借）	貸倒引当金	250,000	（貸）	売　掛　金	250,000
11/20	（借）	貸倒引当金	50,000	（貸）	売　掛　金	120,000
		貸倒損失	70,000			

勘定記入

売　掛　金				貸倒引当金			
	11/7 貸倒引当金 250,000			11/7 売掛金 250,000	1/1		300,000
	20 諸　口 120,000			20 売掛金 120,000			

```
              貸倒損失
 11/20 売掛金 70,000  |
```

前期までに貸倒れとして処理した売掛金が，当期になって一部が回収されることがある。その場合は，償却債権取立益勘定（収益勘定）の貸方に，回収した金額を記入する。

例題 2.3.4
つぎの取引の仕訳を示しなさい。

11月25日　前期に破産した東京商店から，貸倒れとして処理し30,000円が現金で回収された。

（借）現　　金　30,000　　（貸）償却債権取立益　30,000

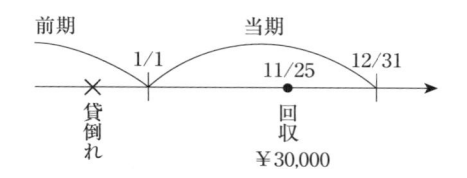

練習問題 (3)

1　つぎの取引の仕訳を示しなさい。
(1) 東京商店から商品650,000円を仕入れ，代金のうち200,000円は小切手を振り出して支払い，残額を掛けとした。
(2) 京都商店に商品380,000円を売り上げ，代金は同店振出小切手で受け取った。
(3) 大阪商店が倒産し，同店の売掛金500,000円は全て回収不能と予想されるので，貸倒れとして処理した。
(4) 前期に貸倒れとして処理した島根商店への売掛金400,000円のうち80,000円を同店振出小切手で回収した。

第3章 債権および債務の取引と処理　157

番号	借　方	貸　方
(1)		
(2)		
(3)		
(4)		

2　つぎの取引の仕訳を行い，売掛金勘定と売掛金元帳（残高式）に転記し，3月31日付で締め切りなさい。

　3月1日　千葉商店の売掛金の前月繰越高は850円であり，その内訳は，東京商店500円と新潟商店350円である。
　　 5日　東京商店に商品200円を売り上げ，代金は掛とした。
　　10日　4日に売り上げた商品のうち30円が返品された。
　　20日　東京商店に商品80円と，新潟商店に商品55円を売り上げ，代金は掛けとした。
　　30日　つぎのとおり売掛代金が当座預金に振り込まれた旨の通知を受けた。内訳は，東京商店400円，新潟商店200円である。

仕　訳
　3月1日　（借）　　　　　　　　　　（貸）
　　 5日　（借）　　　　　　　　　　（貸）
　　10日　（借）　　　　　　　　　　（貸）
　　20日　（借）　　　　　　　　　　（貸）
　　30日　（借）　　　　　　　　　　（貸）

売　掛　金

3/1	850		

売掛金元帳

東京商店　　1

平成○年		摘　要	借　方	貸　方	借・貸	残　高
3	1	前月繰越	500		借	500

新潟商店　　2

平成○年		摘　要	借　方	貸　方	借・貸	残　高
3	1	前月繰越	350		借	350

3　つぎの取引の仕訳を行い，買掛金勘定と買掛金元帳（残高式）に転記し，3月31日付で締め切りなさい。

3月1日　千葉商店の買掛金の前月繰越高は600円であり，その内訳は，大阪商店400円と京都商店200円である。

　　4日　大阪商店から商品150円を仕入れ，代金は掛けとした。

　　9日　大阪商店および京都商店から商品をそれぞれ100円ずつ仕入れ，代金は掛けとした。

　　15日　京都商店から仕入れた商品のうち50円は，品違いのため返品した。なお，代金は同店への買掛金から差し引くことにした。

　　27日　大阪商店に対する買掛金のうち400円は小切手を振り出して支払った。

第3章 債権および債務の取引と処理　159

仕　訳

3月1日	（借）	（貸）	
4日	（借）	（貸）	
9日	（借）	（貸）	
15日	（借）	（貸）	
27日	（借）	（貸）	

買　掛　金

	3/1　　　　　　600

買 掛 金 元 帳

大 阪 商 店　　　　　　　　　　1

平成○年		摘　　要	借　方	貸　方	借・貸	残　高
3	1	前月繰越		400	貸	400

京 都 商 店　　　　　　　　　　2

平成○年		摘　　要	借　方	貸　方	借・貸	残　高
3	1	前月繰越		200	貸	200

第4章　手形の取引と処理

1　商品の信用取引代金決済

　商品売買の代金を決済する方法として，現金，小切手および掛けによる方法があった。しかし，代金を後日，決済するとき掛けで行うと，決済期限が明確ではないため，支払日または受取期日が明らかな手形の受け渡しによる決済方法を用いることが多い。

　なお，手形は決められた金額を一定の場所で支払う証書であり，取引先との商取引にもとづいて振り出す商業手形（commercial paper trade bill）である。

　また，金銭貸借において借用証書の代わりに振り出す金融手形（accommodation bill）もある。

2　手形の種類

　法律上の手形の種類は，約束手形と為替手形である。

　簿記では，手形の種類に関係なく，商品売買に関係した手形債権の増加や減少を受取手形勘定（bills or notes receivable a/c；資産勘定）で処理し，手形債務の増加や減少を支払手形勘定（bills or notes payable a/c；負債勘定）で処理する。

受取手形		支払手形	
手形債権の発生	手形債権の消滅	手形債務の消滅	手形債務の発生

(1)　約束手形（promissory note）

　約束手形は，手形の振出人が手形の支払人であり，手形の名宛人が受取人と

なる。

この手形は，振出人が名宛人に一定期日に手形金額を支払う義務（手形債務）を約束し，名宛人には一定期日に手形金額を受け取る権利（手形債権）を約束した信用証券である。

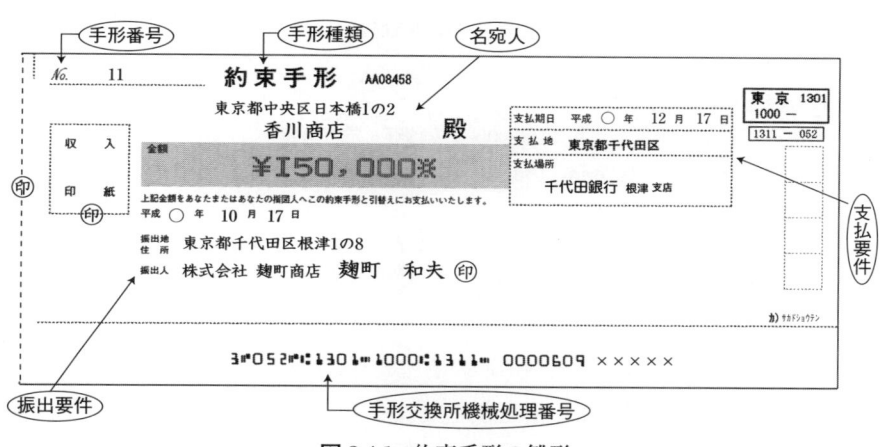

図 2.4.1　約束手形の雛形

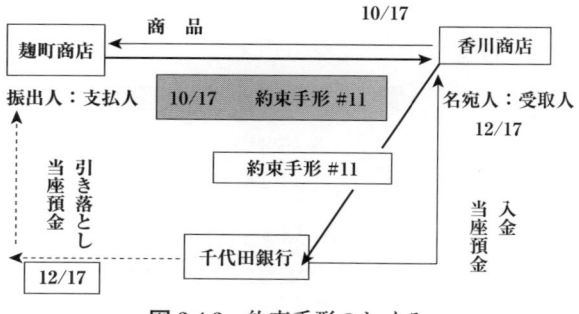

図 2.4.2　約束手形のしくみ

例題 2.4.1

つぎの取引の仕訳を示しなさい。

10月17日　麹町商店は商品150,000円を香川商店から仕入れ，代金は香川商店宛の約束手形#11，150,000円（振出日10月17日，支払日12月17日，支払

162　第 2 編　諸取引と会計処理

　　　　　　場所：青山銀行銀座支店）を振り出して支払った。
12月17日　麹町商店は，香川商店に宛てた約束手形#11, 150,000円が，支払期日に当店の当座預金口座から支払われた旨の通知を取引銀行から受けた。また，香川商店もかねて取り立てを依頼していた麹町商店振り出しの約束手形#11, 150,000円が満期日に当店の当座預金口座に入金があった旨，取引銀行から通知を受けた。

仕　訳

麹町商店（振出人：支払人）
　　10/17　（借）　仕　　　入　150,000　　（貸）　支払手形　150,000
　　12/17　（借）　支払手形　150,000　　（貸）　当座預金　150,000

香川商店（名宛人：受取人）
　　10/17　（借）　受取手形　150,000　　（貸）　売　　　上　150,000
　　12/17　（借）　当座預金　150,000　　（貸）　受取手形　150,000

(1)　為替手形（bill of exchange）

　為替手形は，手形の振出人が手形の名宛人（支払人）に手形の指図人（受取人）に対し，一定の期日に手形金額を支払うように依頼する証券である。通常，為替手形を振り出すときには，振出人と名宛人との間に掛け取引が存在しており，その前提のもとで，振出人は名宛人に対して手形金額の支払いを求め，名宛人の承諾を得て為替手形を振り出す。

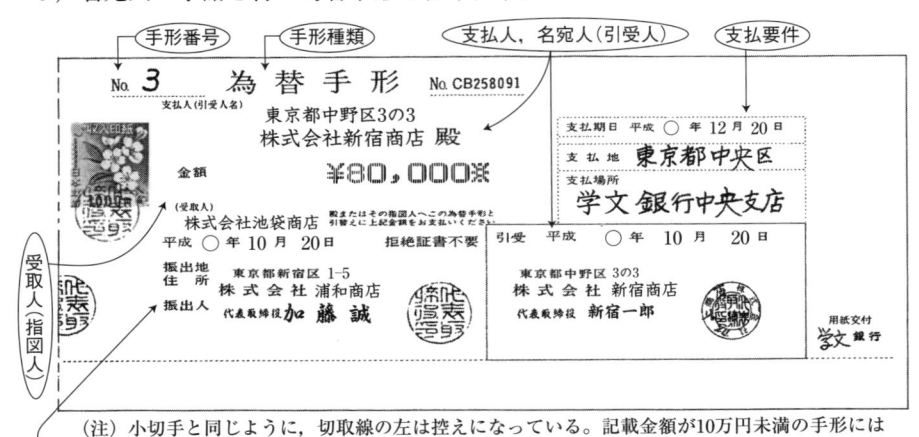

図 2.4.3　為替手形の雛形

第 4 章 手形の取引と処理 163

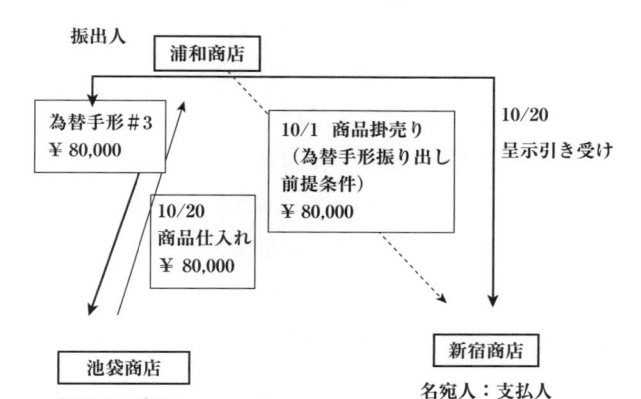

図 2.4.4 為替手形のしくみ

例題 2.4.2

つぎの取引の仕訳を示しなさい。

10月 1 日　富山商店は，新宿商店に商品80,000円を掛けで売り渡した。

10月20日　富山商店は，池袋商店から商品80,000円を仕入れ，その代金については，同店受け取り，新宿商店引き受けの為替手形#3，80,000円（振出日10月20日，支払日12月20日,支払場所：青山銀行広尾支店）を振り出した。

12月20日　新宿商店は，先に引き受けた富山商店振り出しの為替手形#3，80,000円が，支払期日到来のため，新宿商店の当座預金から支払われた旨，取引銀行から通知を受けた。また，支払期日に池袋商店の当座預金口座に入金があった通知を取引銀行から受けた。

仕　訳

富山商店（振出人）

　10/ 1　（借）売　掛　金　80,000　（貸）売　　　上　80,000
　12/20　（借）仕　　　入　80,000　（貸）売　掛　金　80,000

新宿商店（名宛人：支払人）

　10/ 1　（借）仕　　　入　80,000　（貸）買　掛　金　80,000
　10/20　（借）買　掛　金　80,000　（貸）支 払 手 形　80,000
　10/20　（借）支 払 手 形　80,000　（貸）当 座 預 金　80,000

池袋商店（指図人：受取人）

10/20	(借)	受取手形	80,000	(貸)	売　　　上	80,000	
12/20	(借)	当座預金	80,000	(貸)	受取手形	80,000	

(3) 手形の他店への売却（手形の裏書譲渡）

　受け取った手形の支払期日が到来する前に，商品代金などの支払いに充てるため，その手形の裏に手形所持人の名前を記し押印した後，その手形を他の商店へと譲り渡すことができる。このように手形を他店へと譲渡することを裏書譲渡（endorsement）といい，手形債権の消滅を意味する。

　なお，手形を裏書して渡す人を手形裏書人といい，裏書された手形を受け取った人を被裏書人という。

例題 2.4.3

　つぎの取引の仕訳を示しなさい。

10月25日　香川商店は，新橋商店から商品200,000円を仕入れ，代金のうち150,000円については，先に麹町商店から受け取っていた約束手形#11，150,000円（振出日10月17日，支払日12月17日，支払場所：千代田銀行根津支店）を裏書譲渡し，残額は掛けとした。

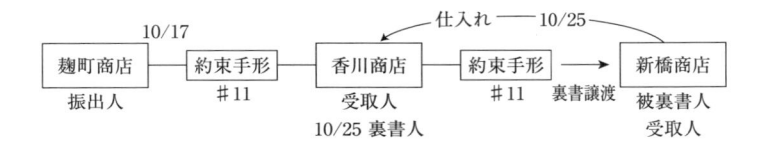

香川商店の仕訳

10/25	(借)	仕　　　入	200,000	(貸)	受取手形	150,000
					買　掛　金	50,000

(4) 手形の銀行への売却

　手形の支払期日が到来する前に，手形を取引銀行に利息分を差し引いて買い取ってもらい，現金化することがある。これを手形の売却という。

例題 2.4.4

　つぎの取引の仕訳を示しなさい。

11月4日　香川商店は，資金繰りのため，先に麹町商店から受け取っていた約束手形#21，100,000円（振出日10月25日，支払日12月25日，支払場所：赤羽銀行神田支店）を取引銀行に売却し，満期日までの利息1,000円

を差し引かれた後，手取り金は当座預金とした。

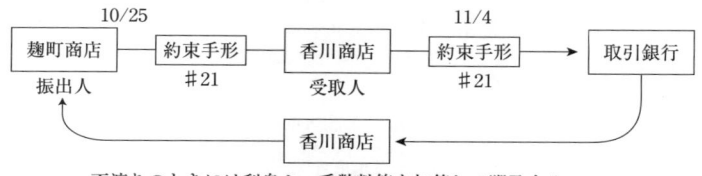

```
        10/25              11/4
 麹町商店 ──約束手形──→ 香川商店 ──約束手形──→ 取引銀行
  振出人    #21        受取人     #21          │
    ↑                                          │
    │              香川商店 ←──────────────────┘
    └──────────────────┘
```

　　　不渡りのときには利息や，手数料等を加算して遡及する。

仕　訳
11/4　（借）当 座 預 金　99,000　　（貸）受 取 手 形　100,000
　　　　　　手形売却損　　1,000

　手形を満期日前に他店に裏書した場合や，銀行に売却したとき，後日，その手形の代金が支払人から支払われなかったとき（不渡手形となる）は，当店（香川町商店）は，手形代金の弁済義務を負い，その手形金額を支払うように請求され，他店や銀行に支払わなければならない。これを遡及義務という。その後，当店は手形を振り出した麹町商店に手形代金とその利息および手数料等をあわせて請求する。

　このような遡及義務は，通常の債務とは異なり，将来における偶発的な事態の発生に起因するため，一般的に，偶発債務（contingent liabilities）と呼ぶ。

(5)　**手形記入帳**（note register）

　手形取引の詳細を発生順に記入する受取手形記入帳と，支払手形記入帳がある。

　なお，この記入帳は，手形の種類，振出商店，支払期日および支払場所など手形の詳細を把握し管理するためのものである。

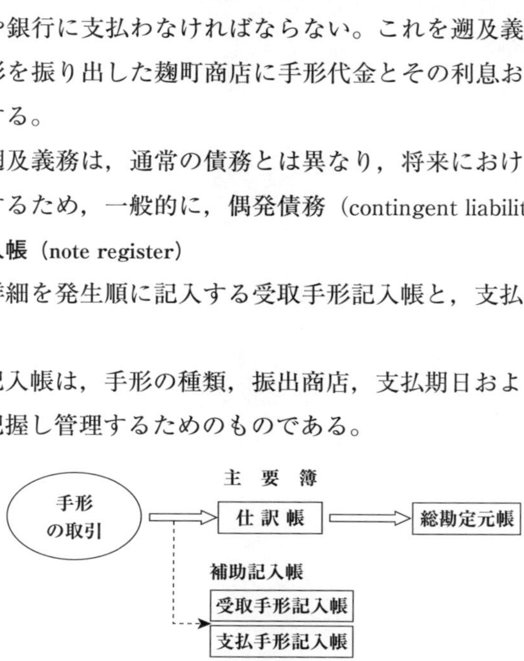

```
                主 要 簿
  ┌─────┐    ┌─────┐    ┌──────┐
  │ 手形 │──→│仕訳帳│──→│総勘定元帳│
  │の取引│    └─────┘    └──────┘
  └─────┘
     ┊        補助記入帳
     ┊      ┌──────────┐
     └┄┄┄→│受取手形記入帳│
            ├──────────┤
            │支払手形記入帳│
            └──────────┘
```

図 2.4.5　商品代金決済手形の記帳

① 受取手形記入帳（notes receivable book）

例題2.4.3の香川商店が麴町商店から手形を受け取った取引を，受取手形記入帳に記入すると，つぎのとおりである。

受取手形記入帳 10

日付		摘要	手形種類	手形番号	支払人	振出人裏書人	振出日		満期日		支払場所	金額	てん末		
							月	日	月	日			月	日	摘要
10	17	売上	約手	11	麴町商店	麴町商店	10	17	12	17	千代田銀行根津支店	150,000			

① 日付欄
・取引が行われた日付を記入する。
② 摘要欄（てきようらん）
・取引仕訳の貸方科目を記入する。
③ 手形種類欄
・手形の種類を記入する。
　約手…約束手形
　為手…為替手形
④ 手形番号欄
・手形番号を記入する。
⑤ 支払人欄
・最終的な手形代金の支払人を記入する。
⑥ 振出人または裏書人欄
・手形の振出人または，裏書人を記入する。
⑦ 振出日欄
・手形の振出日を記入する。
⑧ 支払日欄
・手形代金の支払い日を記入する。
⑨ 支払場所欄
・手形代金の支払場所を記入する。

⑩　手形金額欄
　　・手形の金額を記入する。
⑪　てん末欄
　　・取引手形が最終的に，どのようになったかを記入する。
　　てん末欄には，「当座入金」，「裏書き」，「割引き」といった内容を記入する。
②　支払手形記入帳（notes payable book）
例題2.4.3の麹町商店側の記入は，つぎのとおりである。

支払手形記入帳　　2

日付		摘要	手形種類	手形番号	受取人	振出人	振出日		満期日		支払場所	金額	てん末		
							月	日	月	日			月	日	摘要
10	17	仕入	約手	11	香川商店	当店	10	17	12	17	千代田銀行根津支店	150,000			

①　日付欄
　　・取引日を記入する。
②　摘要欄（てきようらん）
　　・取引仕訳の借方科目を記入する。
③　手形種類欄
　　・手形の種類を記入する。
　　約手（約束手形）
　　為手（為替手形）
④　手形番号欄
　　・手形番号を記入する。
⑤　受取人欄
　　・最終的な手形代金受取人を記入する。
⑥　振出人欄
　　・手形の振出人を記入する。
⑦　振出日欄

・手形振出日を記入する。
⑧　満期日欄
・手形代金の支払日を記入する。
⑨　支払場所欄
・手形代金の支払場所を記入する。
⑩　手形金額欄
・手形の金額を記入する。
⑪　てん末欄
・手形が最終的にどのように処理されたのかを記入する。
　なお，手形が，まだ決済されていない場合は，空欄となる。

―――――― 勘定科目と補助簿の関係 ――――――

勘定科目	補助元帳	補助記入帳
（現　　　　金）	………………………………………………………	現　金　出　納　帳
（当　座　預　金）	………………………………………………………	当座預金出納帳
（小　口　現　金）	………………………………………………………	小口現金出納帳
（受　取　手　形）	………………………………………………………	受取手形記入帳
（支　払　手　形）	………………………………………………………	支払手形記入帳
（売　　掛　　金）	…………売掛金元帳（得意先元帳）	
（買　　掛　　金）	…………買掛金元帳（仕入先元帳）	
（売　　　　上）	…………商品有高帳………………………	売　　上　　帳
（仕　　　　入）	…………商品有高帳………………………	仕　　入　　帳
（繰　越　商　品）	…………商品有高帳	

練習問題（4）

つぎの取引の仕訳を示しなさい。
（1）　板橋商店に商品50,000円を売り渡し，代金として同店振り出し，当店宛の約束手形を受け取った。
（2）　十条商店宛の約束手形260,000円が，満期日となり当店当座預金口座から支払った旨，取引銀行から通知を受けた。
（3）　大崎商店から商品300,000円を仕入れ，代金は，同店宛の約束手形を振り出

して支払った。なお，その際，引取運賃20,000円を現金で支払った。
(4) 浦和商店の売掛金100,000円について，同店振り出し，渋谷商店引き受け済みの為替手形で受け取った。
(5) 王子商店から商品500,000円を仕入れ，代金のうち300,000円について，同店宛の約束手形を振り出し，残額については，かねてから売掛金のある得意先田端商店宛の為替手形を同店の引き受けを得て振り出した。
(6) 上野商店に注文した商品200,000円を受け取り，代金のうち80,000円は，広島商店振り出し当店宛の約束手形を裏書譲渡し，残額は掛けとした。
(7) 目黒商店から商品75,000円を仕入れ，その支払代金のうち50,000円については，同店振り出しの荻窪商店受け取りの為替手形の呈示を受け，それを引き受け残額は掛けとした。
(8) 目白商店に商品450,000円を売り渡し，代金のうち150,000円は当店振り出しの約束手形で受け取り，残額は同店振出小切手で受け取った。なお，当店負担の発送運賃10,000円は小切手を振り出して支払った。
(9) 駒込商店に商品を売り渡した際に，代金として，裏書された高知商店振り出し中野商店宛の約束手形300,000円を取引銀行に売却し，手取額295,000円を当座預金に預け入れた。
(10) 金沢商店から，商品の売上代金として裏書譲渡されていた上中里商店振り出しの約束手形200,000円が不渡りとなったので，金沢商店に償還請求した。なお，このために要した諸費用3,000円は現金で支払った。

仕　訳

(1) 借方　　　　　貸方

(2) 借方　　　　　貸方

(3) 借方　　　　　貸方

(4) 借方　　　　　貸方

(5) 借方　　　　　貸方

(6)　借方　　　　　　　　貸方

(7)　借方　　　　　　　　貸方

(8)　借方　　　　　　　　貸方

(9)　借方　　　　　　　　貸方

(10)　借方　　　　　　　　貸方

第5章　その他債権および債務の取引と処理

1　貸付金・借入金

　通常，金融機関などから金銭の貸借を行うとき，後の金銭トラブルを防ぐため借用証書を取り交わす。この借用証書を用いて金銭の貸借を行うことにより生じた債権は，貸付金勘定（loan receivable account a/c 資産勘定），債務は借入金勘定（loan account a/c 負債勘定）を用いる。

　借用証書を用いて金銭を貸し付けたときは，貸付金勘定の借方に記入し，期日になって代金を回収したとき，貸付金勘定の貸方に記入する。金銭を借り入れたときは，借入金勘定の貸方に記入し，期日になり，代金を返済したとき借入金勘定の借方に記入する。

　なお，貸付金と借入金は，支払期限が1年以内に到来するか否かにより，1年以内に支払期限が到来するときは，短期貸付金と短期借入金勘定で処理する。また，1年を超えるときは，長期貸付金と長期借入金勘定で処理する。

貸付金		借入金	
貸付高	回収高	返済高	借入高
	未回収高	未返済高	

例題 2.5.1
次の取引の仕訳を示しなさい。
11月1日　池袋商店は，渋谷商店に現金200,000円を貸し付け，利息10,000円を差し引いた残額を渡し，借用証書を受け取った。

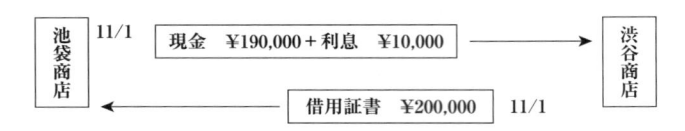

```
池袋商店 ──11/1── 現金 ¥190,000 + 利息 ¥10,000 ──→ 渋谷商店
        ←── 借用証書 ¥200,000  11/1 ──
```

仕　訳

池袋商店の仕訳

　11/1　（借）貸　付　金　200,000　　（貸）現　　　金　190,000
　　　　　　　　　　　　　　　　　　　　　　受 取 利 息　 10,000

渋谷商店の仕訳

　11/1　（借）現　　　金　190,000　　（貸）借　入　金　200,000
　　　　　　　支 払 利 息　 10,000

※　金銭の貸借では利息の受け払いが伴っているが，利息の支払時期は，上記のように借入時に支払う場合と，返済時に元金と合わせて支払う場合がある。

2　手形貸付金・手形借入金

　金銭貸借取引では，借用証書を発行するかわりに約束手形を振り出す場合がある。この約束手形を用いて金銭の貸借を行うことにより生じた債権は，手形貸付金勘定（notes receivable a/c 資産勘定），債務は手形借入金勘定（notes payable a/c 負債勘定）を用いて処理する。

　約束手形を受け取って金銭を貸し付けたときは，手形貸付金勘定の借方に記入し，期日になり手形借入金の代金を回収したときは，手形貸付金勘定の貸方に記入する。約束手形を振り出して金銭を借り入れたときは，手形借入金勘定の貸方に記入し，期日になり手形借入金の代金の返済をしたときは，手形借入金勘定の借方に記入する。

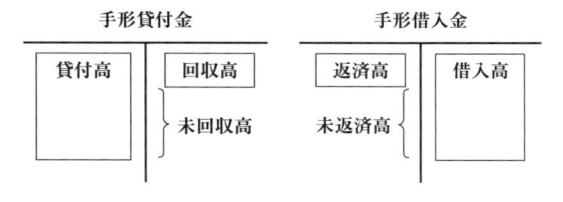

```
      手形貸付金              手形借入金
┌─────┬─────┐    ┌─────┬─────┐
│ 貸付高  │ 回収高  │    │ 返済高  │ 借入高  │
│        ├─────┤    ├─────┤        │
│        │ 未回収高 │    │ 未返済高 │        │
└─────┴─────┘    └─────┴─────┘
```

※　金銭貸借取引で用いる約束手形は金融手形といい，商品売買取引で用い

る商業手形とは異なる。

例題 2.5.2

次の取引の仕訳を示しなさい。

11月16日　池袋商店は，約束手形#2を振り出して，渋谷商店から300,000円を借り入れ，同店振り出しの小切手で受け取り，ただちに当座預金とした。

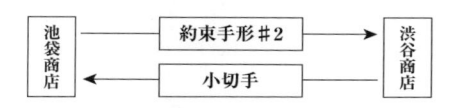

```
            約束手形#2
池袋商店  ──────────→  渋谷商店
          ←──────────
              小切手
```

仕　訳

池袋商店の仕訳

　11/16　（借）　当 座 預 金　300,000　　（貸）　手 形 借 入 金　300,000

渋谷商店の仕訳

　11/16　（借）　手 形 貸 付 金　300,000　　（貸）　当 座 預 金　300,000

3　未収金・未払金

　備品や不用品など，商品以外の物品売買取引を処理するために生じた一時的な債権は，未収金勘定（accounts due a/c 資産勘定），債務は未払金勘定（payments due a/c 負債勘定）で行う。なお，商品以外の物を売却し，後に代金を受け取るときは，未収金勘定の借方に記入し，後日，この代金を回収したときは，未収金勘定の貸方に記入する。

　また，商品以外の物を買い入れ，後に代金を支払うときは，未払金勘定の貸方に記入し，後日，この代金を返済したときは，未払金勘定の借方に記入する。

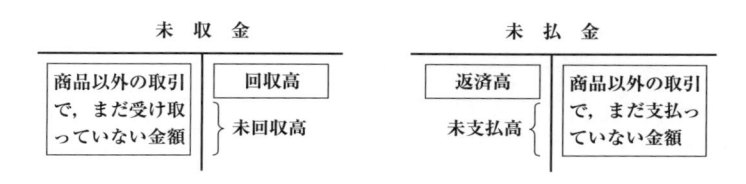

```
         未 収 金                        未 払 金
┌─────────────┬────────┐    ┌────────┬─────────────┐
│商品以外の取引│ 回収高 │    │ 返済高 │商品以外の取引│
│で，まだ受け取│────────│    │────────│で，まだ支払っ│
│っていない金額│ 未回収高│    │ 未支払高│ていない金額 │
└─────────────┴────────┘    └────────┴─────────────┘
```

例題 2.5.3

次の取引の仕訳を示しなさい。

11月20日　ダンボールや雑誌などの不用品を売却し，代金2,000円は月末に受け取ることにした。
11月21日　営業用のレジスターを買い入れ，代金150,000円は，月末に支払うことにした。

仕　訳
11/20　（借）　未　収　金　　2,000　　（貸）　雑　　益　　2,000
11/21　（借）　備　　品　　150,000　　（貸）　未　払　金　150,000

4　立替金・預り金

取引先などに一時的に現金を立て替えて支払ったときは，立替金勘（advances paid a/c　資産勘定），一時的に現金を預かったときは，預り金勘定（deposits paid a/c　負債勘定）に記帳する。

立　替　金

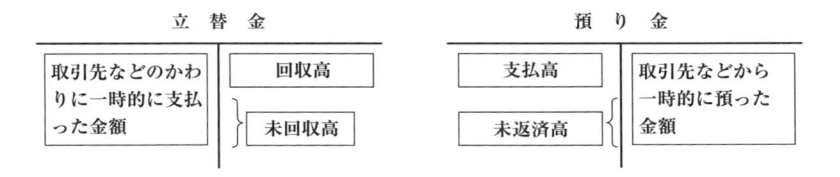

| 取引先などのかわりに一時的に支払った金額 | 回収高 |
| | 未回収高 |

預　り　金

| 支払高 | 取引先などから一時的に預った金額 |
| 未返済高 | |

5　従業員立て替え金・従業員預り金・所得税預り金

現金の一時的な貸借取引に使用するために，立替金・預り金勘定を設ける。なお，この勘定と区別して，従業員に対する現金貸借は，立替金を従業員立替金勘定（advance to employee a/c　資産勘定）で処理し，従業員からの預り金を従業員預り金勘定（employee savings deposits a/c　負債勘定）で処理する。

従業員立替金

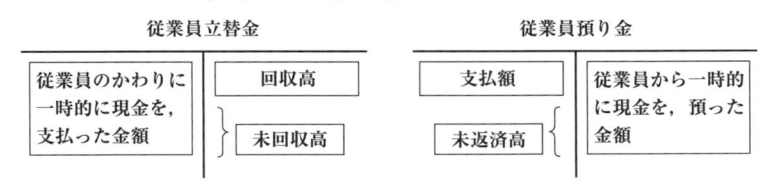

| 従業員のかわりに一時的に現金を，支払った金額 | 回収高 |
| | 未回収高 |

従業員預り金

| 支払額 | 従業員から一時的に現金を，預った金額 |
| 未返済高 | |

従業員の給料には，所得税が課税される。企業はこの所得税を従業員から預

って，従業員のかわりに税務署に納付する。この所得税は，従業員に給料を支払う時点で差し引き，所得税預り金勘定（income tax withholding a/c 負債勘定）として処理し，後日，この金額を税務署にまとめて納付する。

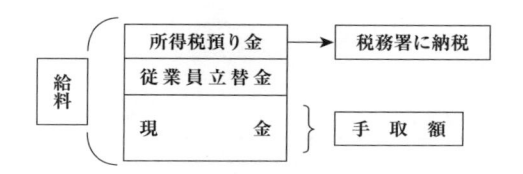

```
      ┌─ 所得税預り金 ──→ 税務署に納税
給料 ─┤  従業員立替金
      │                  ┐
      └─ 現     金       ├─ 手 取 額
                         ┘
```

例題 2.5.4

次の取引の仕訳を示しなさい。

11月23日　従業員からエアコンの購入代金80,000円の立替を依頼され，承諾し，現金で支払った。

11月25日　11月分の従業員の給料1,200,000円の支払いに際し，所得税源泉徴収額100,000円と先日立替払いした従業員の立替金80,000円を差し引き，残額は現金で支払った。

11月30日　所得税源泉徴収額100,000円を税務署に現金で納付した。

仕　訳

11/23	（借）	従業員立替金	80,000	（貸）	現　　　　金	80,000
11/25	（借）	給　　　料	1,200,000	（貸）	所得税預り金	100,000
					従業員立替金	80,000
					現　　　　金	1,020,000
11/30	（借）	所得税預り金	100,000	（貸）	現　　　　金	100,000

従業員立替金		従業員預り金	
11/23 現金 80,000	11/25 給料 80,000	11/30 現金 100,000	11/25 給料 100,000

6　前払金・前受金

商品売買の契約に際し，商品代金の一部（内金という）を仕入先に前払いすることがある。このような場合，商品代金の一部を仕入れ前に支払ったとき

は，前払金勘定（prepayments a/c；資産勘定）で処理し，代金の一部を売却前に内金や手付け金として受け取ったときは，前受金勘定（advances received；a/c　負債勘定）で処理する。

後日，商品を引き渡したとき，代金の一部として上記の金額を充て，残額を受け取るかまたは支払う。

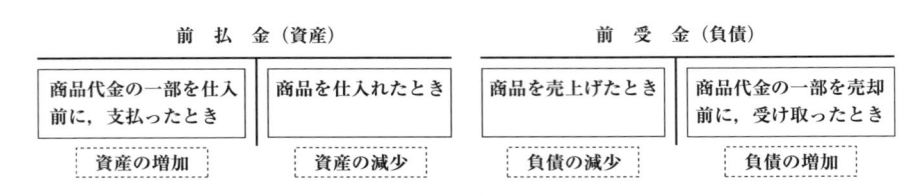

前　払　金（資産）		前　受　金（負債）	
商品代金の一部を仕入前に，支払ったとき	商品を仕入れたとき	商品を売上げたとき	商品代金の一部を売却前に，受け取ったとき
資産の増加	資産の減少	負債の減少	負債の増加

例題 2.5.5

つぎの取引の仕訳を示しなさい。

11月20日　神田商店は，新橋商店に商品350,000円を注文し，現金50,000円を内金として支払った。

12月8日　神田商店は，新橋商店からかねてから注文していた商品350,000円を仕入れ，代金は前に支払った内金を差し引き残額は掛けとした。

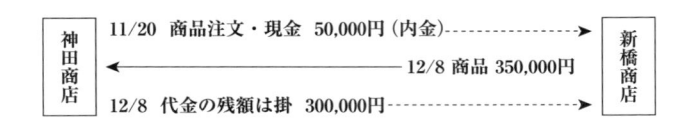

```
             11/20 商品注文・現金 50,000円（内金）------→
 神田商店  ←------- 12/8 商品 350,000円 -------         新橋商店
             12/8 代金の残額は掛 300,000円 ------→
```

仕　訳

神田商店の仕訳

　　11/20　（借）前払金　　50,000　　（貸）現　金　　50,000
　　12/ 8　（借）仕　入　　350,000　　（貸）前払金　　50,000
　　　　　　　　　　　　　　　　　　　　　　買掛金　　300,000

新橋商店の仕訳

　　11/20　（借）現　金　　50,000　　（貸）前受金　　50,000
　　12/ 8　（借）前受金　　50,000　　（貸）売　上　　350,000
　　　　　　　　　売掛金　　300,000

第 5 章　その他債権および債務の取引と処理　177

―――― 手付金の考え方 ――――

　不動産取引（住宅などの高額商品等）においては,「手付金」が交付されて契約することが一般的である。手付金は，売買契約が成立した際に契約が完全に実行されるように，買い主が売り主に支払うものであり，手付金支払い後も契約実行前ならば契約解除できる。

　買い主から契約解除を申し出た場合は，手付金は放棄しなければならない。また，売り主からの場合は，手付金を倍額にして買主に返さなければならない。契約が実行された場合には，代金の一部としてこの手付金が充当される。手金，保証金といったものも手付金と同等に扱われる場合がある（民法557条）。この場合会計処理上では，支払手付金勘定（資産勘定）または，受取手付金勘定（負債勘定）で処理する。

例題 2.5.6
次の取引の仕訳を示しなさい。
12月 8 日　土地8,000,000円を麻布商事から購入する契約を交わし，手付金として500,000円を小切手を振り出して支払った。

仕　訳
12/ 8 　（借）　支払手付金　500,000　　（貸）　当　座　預　金　500,000

7　仮払金と仮受金

　現金などの支出や収入はあったが，入出金の内容を表す勘定科目または，金額が不明確なとき，仮払金勘定（suspense payment a/c；資産勘定）と仮受金勘定（suspense received a/c；負債勘定）で一時的に処理する。その後，勘定科目または金額が確定したときは，その勘定に振り替える。

　なお，決算時においても明確でないときは，雑益勘定（収益勘定）または雑損勘定（費用勘定）に振り替える。このように，仮勘定は決算においてすべて振り替え明瞭な科目を設定する。

仮　払　金（資産）		仮　受　金（負債）	
勘定科目または金額が未確定で現金を支払ったとき	確定したとき，または決算のときに該当確定科目に振り替える	確定したとき，または決算のときに該当確定科目に振り替える	勘定科目または金額が未確定で現金等を受け取ったとき

例題 2.5.7
つぎの取引の仕訳を示しなさい。
12月1日　従業員が出張するため，旅費の概算額60,000円を現金で渡した。
　　　3日　出張中の従業員から当店の当座預金口座に300,000円の振込があったが，その内容はわからない。
　　　5日　従業員が出張から帰り，先の振込みの内容が，仙台商店に対する売掛金を回収したものであることがわかった。
　　　7日　旅費の精算を行い，従業員から5,000円を受け取った。
仕　訳
　12/1　（借）仮 払 金　60,000　　（貸）現　　　金　60,000
　12/3　（借）当座預金　300,000　（貸）仮 受 金　300,000
　12/5　（借）仮 受 金　300,000　（貸）売 掛 金　300,000
　12/7　（借）旅　　費　55,000　　（貸）仮 払 金　60,000
　　　　　　　現　　　金　5,000

勘定記入（相手勘定科目省略）

仮　払　金		仮　受　金		現　　金	
12/1　60,000	12/7　60,000	12/5　300,000	12/3　300,000	12/7　5,000	12/1　60,000

当座預金		売　掛　金		旅　　費	
12/3　300,000			12/5　300,000	12/7　55,000	

8　商品券・他店商品券

　百貨店やスーパーマーケットなどの他店が発行した商品券を受け取ったときは，後に，その発行店に対して，その商品券に相当する金額を請求する債権が生じる。このときは，他店商品券勘定（資産勘定）で処理する。

　なお，他店商品券とは，デパートの商品券・ギフト券・図書券・ビール券・旅行券・プリペイドカードなどである。

　当店が商品券を発行して代金を受け取ったときには，その金額を前受金と考え，この商品券と引き換えに商品を引き渡す債務が発生する。このときは，商

品券勘定（ticket or coupon for goods a/c；負債勘定）で処理する。

例題 2.5.8

つぎの取引の仕訳をしなさい。

12月 2日　品川百貨店は商品60,000円を売り渡し，代金のうち30,000円は他店商品券で受け取り，残額は現金で受け取った。
　　10日　品川百貨店は当店の商品券50,000円を発行し，代金は現金で受け取った。
　　20日　品川百貨店は商品20,000円を売り渡し，代金は当店発行の商品券で受け取った。

仕　訳
12/ 2　（借）他店商品券　30,000　　（貸）売　　　上　60,000
　　　　　　　現　　　金　30,000
12/10　（借）現　　　金　50,000　　（貸）商　品　券　50,000
12/20　（借）商　品　券　20,000　　（貸）売　　　上　20,000

練習問題（5）

つぎの取引の仕訳を示しなさい。
(1)　栃木商店から貸付期間6カ月，年利率5％の条件で400,000円の貸し付け依頼されたため，同額の約束手形を受け取るとともに，利息分を差し引いて残額は小切手で渡した。
(2)　東京商店から商品600,000円を購入する約束を交わし，その内金として60,000円を小切手を振り出して支払った。
(3)　得意先神奈川商店に注文してあった商品を引き渡し，この代金300,000円から手付金100,000円を控除し，残額は同店振出約束手形で受け取った。
(4)　上記東京商店にかねて注文しておいた商品230,000円を引き取り，注文時に支払った内金60,000円を差し引き，残額は同店振り出し，当店宛の為替手形を呈示されたのでそれを引き受けた。
(5)　今月分の従業員給料1,200,000円から，所得税の源泉徴収額130,000円と従業員への立替金の返済分70,000円を差し引き，手取り額を現金で支払った。
(6)　先月分の従業員給料から差し引いた所得税の源泉徴収税額150,000円を税務署に現金で納付した。
(7)　従業員の出張費用として50,000円を現金で概算払いしていたが，この従業員が出張先から戻り，航空運賃と宿泊料を差し引いた後の残金2,000円を現金

で受け取り精算した。
(8) 出張中の従業員から当座預金へ振り込まれた80,000円は，仮受金として処理していたが，得意先沖縄商店から受け取った売掛金の回収分であることが判明した。
(9) 商品8,000円を売り上げ，代金は，当店発行の商品券5,000円分と他店発行の商品券2,000円分を受け取り，残金は現金で受け取った。
(10) 当店が保有している他店商品券250,000円と，他店が保有している当店の商品券220,000円との交換を行い精算した。差額30,000円については現金で受け取った。

仕　訳

(1)　借方　　　　　　　　貸方

(2)　借方　　　　　　　　貸方

(3)　借方　　　　　　　　貸方

(4)　借方　　　　　　　　貸方

(5)　借方　　　　　　　　貸方

(6)　借方　　　　　　　　貸方

(7)　借方　　　　　　　　貸方

(8) 借方　　　　　　　貸方

(9) 借方　　　　　　　貸方

(10) 借方　　　　　　　貸方

第6章　売買目的有価証券の取引と処理

1　有価証券(marketable securities)の範囲と分類

　企業は主たる営業活動以外で利益を得るため，証券取引所に上場している国債・公債・社債，株式などの有価証券を買い入れて保有し，その保有銘柄が市場において値上がりしたときに，売却して利益を得ることがある。
　なお，国債や公社債を保有すると決まった日に利息を受け取ることができる。また，株式を保有すると配当日に配当金を受け取ることができる。
　簿記会計では，有価証券は「企業会計原則」において市場性ある有価証券で，時価（current market value）の変動により利益を得るという売買目的のものを流動資産として取り扱い，有価証券を取得したときには，取得原価にもとづき売買目的有価証券勘定（資産勘定）で処理する。
　国債や公社債の場合には，満期日に元本が支払われるほかに，年に二回約定利息が支払われるので，企業は満期保有を目的として資金を投入することから，満期保有目的債権として固定資産に分類する。
　その他有価証券は，投資有価証券，子会社株式・関連会社株式などの勘定で処理し固定資産として分類する。このように有価証券は，保有目的によって四つに区分している。ここでは，流動資産である売買目的有価証券について解説する。

(1)　売買目的有価証券の購入

　売買目的有価証券の取得原価は，有価証券の購入代価に購入取引を委託する証券会社へ支払う売買手数料を加えたものであり，下記のとおり売買目的有価証券勘定の借方に記入する。

第 6 章　売買目的有価証券の取引と処理　183

売買目的有価証券の取得原価 ＝ 購入代価＋売買手数料

（ただし，通信費・名義書料は含めない）

買入価額　公債や社債の場合：買入単価 × 額面価額／￥100
　　　　　株式の場合　　　：1株の買入価額 × 買入株式数

売買目的有価証券

取得原価	売却時の価額

―――― 公債・社債など ――――

　公債とは，国，地方公共団体や政府関係機関が財産資金の不足を補うために発行する債券である。債券を購入することにより，資金を調達（借金）することになる。
　国が発行するものを国債，地方公共団体が発行するものを地方債，公募地方債と非公募地方債（縁故地方債）とがある。政府関係機関が発行するものは政府保証債と非政府保証債（特殊債）がある。なお，債券とは，元金や利息の支払いを約束する証券のことで，返済日にあたる償還日までの間，約束された一定の利子（利率）が年2回の利払い日に支払われることを約束されている。
　社債（bond）とは，民間企業が長期の資金を調達するために，広く一般から資金を借り入れるときに発行する債券である。
　株式（stock）というのは，株式会社の出資者の持分（株主権）をあらわしたものであり，その内容を表した株券（有価証券）が，売買や投資の対象となる。

例題 2.6.1
つぎの取引について仕訳を示しなさい。
11月 1 日　売買目的のために，新宿商事株式会社の株式2,000株を1株当たり700円で購入し，代金は売買手数料16,000円とともに小切手を振り出して支払った。
11月12日　御茶ノ水物産株式会社の社債（額面金額400,000円）を＠96.5円で買い入れ，代金は売買手数料4,000円とともに現金で支払った。
仕　訳
　11/ 1　（借）売買目的有価証券　1,416,000　（貸）当 座 預 金　1,416,000
　取得原価の計算方法　＠￥700×2,000株＋￥16,000 ＝ ￥1,416,000
　11/12　（借）売買目的有価証券　　390,000　（貸）現　　　　金　　390,000

取得原価の計算方法　　@96.5×$\dfrac{¥400,000}{¥100}$＋¥4,000 ＝ ¥390,000

(2) 売買目的有価証券の売却

売買目的有価証券を売却した時は，売却した売買目的有価証券の帳簿価額を売買目的有価証券勘定の貸方に記入し，売却による手取り額（手数料などを差し引いた額）と帳簿価額の差額を比較して有価証券売却益勘定（収益勘定），または有価証券売却損勘定（費用勘定）に記入する。

売買目的有価証券を売却したときの例

【手取額100円＞帳簿価額60円】有価証券売却益40円の発生

【手取額 50円＜帳簿価額60円】有価証券売却損10円の発生

例題 2.6.2

つぎの取引の仕訳を示しなさい。

11月20日　例題 2.6.1で購入した新宿商事株式会社の株式のうち，1,000株を1株あたり650円で売却し，手取金640,000円は現金で受け取った。

11月25日　例題 2.6.1で購入した御茶ノ水物産株式会社の社債（額面金額400,000円）を@99.25円で売却し，手取金397,000円は月末に受け取ることにした。

仕　訳

11/20　（借）現　　　　金　640,000　　（貸）売買目的有価証券　708,000
　　　　　　　有価証券売却損　 68,000

売却した株式（1,000株）帳簿価額

$\dfrac{@¥700×2,000株＋¥16,000}{2,000株}$ ×1,000株 ＝ ¥708,000

有価証券売却損の発生

¥640,000－¥708,000 ＝ △¥68,000

11/25　（借）未　収　金　397,000　　（貸）売買目的有価証券　390,000
　　　　　　　　　　　　　　　　　　　　　有価証券売却益　　　 7,000

有価証券売却益の発生

¥397,000－¥390,000 ＝ ¥7,000

(3) 株式配当金や利息の処理

株式を保有していると配当金を受け取ることができる。また，公社債につい

ては利息を受け取ることができる。

　配当金を受け取ったときは，受取配当金勘定（dividend income a/c；収益勘定）で処理し，利息を受け取ったときには有価証券利息勘定（収益勘定）で処理する。なお，決算において，公社債については経過日数に対する未収利息を計上し，有価証券利息勘定の貸方に記入する。また受取利息勘定（interest income a/c）で処理する場合もある。

有価証券利息

買入時に払った端数利息	利払い日に受け取った利息
	売却時に受け取った端数利息

（4）有価証券の評価替え

　有価証券の評価替えについては，決算整理で詳述するが，決算期末に売買目的で保有する有価証券の時価（市場価格）を調べ，帳簿価額を下回るときは，決算整理時価まで引き下げる。また，逆に時価が帳簿価額より上昇している場合は，時価まで引き上げることを有価証券の評価替えという。

　なお，売買目的有価証券の評価減は，有価証券評価損勘定（費用勘定）の借方に記入し，逆に評価増は，有価証券評価益勘定（収益勘定）の貸方に記入する。

例題 2.6.3

12月31日　決算に際して，売買目的で保有する有価証券（株式20株，帳簿価額＠80,000円）の時価を調べたところ，1株あたり65,000円であった。そのため，当該有価証券の評価を引き下げた。

12月31日　決算に際して，売買目的で保有する有価証券（株式50株，帳簿価額＠60,000円）の時価を調べたところ，1株当たり＠100,000円であった。そのため当該有価証券の評価を引き上げた。

仕　訳

12/31　（借）　有価証券評価損　　300,000　　（貸）　売買目的有価証券　　300,000
12/31　（借）　売買目的有価証券　2,000,000　（貸）　有価証券評価益　　2,000,000

練習問題（6）

つぎの取引の仕訳を示しなさい。

(1) 売買目的で，南北商事株式会社の株式50株を1株について120,000円で取得した。代金は小切手を振り出して支払った。

(2) 先に，売買目的で購入した南北商事の株式20株を1株につき150,000円で売却。代金は月末に受け取ることにした。

(3) 南北商事の残りの株式について，1株につき200円の配当金（一年決算）を送金小切手で受け取った。

(4) 売買目的で額面1,000,000円の社債（利率年6％，利払日年2回）を@96円で購入。代金は購入手数料12,000円とともに小切手を振り出して支払った。なお，当座預金の残高は800,000円あるが，取引銀行とは借越限度額2,000,000円の当座借越契約を結んである。ただし，当店では，当座勘定は用いていない。

(5) (4)社債について，半年分の利息を現金で受け取った。

(6) 売買目的で，額面100円について97円で購入した公債のうち，額面総額2,000,000円を額面100円について96円で売却。代金は月末に受け取ることにした。

(7) 先に，売買目的で額面100円につき98円で購入した四国商事の社債のうち，額面総額500,000円を額面100円について99円で愛媛商店に売却。代金は同店の小切手で受け取った。

仕　訳

(1)　借方　　　　　　　貸方

(2)　借方　　　　　　　貸方

(3)　借方　　　　　　　貸方

(4)　借方　　　　　　　貸方

(5)　借方　　　　　　　貸方

(6) 借方　　　　　　　貸方

(7) 借方　　　　　　　貸方

第7章 固定資産の取引と処理

1 資産の分類と固定資産

　企業の資産は，流動資産・固定資産・繰延資産に分類する。このうち，流動資産・固定資産に分類する基準は，正常営業循環基準（normal operating cycle rule）と，1年基準（one year rule）があり，企業の支払能力や換金能力を知るうえで必要な分類である。

貸　借　対　照　表

資　産	負　債
流動資産 　固定資産 　　有形固定資産 　　無形固定資産 　　投資その他の資産 　繰延資産	純資産（資本）

図 2.7.1　資産分類と固定資産

　したがって，これらの基準に基づき，正常営業循環活動過程に入っているものや，1年以内に換金化する資産および，費用化していくものを流動資産（current asset）といい，現金および預金，受取手形，売掛金，売買目的有価証券および1年以内に満期の到来する有価証券，商品，消耗品，前渡金などがある。

　また，企業の経営活動のために，1年以上にわたり長期的に使用する資産を固定資産（fixed asset）という。

　固定資産は，さらに有形固定資産，無形固定資産，投資その他の資産の三つに分類する。

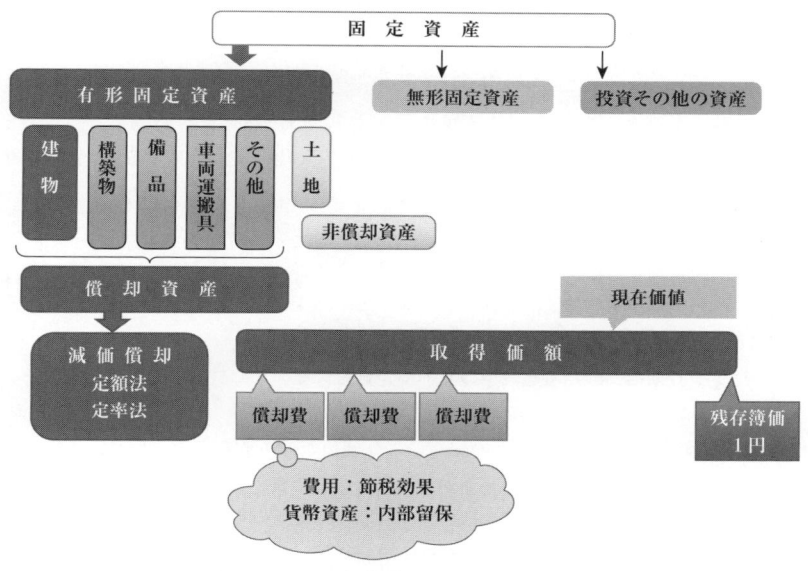

第 7 章　固定資産の取引と処理　189

図 2.7.2　固定資産の分類と減価償却

なお，企業の設立のための費用である創立費や開業費，長期の資金調達のための費用である新株発行費や社債発行費等，新製品・技術開発のための費用である研究費および開発費といったその支払額に対する効果が，当期以降にわたり長期間持続する場合には，当期に全ての発生額を費用化するのではなく，資産に計上して繰り延べる資産のことを繰延資産（deferred asset）という。

2　有形固定資産(tangible fixed asset)

有形固定資産には，建物，構築物，機械および装置，船舶，車両運搬具，工具・器具・備品，土地，建設仮勘定などがある。無形固定資産（intangible fixed asset）には，特許権，実用新案権，商標権，意匠権，購入したソフトウエア，借地権，鉱業権などがある。そして，投資その他の資産には，(投資)有価証券，関係会社株式，長期貸付金，破産債権・更生債権その他これに準ずる債権，長期前払費用などがある。ここでは有形固定資産の会計処理について

解説する。

有形固定資産の主な勘定科目

建　　　物…事務所，店舗，倉庫，工場など
構　築　物…ドック，橋，岸壁，桟橋，軌道，煙突，その他土地に定着する土木設備など
機 械 装 置…機械，装置，付随する設備など
船　　　舶…汽船，水上運搬具など
車両運搬具…自動車，鉄道車両，フォークリフトなど
備　　　品…事務用机・椅子，陳列用ケース，金庫，OA機器など
土　　　地…事務所・店舗，倉庫，工場，社宅などの敷地
建設仮勘定…長期的にわたる建設中の有形固定資産に充当した材料などの支払金額を一時的に処理する勘定

　また，有形固定資産の中でも時の経過により価値が減少するもの（備品・構築物など）は償却資産，時の経過により価値が減少しないもの（土地・建設仮勘定）は非償却資産とする。

---

(1) 有形固定資産の認識

有形固定資産の認識として、つぎの要件がある。

① 資産に起因する経済的利益が企業に入る可能性が高い
② その原価を信頼性を持って見積もることができる

この要件を満たす場合に，資産に計上する。

(2) 有形固定資産の取得

　有形固定資産を取得した時は，その購入や製作に当たっての取得原価（購入代価に付随費用を加えたもの）を各固定資産勘定（たとえば，建物勘定，機械装置勘定，備品勘定など）の借方に記入する。なお，購入代価の値引きや割戻し時には，これを購入代価から控除する。

第 7 章　固定資産の取引と処理　191

```
            建　物
┌─────────────────┐
│ 取得原価          │
│ {購入代価＋付随費用}│
│                  │
│   (登記料，仲介手数料等) │
└─────────────────┘
```

例題 2.7.1

つぎの取引の仕訳を示しなさい。
(1)　営業用にエアコンを 1 台購入し，代金280,000円と，据付費用30,000円を現金で支払った。
(2)　営業用のトラックを 1 台購入し，代金1,200,000円と，登録手数料などの諸費用として，60,000円を小切手を振り出して支払った。
(3)　営業用の土地を購入し，代金10,000,000円のほかに，仲介手数料600,000円および登記料85,000円について，小切手を振り出して支払った。
(4)　上記土地の整地費用500,000円は，月末に支払うことにした。

仕　訳
(1)　(借)　備　　　品　　310,000　　(貸)　現　　　金　　310,000
(2)　(借)　車両運搬具　1,260,000　　(貸)　当 座 預 金　1,260,000
(3)　(借)　土　　　地　10,685,000　　(貸)　当 座 預 金　10,685,000
(4)　(借)　土　　　地　　500,000　　(貸)　未　払　金　　500,000

(3)　有形固定資産の売却

有形固定資産は使用するために取得したものであるが，途中で不要になり売却することもある。固定資産を売却した時は，当該固定資産勘定の貸方に帳簿価額で記入し，売却による手取額と帳簿価額を比較し，その差額を固定資産売却益勘定（収益勘定）または固定資産売却損勘定（費用勘定）で処理する。

　　　　　　固定資産の帳簿価額＜売却価額　　　　固定資産売却益
　　　　　　固定資産の帳簿価額＞売却価額　　　　固定資産売却損

例題 2.7.2

つぎの取引の仕訳を示しなさい。
11/20　帳簿価額350,000円の事務用コンピュータが不要となったので，50,000で売却し，代金は月末に受け取ることにした。

11/25　帳簿価額500,000円の自動車が不要となったので，520,000で売却し，代金は現金で受け取った。

仕　訳

11/20　（借）未　収　金　50,000　　（貸）備　　　品　350,000
　　　　　　　固定資産売却損　300,000
　　　　固定資産売却損　50,000円－350,000円　＝　△300,000円

11/25　（借）現　　　金　520,000　　（貸）車両運搬具　500,000
　　　　　　　　　　　　　　　　　　　　　　固定資産売却益　20,000
　　　　固定資産売却益　520,000円－500,000円　＝　20,000円

(4)　減価償却（writing off depreciation）

　償却資産は，時間の経過とともに，種々の原因（使用による消耗・摩耗，機能の低下や老巧化，流行おくれ，陳腐化）によって当該資産の価値が減っていく。国税庁で定められている耐用年数（estimated useful, service life）に応じて，取得原価を徐々に減額する。これを減価償却という。

　この資産価値の減価額は，毎年の費用として配分し，この費用を減価償却費（depreciation expense）という。減価償却費の計算方法には種々あるが，このことについては，決算で詳しく解説する。

---------- 国際基準に対応した処理 ----------

　減価償却は2007年度税制改正により，法人の減価償却制度は，法人の減価償却制度に関する法人税法施行令48条などの規定が改正され，原則として，2007年4月1日以降に取得した減価償却資産から適用することになった（図1）。

　この改正の意図するところは，日本企業の国際競争力を高めるために，新規設備への投資を促進し，国際的なイコールフッティングを確保することが重要になっているなどの観点から，抜本的な見直しが講じられた。

　減価償却資産の一般的な償却法である定額法および定率法は，2007年3月31日以前に取得した減価償却資産については，「旧定額法」および「旧定率法」の償却方法で償却を行い，2007年4月1日以後に取得した減価償却資産については，「定額法」および「定率法」の償却方法で償却を行う（図1）。

　なお，1998年4月1日以後に取得した建物の償却方法は，定額法および旧定額法のみと規定された。又，資産を事業年度の中途で取得した場合には，その事業年度の金額を12ヶ月で除し，その事業年度に使用していた月数を乗じて計算した金額を減価償却費と

第7章　固定資産の取引と処理　193

する。

減価償却資産の取得日	償却可能限度額	残存簿価	償却方法
2007年4月1日以後	廃止	1円	定額法，定率法など
2007年3月31日以前	取得価額95％相当額　95％償却後 簿価1円まで償却		旧定額法，旧定率法など

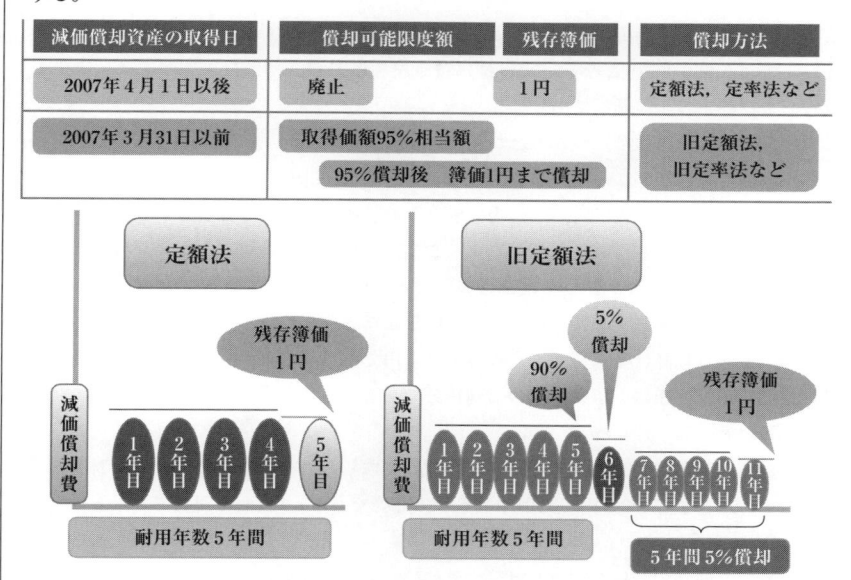

図1　減価償却資産の改正後の取扱

(1) 定額法による建物の償却費

　東京商店の事業主は，2007年4月1日以降に完成した物件の価値について検討開始した。なお，取得価額100万円で耐用年数5年の建物である。（紙面の関係で5年と仮定した）

　定額法で建物の減価償却費を計算するには，計算の基礎となるものに建物の取得価額，残存簿価，耐用年数，償却率がある。

　取得価額とは，建物の購入代価に付随費用を加算した100万円である。

　残存簿価とは，建物が本来の目的に使用できなくなったとき帳簿に残す1円である。

　耐用年数とは，建物に通常の修理を加えたときに，本来の用途に使用可能な年数である。なお，耐用年数は正確に測定することが困難であるため，税法の規定する財務省例の別表に定められた法定耐用年数を用いる。今回は5年と仮定する。

　償却率とは，建物の償却費を計算するときに，取得価額に掛ける割合である。

　定額法の償却率は，1÷耐用年数で今回は，1÷耐用年数5年＝償却率0.200である。

　なお，各事業年度の償却費の計算はつぎのとおりである。

　取得価額1,000,000円×定額法の償却率0.200＝200,000円

したがって，1年目から4年目までの償却後の額は，各事業年度200,000円である。このことにより，1年目終了時点では建物の現在価値が，800,000円となり，2年目終了時点では，600,000円となる。この様に各事業年度の現在価値を表す金額は，表1の期首および期末の帳簿価額である。

5年目の償却費の額は，つぎのとおりである。

5年目期首帳簿価額200,000円－残存簿価1円＝199,999円

したがって，5年目終了時点で建物の事実上の現在価値はゼロになるが，帳簿に1円の建物を所有している事を記録しておく。この残存簿価1円の記入がなく，残存簿価をゼロにすると，帳簿に存在しない建物などの有形固定資産が企業内に存在する事になる。この事を防止するために残存簿価を1円とした。

なお，6年目以降は償却費がなく帳簿上は1円である。したがって，各事業年度の利益の最低積み上げ額は，事業年度の償却費分である。

(2) 旧定額法による建物の償却費

東京商店の事業主は，2007年3月31日以前に完成した物件の価値について検討開始した。なお，取得価額100万円で耐用年数5年の建物である。（紙面の関係で5年と仮定した。）

旧定額法で建物の減価償却費を計算するには，計算の基礎となるものに建物の取得価額，残存価額，耐用年数，償却率がある。

取得価額は，100万円である。

残存価額とは，建物が本来の目的に使用できなくなったときでも，まだ残る価値でスクラップ価額である。なお，残存価額は，正確に見積もることが困難であるため，税法基準に従い取得原価の10％で計算する。

耐用年数は5年と仮定する。

償却率は，1÷耐用年数5年＝償却率0.200である。

1年目から5年目まで（耐用年数期間）の各事業年度の償却費の額はつぎのとおりである。（表2・図4）

取得価額1,000,000円×0.9（取得原価－残存価額10％）×旧定額法の償却率0.200＝180,000円

したがって，1年目から5年目までの償却費の額は，各事業年度180,000円である。このことにより，1年目終了時点では建物の現在価値が，820,000円となり，2年目終了時点では，640,000円となる。この様に各事業年度の現在価値を表す金額は，期首および期末の帳簿価額である。

この計算により5年の耐用年数経過時点では，各事業年度の償却費の累計額が

900,000円で取得価額の90％相当額であり，残りの10％である100,000円がスクラップ価額と，既存の簿記書や会計書は，書いているがこれは実務が税法基準を最優先していることを無視した机上の空論である。よって，他の簿記書や会計書に書かれる事の無かった，本来の会計処理を解説する。

　6年目の償却費の額は，旧定額法の償却費180,000＞6年目期首帳簿価額100,000－取得価額1,000,000×5％＝50,000を比較し，小さい金額が6年目の償却費の額となるため償却費は50,000円で，取得価額の95％相当額まで償却したことになり，スクラップ価額は50,000円であったが，2007年度税制改正により95％相当額に到達した償却資産についても，翌事業年度以後の各事業年度において，所得価額の5％相当額から残存簿価1円を差し引いた金額を60カ月（5年間）で償却する。

　したがって，7年目から10年目までの償却費の額は

　（期首帳簿価額50,000－1）÷5年＝10,000であり，各事業年度の償却費の額は10,000円である。よって，各事業年度の建物の現在価値は，表2のとおりである。

　11年目の償却費の額は

　（50,000－1）÷5年＝10,000＞11年目期首帳簿価額10,000－1＝9,999を比較し，小さい金額9,999円が償却費の額となり，今後は，帳簿に1円の建物を所有している事になる。

　今回解説した減価償却は，企業が保有する建物などの有形固定資産を各事業年度に渡り費用配分する重要な会計処理であり，物の現在価値と節税および，再投資する数値の把握である。

　なお，2007年度税制改正は，定額法と旧定額法を比較したときに分かる様に，企業にとって大幅な減税措置である。

　次回は，減価償却の両輪である定率法で備品の減価償却と，現在価値の把握および帳簿の記録を解説する。

参考資料：「減価償却のあらまし」国税庁，『日経コンピュータ』早田巳代一。

3　固定資産台帳（fixed asset ledger, plant ledger）

　固定資産については，個々の固定資産ごとに，取得日，取得原価，減価償却費，そして残高などの明細を記帳するための補助簿（補助元帳）として，固定資産台帳を用いて管理運用する。また，これらをもとに，株主への決算報告書に見られる固定資産全体としての固定資産明細書（fixed asset schedule）を，

各固定資産の報告期間の期首残高，期中の増加，除去および期末残高を減価償却等に関する詳細情報を含めて表示し，株主や機関投資家の要求にこたえている。

重要性の原則（principle of materiality）とは？

企業会計全般にわたって機能する原則である。この原則は積極面，消極面の両面を有し，積極面とは，企業の利害関係者にとって重要性のあるものについては，より厳密な会計処理とその積極的開示を要請し，消極面とは，重要性の乏しいものについては，簡便な処理と表示を容認するものである。したがって，「消耗品」および「小額備品」の会計処理は，消極的側面の適用例とし，購入時に費用と考え「消耗品費」勘定で処理することもできる。

なお，消耗品費勘定で処理できるものは，ボールペンや消しゴムなど事務用の消耗品および，電卓，電球など少額の備品である。

本来は，消耗品および小額備品も企業の資産であるため，購入したとき一旦資産として消耗品勘定で処理し，使った分だけ費消したとして消耗品費勘定に振り替える方法が理論的である。しかし，重要性の原則である，消極的側面の適用を活用し，購入したときに費用と考え消耗品費勘定で処理し，使用しなかった分だけ消耗品勘定に振り替える方法が一般的である。

なお，このように資産であるものを，資産から外し会計処理を行う例示を簿外資産という。

練習問題（7）

つぎの取引の仕訳を示しなさい。

(1) 営業用の土地2,000,000円を購入し，代金のうち600,000円は小切手を振り出して支払い，差額は毎月末に月賦で200,000円ずつ支払うことにした。なお，土地の地ならし費30,000円と登記料40,000円は現金で支払った。
(2) 店舗用の土地に上下水道を敷き，その工事代金500,000円を現金で支払った。
(3) 店舗用の建物を購入し代金3,000,000円のほかに，仲介手数料150,000円および登記料55,000円について小切手を振り出して支払った。
(4) 営業用の商品の陳列ケースを購入し，代金150,000円と据付費用30,000円を現金で支払った。
(5) 配達用のトラックを1台購入し，代金800,000円と登録手数料などの諸費用

40,000円は，小切手を振り出して支払った。
(6) コピー機200,000円を購入し，これに伴う据付日15,000円がかかった。これらの代金のうち50,000円は小切手を振り出して支払い，残額は翌月末に支払うことにした。
(7) 店舗建設用の土地240平方メートルを1平方メートル当たり100,000円で購入し，仲介手数料300,000円，測量費150,000円，登記料80,000円，盛り土および聖地費用200,000円ともに代金は現金で支払った。
(8) 帳簿価額250,000円のエアコンを80,000円で売却し，代金は月末に受け取ることにした。
(9) 営業用の自動車，取得原価1,000,000円，減価償却累計額630,000円を売却し，代金400,000円は送金小切手で受け取った。
(10) 平成○6年8月31日に，不要となったレジスター（購入日：平成○3年9月1日，取得原価：150,000円，償却方法：定額法，耐用年数：5年，残存価額：取得原価の10%，記帳方法：間接法，決算日：年1回　8月31日）を5,000円で売却し，代金は，先方振出小切手で受け取った。なお，当期分の減価償却の計上も合わせて行うこと。

仕　訳
(1)　借方　　　　　　　貸方

(2)　借方　　　　　　　貸方

(3)　借方　　　　　　　貸方

(4)　借方　　　　　　　貸方

(5)　借方　　　　　　　貸方
(6)　借方　　　　　　　貸方

(7)　借方　　　　　　　貸方

(8)　借方　　　　　　　貸方

(9)　借方　　　　　　　貸方

(10)　借方　　　　　　　貸方

第8章　純資産(資本)および税金の取引と処理

1　純資産(資本)(net assets)

　純資産とは，自己資本であり，貸借対照表上「純資産の部」(旧資本の部)に記載する合計金額のことである。したがって，株主に帰属する純資産部分を意味するため，株主資本とも呼ぶ。

　なお，純資産（資本）の概念を広義に考えると，貸借対照表における資産と負債の差額として捉え，借入金など他人から調達した資金を返済した後の残金を指す。

　他方，純資産（資本）の概念を狭義に考えると，株主からの出資金と企業の利益の蓄積を示すことであり，資本金，法定準備金（資本準備金，利益準備金），剰余金（資本剰余金，利益剰余金）等の総称で表示する。

株主資本

　純資産のうち株主に帰属する部分を，「資本」とは表記せず，株主に帰属するものであることをより強調する観点から「株主資本」と称するものとした。

企業会計原則「第5号」25項より抜粋

2　資本金(capital stock)

　資本金は，企業形態によって会計処理が異なるため，今回は，個人企業の資本金について解説する。

　個人企業を開業するためには，事業主となる人物が，所在地の税務署に事業改廃届けを提出し，そのさい企業に出資を行う。この出資を元入れといい資本金勘定を設けて処理する。

　なお，出資には現金だけでなく，建物や土地および備品なども含める。

資本金勘定には，元入額，開業後に追加で行う出資である追加元入額および，会計期間の企業成果である当期純利益を貸方に記入する。反対に企業の資本金が減少する当期純損失や，事業主が私用で利用した現金や商品などは，資本金勘定の借方に記入する。

なお，期中に事業主が資本金の引出しを行った時は，直接資本金を減少させずに，引出金勘定で処理を行い，期末に一括して資本金を減少させる。

よって，個人企業の期末純資産（資本）はつぎの式で求める。

期末純資産（資本）＝期首純資産（資本）＋追加元入額－引出額＋当期純利益

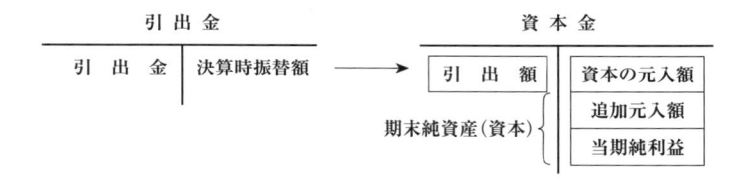

引　出　金		資　本　金	
引 出 金	決算時振替額	引 出 額	資本の元入額
		期末純資産(資本)	追加元入額
			当期純利益

例題 2.8.1
つぎの取引の仕訳を示しなさい。
 2月 1日　現金4,000,000円と建物2,000,000円を出資して，東京商店を開業した。
 12月31日　決算にあたり，損益勘定の残高（当期純利益）500,000円を資本金勘定に振り替えた。

仕　訳
　2／1　（借）現　　金　4,000,000　（貸）資本金　6,000,000
　　　　　　　　建　　物　2,000,000
　12／31　（借）損　　益　　500,000　（貸）資本金　　500,000

3　個人企業の税金

個人企業および事業主が国や都道府県・市町村などに納める税金には，所得税，住民税，事業税，固定資産税，印紙税，消費税などがある。

この税金は，国税（国が課す税金）と地方税（地方公共団体が課す税金）に区分できる。

なお，会計帳簿上は，①費用として処理できない税金と，②費用として処理

できる税金に区分する。

・税法上費用として処理できない税金→所得税・住民税

・税法上費用として処理できる税金 ─→ { 事業税，固定資産
　　　　　　　　　　　　　　　　　　印紙税，消費税

　企業の費用として処理できない税金は，引出金勘定（または資本金勘定）の借方に記入する。この処理は，個人に課せられた税金であり，家計が負担すべき支払いであることに起因する。

　企業の費用として処理できる税金は，当該税金が支払われた際に，租税公課勘定（taxes and dueties a/c；または事業税勘定，固定資産勘定，印紙税勘定など：費用勘定）の借方に記入する。

(1) 所得税（income tax）

　個人の所得に対する税額であるため，企業を営んでいる事業主が，1月1日から12月31日までの1年間に事業から得た利益，利子，配当金などの収入に課される税金である。

　所得税は，前年度の所得額をもとに計算した税額の3分の1ずつを，予定納税額として7月（第1期）と11月（第2期）に納付し，そして，翌年3月の確定申告により税額が確定したとき，すでに支払った予定納税額との差額を第3期分として納付する。

例題 2.8.2

7月13日　所得税の予定納税額の第1期分80,000円を現金で納付した。
11月20日　第2期分80,000円を現金で納付した。
3月15日　確定申告により本年度の所得税額210,000円が確定し，すでに納めた予定納付額を差し引き，残額を現金で納付した。

仕　訳

7/13　（借）引　出　金　80,000　（貸）現　　金　80,000
11/20　（借）引　出　金　80,000　（貸）現　　金　80,000
3/15　（借）引　出　金　50,000　（貸）現　　金　50,000

(2) 住民税（inhabitant tax）

　住民税は，1月1日現在，その地域に居住する個人に課される税金で，各個

人ごとに割り当てられる均等割額と，前年の所得を基準にして課税される所得割額との合算で算定する。住民税は，6月，8月，10月および翌年1月の4期に分けて納付する。

例題 2.8.3
7月13日　住民税の第1期分40,000円を現金で納付した。
仕　訳
　　7/13　（借）引 出 金　40,000　　（貸）現　　　金　40,000

(3)　事業税（enterprise tax）

事業を行っていることに課される税金で，前年の事業所得などを基準として税額を算定する。事業税は，8月と10月の2期に分けて納付する。

例題 2.8.4
8月8日　事業税の第1期分120,000円を現金で納付した。
仕　訳
　　8/8　（借）租 税 公 課　120,000　　（貸）現　　　金　120,000
　　　　　〈または事業税〉

(4)　固定資産税（fixed asset tax）

1月1日現在で所有している土地や，建物などの固定資産に課される税金である。固定資産税は，一般に，4月，7月，12月および翌年の2月に分けて納付する。

例題 2.8.5
7月13日　固定資産税の第2期分70,000円を現金で納付した。
仕　訳
　　7/13　（借）租 税 公 課　70,000　　（貸）現　　　金　70,000
　　　　　〈または固定資産税〉

(5)　印紙税（stamp tax）

手形を振り出すときおよび，領収証や売買契約書を作成する際に，額面金額に応じた収入印紙購入に課された税金である。

一般には収入印紙を購入し該当書類に添付して，消印することで国に税金を納付する。

例題 2.8.6
4月3日　契約書に添付するために，収入印紙50,000円分を購入し現金で支払った。

仕　訳

4／3　（借）租 税 公 課　50,000　　（貸）現　　　　金　50,000
　　　〈または印紙税〉

(6)　消費税（consumption tax）

商品の販売やサービスの提供に課される税金である。商品などの販売価額に決められた税率を乗じて算出した税額を消費税として，消費者から直接企業が受け取り，それを国に納付する。

なお，企業が納付する消費税額は，売上の消費税額から仕入に含まれる消費税額を差し引いた額である。

したがって，売上の消費税額は，消費者から預かったものであり仕入に含まれる消費税額は，仕入時に企業が消費者にかわって仮払いしたものである。

消費税の会計処理は，消費税込みで処理する方法（税込方式）と，消費税抜きで処理する方法（税抜方式）とがあり，どちらを選択してもよい。

例題 2.8.7
10月10日　商品210,000円（内消費税10,000円）を仕入れ，代金は掛けとした。
11月20日　上記商品を315,000円（内消費税15,000円）で売り上げ，代金は掛けとした。
12月31日　決算期末に消費税額5,000円を計上した。
　〃　　　消費税額5,000円を現金で納付した。

仕　訳

税込方式で処理する方法

10/10　（借）仕　　　　入　210,000　　（貸）買　掛　金　210,000
11/20　（借）売　掛　金　315,000　　（貸）売　　　上　315,000
12/31　（借）消　費　税　　5,000　　（貸）未払消費税　　5,000
　〃　　（借）未払消費税　　5,000　　（貸）現　　　金　　5,000

税抜方式で処理する方法

10/10　（借）仕　　　　入　200,000　　（貸）買　掛　金　210,000
　　　　　　　仮払消費税　　10,000

11/20	(借)	売　掛　金	315,000	(貸)	売　　　　上	300,000
					仮受消費税	15,000
12/31	(借)	仮受消費税	15,000	(貸)	仮払消費税	10,000
					未払消費税	5,000
〃	(借)	未払消費税	5,000	(貸)	現　　　　金	5,000

練習問題（8）

つぎの取引の仕訳を示しなさい。

(1) 現金3,000,000円と土地5,000,000円を出資して，千葉商店を開業した。
(2) 決算にあたり，損益勘定の残高（当期純利益）520,000円を資本金勘定に振り替えた。
(3) 所得税の予定納税額の第1期分17,000円を現金で納付した。
(4) 第2期分17,000円を現金で納付した。
(5) 確定申告により本年度の所得税額50,000円が確定し，すでに納めた予定納付額を差し引き，残額を現金で納付した。
(6) 住民税の第1期分20,000円を現金で納付した。
(7) 固定資産税の第2期分15,000円を現金で納付した。
(8) 契約書に添付するために，郵便局で収入印紙30,000円分を購入し現金で支払った。
(9) 12月10日に，12月分の電気料金63,000円の請求書を受け取り，ただちに記帳した。ただし，電気料金のうち3分の1は，店主の家庭用住宅分のものである。
(10) 当店は確定申告を行い，本年度の所得税額240,0000円のうち，先に支払ってある予定納税額170,000円を差し引き，残額は店の現金で納付した。

仕　訳

(1)　（借方）　　　　　　　　　（貸方）

(2)　（借方）　　　　　　　　　（貸方）
(3)　（借方）　　　　　　　　　（貸方）
(4)　（借方）　　　　　　　　　（貸方）
(5)　（借方）　　　　　　　　　（貸方）
(6)　（借方）　　　　　　　　　（貸方）
(7)　（借方）　　　　　　　　　（貸方）

第8章　純資産(資本)および税金の取引と処理

(8)　（借方）　　　　　　　　　（貸方）
(9)　（借方）　　　　　　　　　（貸方）

(10)　（借方）　　　　　　　　　（貸方）

第9章 三伝票制の整理

1 三伝票制

　仕訳帳の代わりに伝票を用いることが広く行われている。伝票の利点は，記帳の分担が容易であり，取引に関係する担当部署にまわす迅速性に優れている。

　伝票には，仕訳伝票のほかに，現金式伝票制で入金取引について起票する入金伝票，出金取引を起票する出金伝票，入金取引と出金取引以外の取引について起票する振替伝票の三種類がある。これらを使用して，取引内容を記入する方法を三伝票制という。

　なお，現金式伝票制に仕入伝票と売上伝票を加えて，取引内容を記入することを五伝票制という。

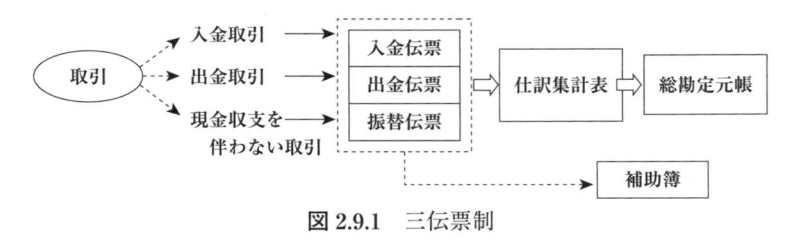

図 2.9.1　三伝票制

(1) 入金伝票の起票

　入金取引は借方科目がすべて「現金」となる。入金伝票の起票では，一般に赤色で印刷された入金伝票を手にした段階で，現金勘定科目を省略し，科目欄には仕訳の相手勘定科目（貸方科目）を記入し，金額欄には入金額を記入する。

　なお，入金取引の貸方科目が二つ以上になる場合には，貸方科目の一科目ご

とに入金伝票を起票する。

例題 2.9.1
つぎの取引の伝票を起票しなさい。なお，当店は三伝票制をとっている。
12月20日　新宿商店から，先に掛けで売り渡した商品の代金100,000円を現金で受け取った（伝票番号♯31）。

仕　訳
　12/20　（借）現　　金　100,000　　（貸）売　掛　金　100,000
　　　　　　　　　　　　　　　　　　　　現金の相手勘定科目

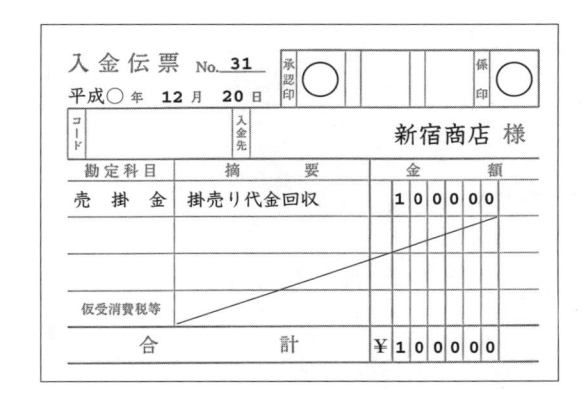

```
┌─────────────────────────────────────────────┐
│ 入 金 伝 票  No. 31  │承認印│○│     │係印│○│
│ 平成○年 12月 20日                            │
│ ┌─┐              ┌─┐                       │
│ │コ│              │入│         新宿商店 様   │
│ │ー│              │金│                       │
│ │ド│              │先│                       │
│ └─┘              └─┘                       │
│   勘定科目  │    摘　要    │    金　　額     │
│   売 掛 金  │ 掛売り代金回収 │ 1 0 0 0 0 0   │
│             │              │                 │
│  仮受消費税等 │              │                 │
│      合       計         ￥ 1 0 0 0 0 0      │
└─────────────────────────────────────────────┘
```

(2) 出金伝票の起票

出金取引は入金取引と反対に，貸方科目がすべて「現金」となる。出金伝票の起票は，一般に黒色か青色で印刷された伝票に，相手勘定科目（借方科目）を記入し，金額欄には出金額を記入する。

なお，出金取引の借方科目が二つ以上になる場合には，借方科目の一科目ごとに出金伝票を起票する。

例題 2.9.2
つぎの取引の伝票を起票しなさい。なお，当店では三伝票制をとっている。
12月25日　赤坂商店から，つぎの商品を仕入れ，代金60,000円は現金で支払った（伝票番号♯18）。
　　　　　特選みかんジュース　200ダース　＠300円　60,000円
仕　訳

12/25 （借）仕　　　入　60,000　（貸）現　　　金　60,000
　　　　現金の相手勘定科目

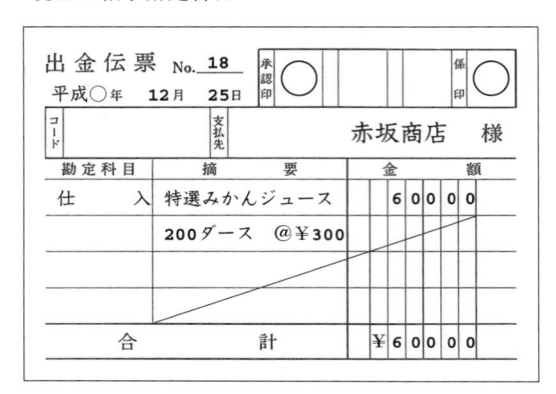

```
┌──────────────────────────────────────────────┐
│ 出 金 伝 票  No. 18    ┌承認印┐      ┌係印┐ │
│ 平成○年　12月　25日   └───┘      └──┘ │
│ ┌コード┐ ┌支払先┐       赤坂商店　　様    │
│ │勘定科目│　摘　　要　　　　金　　額        │
│ │仕　　入│特選みかんジュース │6│0│0│0│0│ │
│ │　　　　│200ダース　@¥300 │ │ │ │ │ │ │
│ │　　　　│　　　　　　　　　 │ │ │ │ │ │ │
│ │　合　　│　　計　　　　　　¥│6│0│0│0│0│ │
└──────────────────────────────────────────────┘
```

(3) 振替伝票の起票

　入金取引および出金取引以外の取引は，一般に黒色か青色で印刷されている振替伝票で起票する。起票の方法は，仕訳伝票と同じように仕訳形式で記入する。

　しかし，取引の中には一取引に，入金，出金，それ以外の取引を含くんだものもある。その場合には，現金取引とそれ以外の取引に分けて，個別に伝票を起こす。

　なお，取引を伝票用に分割して起票する方法と，取引を分割しないで起票する方法がある。

　また，現金取引を含まない取引の場合，一取引に二つ以上の勘定科目が生じる場合にも伝票1枚に借方ならびに貸方，それぞれ一科目になるように起票する方法が，伝票の分類や集計を行う会計処理上望ましい。この方法を一科目一葉主義という。

例題 2.9.3

(1) つぎの取引の伝票を起票しなさい。なお，当店は三伝票制をとっている。

12月28日　青山商店に，つぎの商品を売り上げ，代金200,000円は掛けとした（伝票番号♯11）。
　　　　　りんごジュース　400ダース　@500円　200,000円

第9章 三伝票制の整理

仕 訳

12/28 （借）売 掛 金 200,000　（貸）売　　上　200,000

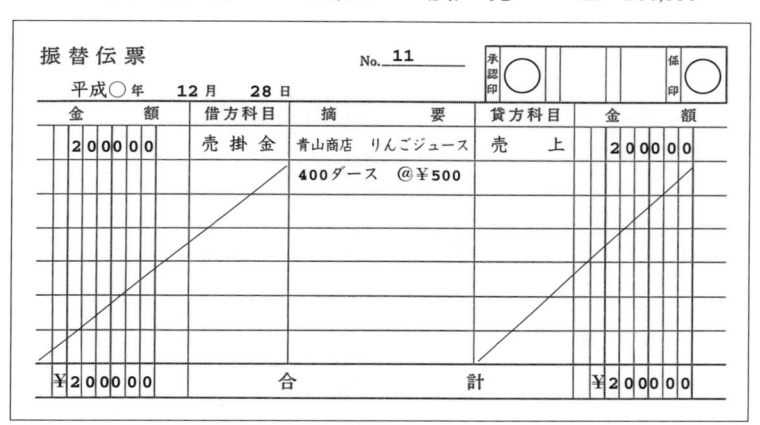

振替伝票		No. 11	承認印 ○	係印 ○
平成○年 12月 28日				
金　額	借方科目	摘　要	貸方科目	金　額
200000	売掛金	青山商店 りんごジュース	売　上	200000
		400ダース @¥500		
¥200000	合	計	¥200000	

(2) つぎの取引の伝票（略式）を起票しなさい。なお，当店は三伝票制をとっている。

12月30日　王子商店から，つぎの商品を仕入れ，代金80,000円のうち30,000円は現金で支払い，残額は掛けとした（伝票番号：出金伝票♯19，振替伝票♯12）。

　　　　　ぶどうジュース　400ダース　@200円　80,000円

仕 訳

12/30 （借）仕　　入　80,000　（貸）現　　金　30,000
　　　　　　　　　　　　　　　　　　　　買　掛　金　50,000

伝票用に分割した仕訳

12/30 （借）仕　　入　30,000　（貸）現　　金　30,000
　　　（借）仕　　入　50,000　（貸）買　掛　金　50,000

出　金　伝　票　　No.19
平成○年 12月 30日
（仕　入）　　¥30,000

```
┌─────────────────────────┬─────────────────────────┐
│ 振 替 伝 票（借方） No.12 │ 振 替 伝 票（貸方） No.12 │
│ 平成○年 12月 30日        │ 平成○年 12月 30日        │
│ （仕    入） ¥50,000    │ （買 掛 金） ¥50,000    │
│                         │         王子商店         │
└─────────────────────────┴─────────────────────────┘
```

分割しない仕訳

　一部掛け仕入や掛け売上のある取引の場合は，いったん全額を掛け取引と考え，その後現金が受け取った，または現金を支払ったと考える方法がある。この方法をとると，買掛金元帳や売掛金元帳に取引先との全取引を記入できることから，実務上よく用いる。

　12/30　（借）仕　　　入　80,000　（貸）買　掛　金　80,000
　　　　　（借）買　掛　金　30,000　（貸）現　　　金　30,000

```
┌─────────────────────────┬─────────────────────────┐
│ 振 替 伝 票（借方） No.12 │ 振 替 伝 票（貸方） No.12 │
│ 平成○年 12月 30日        │ 平成○年 12月 30日        │
│ （仕    入） ¥80,000    │ （買 掛 金） ¥80,000    │
│                         │         王子商店         │
└─────────────────────────┴─────────────────────────┘

        ┌─────────────────────────┐
        │ 出 金 伝 票      No.19  │
        │ 平成○年 12月 30日       │
        │ （買 掛 金） ¥30,000    │
        └─────────────────────────┘
```

2　伝票の集計

　仕訳伝票と同様に三伝票制を用いた場合の転記は，1枚ずつ総勘定元帳へ転記する。これを個別転記という。しかし，仕訳伝票の場合と同じように伝票枚数が多くなると，個別転記では手数や時間がかかり，誤りの回数も増えて合理的ではない。

　よって，毎日または日を決めた時に伝票をまとめ，勘定科目ごとに金額を集計する。この集計表が仕訳集計表である。その後，仕訳集計表から勘定科目ごとの合計額を総勘定元帳に転記する。これを合計転記という。

　なお，各補助簿については，各伝票から記入する。

第9章 三伝票制の整理

（1） 仕訳集計表の作成方法

① 入金伝票の金額を合計し，合計額を仕訳集計表の現金勘定の借方に記入する。
② 出金伝票の金額を合計し，合計額を仕訳集計表の現金勘定の貸方に記入する。
③ 出金伝票の金額と，振替伝票の借方の金額を勘定科目ごとに集計し，勘定科目ごとにその合計額を仕訳集計表の借方に記入する。なお，伝票の集計は，伝票集計表を用いる場合もある。
④ 入金伝票の金額と振替伝票の貸方の金額を勘定科目ごとに集計し，勘定科目ごとにその合計額を仕訳集計表の貸方に記入する。
⑤ 仕訳集計表の借方側と，貸方側の金額を合計し，合計金額の一致を確かめた後に締め切る。

練習問題（9）

1　つぎに掲げる2枚の伝票（略式）から，取引を推定して仕訳を示しなさい。

```
┌─────────────────────────────┐
│       振　替　伝　票        │
│      平成○年 12 月 5 日     │
│                             │
│ 売掛金 ¥10,000　売　上 ¥10,000│
└─────────────────────────────┘
```

```
┌─────────────────────────────┐
│       入　金　伝　票        │
│      平成○年 12 月 5 日     │
│                             │
│       売　　上　 ¥5,000      │
└─────────────────────────────┘
```

2　つぎのAとBは，それぞれある一つの取引を伝票で作成したものである。AとBのそれぞれの取引を推定し，仕訳を示しなさい。

A

振 替 伝 票
平成○年 1月 8日

受取手 ¥50,000　売　　上 ¥50,000

入 金 伝 票
平成○年 1月 8日

売　　上 ¥10,000

B

振 替 伝 票
平成○年 1月 22日

仕　　入 ¥300,000　買掛金 ¥300,000

出 金 伝 票
平成○年 1月 22日

買 掛 金 ¥50,000

3　商品を売り上げ，代金100,000円のうち60,000円は現金で受け取り，残額は掛けとした取引について，入金伝票をAのように作成した場合と，Bのように作成した場合のそれぞれについて，各振替伝票の記入を示しなさい

A

入 金 伝 票
平成○年 2月 3日

売　　上 ¥60,000

第 9 章　三伝票制の整理　213

```
┌─────────────────────┐
│     振　替　伝　票     │
│    平成○年 2 月 3 日   │
│                     │
│  (               )  │
└─────────────────────┘
```

B
```
┌─────────────────────┐
│     入　金　伝　票     │
│    平成○年 2 月 3 日   │
│                     │
│  売　掛　金　￥60,000  │
└─────────────────────┘
```

```
┌─────────────────────┐
│     振　替　伝　票     │
│    平成○年 2 月 3 日   │
│                     │
│  (               )  │
└─────────────────────┘
```

解答欄
1. 仕訳
　（借方）　　　　　　　　　（貸方）

2. A
1 月 8 日　（借方）　　　　　　　　（貸方）

B
1 月22日　（借方）　　　　　　　　（貸方）

3. A
　（借方）　　　　　　　　（貸方）

B
　（借方）　　　　　　　　（貸方）

第3編 決　算

第1章　決算と決算整理

1　帳簿記入一巡の手続

　企業会計は，人為的に期間を設定した会計年度または，事業年度と称する一定の会計期間に帳簿記入一巡の手続きを行い，会計期間の最終日すなわち決算日をもって，財政状態および経営成績を明らかにする。

　なお，帳簿記入の手続きには，期首に行う開始記入と日常の取引を処理する日常記入および，開始記入と日常記入の処理が終了した後に，諸帳簿を期末に修正し締め切る決算記入の三記入からの構成である。この帳簿記入一巡の手続きは，つぎのとおりである。

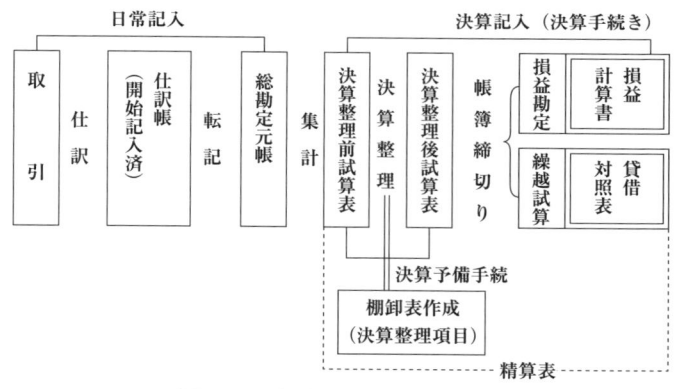

図 3.1.1　帳簿記入一巡の手続き

第1章 決算と決算整理 217

決算整理を必要とする根拠

企業会計原則は，損益計算書原則一Aにおいて，決算整理を必要とする根拠を示している。

「すべての費用及び収益は，その支出及び収入に基づいて計上し，その発生した期間に正しく割当てられるように処理しなければならない。」

したがって，現状の会計処理は発生主義会計に基づいている。

---

2 決算整理の必要性と棚卸表

日常取引の記入とは，日常的に発生した取引を日付順に帳簿記入することである。したがって，日常の営業取引を記録することだけに限定しているため，人為的に設定した会計期間の真実な損益計算を行うことを目的とする企業会計では，適正な期間損益計算を行うことが出来ない。よって，適正な会計処理が必要となる。

適正な会計処理とは，日常取引の帳簿記入にあったて，決算日現在における各項目の金額が，その会計期間の適正な金額であるかを検証し，不適正であるときは金額を修正する。この修正を決算整理という。

なお，決算整理を特に必要とする項目は，つぎのとおりである。

(1) 商品勘定（繰越商品勘定）の三分法による整理
(2) 売上債権勘定（受取手形勘定・売掛金）の整理
(3) 固定資産（有形固定資産）の評価
(4) 有価証券（売買目的有価証券）の評価替え
(5) 費用および収益の諸勘定の整理
(6) 現金過不足勘定の整理
(7) 引出金勘定の整理

決算整理を行うさいには，上記の決算整理項目等から必要な項目を調査し，下記のような棚卸表を作成する。この棚卸表の金額に基づき修正に必要な決算整理仕訳を行い，その仕訳を各勘定口座に転記する。この手続きの終了後に決算本手続きを開始する。

なお，棚卸表（inventory sheet）は，青色申告を行っている企業については，税法上で作成を義務付けている。ただし，形式的には特に定まったものがあるわけではなく，整理され一覧性があることで役目を果たす。

棚卸表の一例を示すと，次のとおりである。

棚 卸 表
○年12月31日

	勘定科目	摘　　　要	内　訳	金　額
貸し倒れの見積もり	受取手形	期末残高　　　　　¥50,000		
	売　掛　金	期末残高　　　　　¥90,000	140,000	
		貸倒見積額　期末残高の2%	2,800	137,200
有価証券評価損益の計上	有価証券	城西株式会社株式		
		帳簿価額　10株　@¥6,000	60,000	
		評価損　　〃　　〃〃　500	5,000	55,000
売上原価の計算	繰越商品	A　品　35台　@¥1,000	35,000	
		B　品　25〃　　〃 1,200	30,000	65,000
固定資産の減価償却	建　　　物	木造平屋建　1棟		
		取得原価	800,000	
		減価償却累計額　¥180,000		
		当期減価償却費　〃 36,000	216,000	584,000
	備　　　品	机・いす・金庫など		
		取得原価	40,000	
		減価償却累計額　　¥9,000		
		当期減価償却費　〃 4,500	13,500	26,500
費用・収益の見越し繰延べ	前払保険料	5ヵ月分		1,000
	消耗品	未消費額		1,700
	未払家賃	4ヵ月分		1,800

練習問題（1）

1　主な決算整理事項を，つぎの□に記入しなさい。
(1) 　　　　　　　　　　　　

(2) 　　　　　　　　　　　　

(3)

(4) ☐

(5) ☐

(6) ☐

(7) ☐

2 つぎの（ ）のなかに適する語句を，下記に記入しなさい。
(1) 決算整理項目を一つの表にまとめたものを（①）といい，この表は，（②）を行っている企業については，税法上，作成義務がある。
(2) すべての費用および（③）は，その（④）および収入に基づいて計上し，その発生した期間に正しく割当てられるように処理しなければならない。

①	②	③	④

第2章　決算整理事項

1　三分法を用いている商品勘定の整理

　三分法では，前期に売れ残った商品を繰越商品勘定の借方に原価で記入し，当期に仕入れた商品は，仕入勘定の借方に原価で記入する。また並行して，当期に売り上げた商品は，売上勘定の貸方に売価で記入する。

　したがって，期末に作成した決算整理前残高試算表の繰越商品勘定の金額は，期首商品棚卸高を示し，仕入勘定の金額は当期の商品純仕入高を示す。また，売上勘定の金額は当期の純売上高を示す。しかし，この記録では，期間損益計算での商品売買における利益計算は出来ないため決算整理が必要である。

決算整理前残高試算表
平成〇年12月31日　　単位：円

借　方	勘定科目	貸　方
20,000	繰越商品	
	売　　上	100,000
80,000	仕　　入	

繰越商品　20,000
仕　入　80,000
売　上　100,000

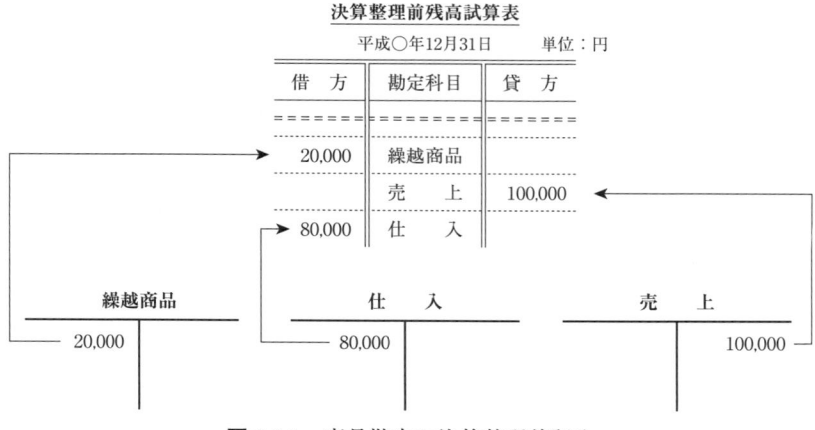

図 3.2.1　商品勘定の決算整理前記入

　決算整理では，最初に売上総利益を計算するため，商品有高帳から期末に売れ残っている，全商品の原価集計金額である期末商品有高を求める。このことにより，売上高に対する売上原価が計算できる。売上原価を求める算式は，つ

ぎのとおりである。

売上原価＝期首商品棚卸高＋当期商品仕入高－期末商品棚卸高

なお，最終的に，売上総利益を計算するときには，売上原価と売上高の比較である。売上高はつぎの算式で求める。

売上総利益（売上総損失）＝売上高－売上原価

(1) 仕入勘定で売上原価を算出する手続き

簿記の記帳方法では，仕入勘定で売上原価を算出する手続きが一般的である。よって，「図3.2.1　商品勘定の決算整理前記入」を利用して決算整理仕訳と勘定記入を示す。

① 期首商品棚卸高20,000円を，繰越商品勘定から仕入勘定の借方に振り替える。

　　仕訳　　（借）仕　入　20,000　　（貸）繰越商品　20,000

```
        繰越商品                         仕　入
  20,000 | 12/31 仕入 20,000      80,000 |
                             12/31 繰越商品 20,000 |
```

よって，前期からの売れ残り商品は，販売することを前提に帳簿上で処理した。

② 期末商品棚卸高10,000円（商品有高帳からの金額）を，仕入勘定から繰越商品勘定の借方に振り替える。

　　仕訳　　（借）繰越商品　10,000　　（貸）仕　入　10,000

```
        繰越商品                                仕　入
         20,000 | 12/31 仕入 20,000      80,000 | 12/31 繰越商品 10,000
12/31 仕入 10,000 |                   12/31 繰越商品 20,000 }     売上原価  90,000
```

よって，期末に売れ残った商品を，資産として原価で次期に繰り越す。

(2) 売上原価勘定で売上原価を算出する手続き

簿記の記帳方法では，決算整理で売上原価勘定を新たに設けて売上原価を算出する手続きもある。よって，「図3.2.1　商品勘定の決算整理前記入」を利用

して決算整理仕訳と勘定記入を示す。

① 期首商品棚卸高20,000円を，繰越商品勘定から売上原価勘定の借方に振り替える。

　　仕訳　　（借）　売上原価　20,000　　（貸）　繰越商品　20,000

繰越商品		仕　入	
20,000	12/31 売上原価　20,000	80,000	

売上原価	
12/31 繰越商品　20,000	

② 当期商品仕入高80,000円を，仕入勘定から売上原価勘定の借方に振り返る。

　　仕訳　　（借）　売上原価　80,000　　（貸）　仕　入　80,000

繰越商品		仕　入	
20,000	12/31 売上原価　20,000	80,000	12/31 売上原価　80,000

売上原価	
12/31 繰越商品　20,000	
12/31 仕　入　　80,000	

③ 期末商品棚卸高10,000円（商品有高帳からの金額）を，売上原価勘定から繰越商品勘定の借方に振り替える。

　　仕訳　　（借）　繰越商品　10,000　　（貸）　売上原価　10,000

繰越商品		仕　入	
20,000	12/31 売上原価　20,000	80,000	12/31 売上原価　80,000
12/31 売上原価　10,000			

売上原価	
12/31 繰越商品　20,000	12/31 繰越商品　10,000
31 仕　入　　80,000	売上原価　90,000

なお，決算で売上原価勘定を新たに設定しても，売上原価勘定は一時的な集計勘定の役目を果たすだけである。

例題 3.2.1

つぎの（1）決算整理前残高試算表の一部と（2）決算整理事項の一部から，売上原価を計算するための決算整理仕訳を示しなさい。

(1) 決算整理前残高試算表の一部金額

　　　現　　金　57,400　　　繰越商品　123,000
　　　売　　上　565,000　　　仕　　入　461,000

(2) 決算整理事項の一部

　　　期末商品棚卸高　118,000

決算整理仕訳：

　　　（借）仕　　　入　123,000　　（貸）繰越商品　123,000
　　　（借）繰越商品　118,000　　（貸）仕　　　入　118,000

なお，売上原価勘定で売上原価を算出する場合は，つぎのように決算整理仕訳を行う。

決算整理仕訳：

　　　（借）売上原価　123,000　　（貸）繰越商品　123,000
　　　（借）売上原価　461,000　　（貸）仕　　　入　461,000
　　　（借）繰越商品　118,000　　（貸）売上原価　118,000

2　売上債権の整理

(1) 貸倒れ

受取手形（notes receivable）および売掛金（accounts receivable）は，得意先との営業循環過程で発生した債権（二つで売上債権という）であるため，後日，現金（cash）などで回収する権利をもっている。

なお，売上債権が相手企業等の倒産などにより回収不能となった場合は，この債権を貸倒れという。貸倒れが発生したときは，回収不能額を貸倒損失勘定（費用）の借方と，売掛金勘定（または受取手形勘定）の貸方に記入する。

例題 3.2.2

得意先の麹町商店が倒産して，同店に対する売掛金1,000円が回収不能となった。

(借) 貸倒損失 1,000　　(貸) 売掛金 1,000

(2) 貸倒引当金 (allowance for bad debts) の見積り

企業は売上債権金額に対して，将来回収不能になる可能性がある金額を，貸倒れに備え決算において見積り費用として計上する。

引当金計上の要件

引当金は期間的な経営成果の測定を目的とし，費用収益の対応に基づき，期間損益計算を適正に実施するためのものである。

なお，引当金の計上には，つぎの4つの要件を全て満たした場合に，引当金を設定できる。
- ○将来の特定の費用または損失であること
- ○その発生が当期以前の事象に起因していること
- ○発生の可能性が高いこと
- ○その金額を合理的に見積もることができること

貸倒見積額は，受取手形と売掛金の期末残高に対して，過去の貸倒れ実績などに基づいて見積額を算出する。この計算を貸倒実績法という。

貸倒見積額＝(受取手形勘定の期末残高＋売掛金勘定の期末残高)×貸倒実績率

なお，貸倒見積額は貸倒引当金繰入勘定 (費用) の借方と，貸倒引当金勘定 (評価勘定) の貸方に記入する。この様に貸倒引当金勘定の貸方に記入するのは，実際に貸倒れが発生していないため，受取手形勘定や売掛金勘定を減少させることはできないからである。したがって，貸倒引当金勘定のように受取手形勘定や，売掛金勘定の減少を意味する勘定を評価勘定という。

例題 3.2.3

紀尾井町商店は決算に際し，受取手形残高500,000円と，売掛金残高200,000円に対して2％の貸倒れを見積もった。

(借) 貸倒引当金繰入 35,000　　(貸) 貸倒引当金 35,000
貸倒見積額：(500,000＋200,000)×2％＝35,000

(3) 貸倒れが発生したときの処理

貸倒れが実際に発生したときは，対象の売上債権が発生した時期および貸倒引当金勘定の残高と，対象売上債権の回収不能額との比較により処理の方法に

違いが出る。

① **貸倒引当金勘定の残高があるときの処理**

貸倒引当金勘定が設定してある売上債権が，回収不能になり貸倒れが発生したときは，貸倒引当金勘定を減額するとともに売掛金勘定も減額する。

なお，貸倒れの額が貸倒引当金の残高を超過したときは，超過額を貸倒損失勘定の借方に記入する。

② **貸倒引当金勘定の設定がないときの処理**

貸倒引当金勘定は決算整理の手続きで設定するため，当期に発生した売上債権には，貸倒引当金を計上していない。したがって，前期までに計上した貸倒引当金を取り崩すことはできない。よって，回収不能額は，貸倒損失勘定で処理する。

例題 3.2.4

池袋商店に対する売掛金20,000円が回収不能となった。以下の条件で仕訳処理を示しなさい。

(1) 貸倒引当金が30,000円ある場合

　　（借）貸倒引当金　20,000　　（貸）売　掛　金　20,000

(2) 貸倒引当金が15,000円ある場合

　　（借）貸倒引当金　15,000　　（貸）売　掛　金　20,000
　　　　　貸倒損失　　 5,000

(4) **貸倒引当金勘定に残高があるときの貸倒見積額の処理**

決算期に貸倒引当金勘定に残高があるときは，貸倒引当金勘定の残高と当期の貸倒見積額の差額を，貸倒引当金として計上する。この処理方法が差額補充法である

例題 3.2.5

市ヶ谷商店は決算に際し，受取手形残高80,000円と売掛金残高120,000円に対して2％の貸倒れを見積もった決算整理仕訳処理を示しなさい。

ただし，貸倒引当金勘定残高は1,000円ある。

　　　　（借）貸倒引当金繰入　3,000　　（貸）貸倒引当金　3,000
　　　　　　　当期貸倒見積額　(80,000＋120,000)×2％＝4,000
　　　　　　　貸倒引当金繰入額　4,000－1,000＝3,000

なお，貸倒引当金勘定の残高が当期の貸倒見積額より多いときは，その超過額を貸倒引当金勘定の借方と，貸倒引当金戻入勘定（収益）の貸方に記入する。

例題 3.2.6
飯田橋商店は決算に際し，受取手形残高80,000円と売掛金残高120,000円に対して2％の貸倒れを見積もった決算整理仕訳処理を示しなさい。
ただし，貸倒引当金勘定残高は4,500円ある。
　　　　（借）　貸 倒 引 当 金　500　　（貸）　貸倒引当金戻入　500
　　　　　　　当期貸倒見積額　(80,000 + 120,000) × 2％ = 4,000
　　　　　　　貸倒引当金戻入額　4,500 − 4,000 = 500

3　有形固定資産(fixed assets)の減価償却

(1)　減価償却と計算方法

建物・備品・車両運搬具など一定金額以上で購入し，1年以上にわたって使用する資産を，有形固定資産という。

有形固定資産は毎期現状回復のためなどの修理を行い，この費用を修繕費勘定で処理するが，時間の経過あるいは使用により価値が徐々に減少するため，決算において有形固定資産の価値の減少（減価）額を見積もり費用として計上する。したがって，有形固定資産の取得原価は，耐用期間における各会計年度に費用として配分することになる。これを有形固定資産の減価償却（depreciation）という。

なお，計上する費用を減価償却費（depreciation expense）といい，減価償却費は，取得原価から取得原価の10％を残存価額と考え，その額を差し引いた償却額を耐用年数で割って求める。この計算方法を定額法といい，つぎの算式で求める。

$$減価償却費 = \frac{取得原価 - 残存価額}{耐用年数}$$

（または，取得原価 × 0.9 ÷ 耐用年数）

―― 法人税法とIFRS ――

　この減価償却の考え方は，2005年に法人税法が改正された後には，会計の一分野のみの取り扱いとなり実務性はない。また，IFRS（国際会計基準）に対応した減価償却では，減価償却方法や残存価額，耐用年数は少なくとも毎期末に見直さなければならない。

(2) 減価償却の二つの記帳方法

減価償却の記帳方法には，直説法と間接法の二つの方法がある。

① 直接法

直接法とは，減価償却額を減価償却費勘定（費用）の借方と，建物勘定など有形固定資産勘定の貸方に記入する方法である。

なお，この方法は有形固定資産の取得原価を，直接的に減額することから直接法という。

② 間接法

間接法とは，減価償却額を減価償却費勘定の借方と，減価償却累計額勘定（評価勘定）の貸方に記入する方法である。

なお，間接法の特徴は，有形固定資産の取得原価を取得当時のままで繰り越し，減価償却費は，毎期減価償却累計額（accumulated depreciation）勘定に累加する。したがって，取得原価から減価償却累計額を差し引いた額が，その有形固定資産の帳簿価額である。

なお，会計期間の途中で取得した有形固定資産については，取得日から決算日までの減価償却費を月割りで算出する。

例題 3.2.7

決算に際し，当期の期首に取得した建物（取得原価800,000円，耐用年数10年，残存価額　取得原価の10％）の減価償却を定額法で行った。この仕訳を①直接法，②間接法の両方法で示しなさい。

　　①　（借）　減 価 償 却 費　72,000　　（貸）　建　　　　　物　72,000
　　②　（借）　減 価 償 却 費　72,000　　（貸）　建物減価償却累計額　72,000
　　　　　　　毎期の減価償却費　（800,000×0.9）÷10年＝72,000

例題 3.2.8

決算に際し,○6年2月1日に取得した備品の減価償却を定額法により行った。なお,備品は,(取得原価50,000円,耐用年数3年,残存価額 取得原価の10%)である。

ただし,会計期間は○5年10月1日から○6年9月30日までの1年間である。

(借) 減 価 償 却 費　1,000　　(貸) 備品減価償却累計額　1,000

$$減価償却費 = 1年分の減価償却費 \times \frac{取得日から決算日までの月数}{12ヵ月}$$

$$= (¥50,000 \times 0.9 \div 3年) \times \frac{8ヵ月（2月〜9月）}{12ヵ月} = ¥1,000$$

4　売買目的有価証券(marketable securities)の評価替え

(1) 売買目的有価証券と実務の扱い

資本有価証券のうち,証券取引所で売買されている株式や社債などで,市場価格の変動により利益を得ることを目的として保有するものを,売買目的有価証券勘定で処理する。

――― 実務の見解 ―――

実務では,売買目的有価証券勘定での処理はなく,投資有価証券勘定で処理する。この目的は,売買時の益を「法人税等」の納付義務に結びつくことを嫌うからである。

(2) 売買目的有価証券勘定の評価替え

売買目的有価証券の時価(市場価格)は常に変動しているため,決算に際し帳簿価額を時価に修正する必要がある。これを有価証券の評価替えという。

① 時価が帳簿価額より低いとき

時価が帳簿価額より低いときは,その差額を有価証券評価損勘定(費用)の借方と,売買目的有価証券の貸方に記入する。

② 時価が帳簿価額よりも高いとき

時価が帳簿価額よりも高いときは,その差額を売買目的有価証券勘定の借方と,有価証券評価益勘定(収益勘定)の貸方に記入する。

――― 実務の見解 ―――

なお，実務では有価証券評価損（益）は，営業外費用（収益）とするが，全ての営業外費用（収益）総額の10分の1以下の場合は，雑損失（雑収入）に含めて表示してよい。

例題 3.2.9

決算に際し，売買目的で保有している上野商事株式会社の株式10株（帳簿価額＠75,000円）を1株78,000円に評価替えした。仕訳を示しなさい。

　　（借）　売買目的有価証券　30,000　　（貸）　有価証券評価益　30,000
　　　　　時価78,000 － 取得原価75,000 ＝ 評価益3,000

例題 3.2.10

つぎの（1）決算整理前残高試算表の一部と，（2）決算整理事項の一部から決算整理仕訳を示しなさい。

（1）　決算整理前残高試算表の一部
　　　現　　　　金　57,400　　受 取 手 形　36,000
　　　売買目的有価証券　960,000

（2）　決算整理事項の一部
　　　売買目的有価証券の時価は910,000円であったので評価替えする。

　　（借）　有価証券評価損　50,000　　（貸）　売買目的有価証券　50,000
　　　　　960,000 － 910,000 ＝ 50,000

5　費用および収益の繰延べと見越し

(1)　費用および収益の繰延べ

　費用（expense）および収益（revenue）の項目は，会計期間において支出または収入に基づいて各勘定に記入した。しかし，記帳した金額がその会計期間の正確な，費用や収益を表示しているとは限らない。したがって，決算に際して，各費用勘定と各収益勘定を修正する。

　繰延べとは決算の際に，費用および収益の金額に次期以降に属する分が含まれているとき，この金額を費用および収益から控除し，新しく設けた資産や負債として次期へ繰り越すことである。

　なお，繰延べた費用および収益は，次期以降にはその期の費用および収益に

なるため，次期の最初の日付で繰延べ以前の費用勘定および収益勘定に振り替える。これを再振替といい，このための仕訳を再振替仕訳という。

```
費用の繰延べ部分 ──→ 前払費用（資産）──再振替──→ 繰延べ以前の費用
                    決算日        翌期首
収益の繰延べ部分 ──→ 前受収益（負債）──再振替──→ 繰延べ以前の収益
```

図 3.2.2 費用および収益の振替関係

(2) 費用の繰延べ

当期に支払った費用金額のなかに，次期以降に属する金額が含まれているときは，この金額を当期の費用金額から差し引き，新しく設けた資産勘定に振替えて次期に繰り延べる。これを費用の繰延べという。

なお，保険料勘定で解説すると，当期に支払った保険料は，支払額を保険料勘定の借方と，現金預金勘定の貸方に記入する。その後，決算で前払い分があるときは，前払い金額を保険料勘定の貸方と，前払保険料勘定（資産）の借方に記入する。前払保険料勘定のように新しく設ける資産の勘定を前払費用（prepaid expense）といい，前払費用勘定は内容を明確にするため前払保険料や前払家賃および前払利息などを使用する。

───── 前払費用の見解 ─────
企業会計原則では，前払費用の定義を継続的役務提供の場合だけに限っているが，実務では，費用になるものの前払いが前払費用と考えることも少なくない。したがって，実務的には，代金の前払分であると単純に処理する事も少なくない。

なお，前払費用である前払保険料勘定（資産）の金額は，次期に保険料となるため次期の最初の日付で，保険料勘定の借方に振り替える。これが再振替である。

例題 3.2.11
4月1日に向こう1年分の保険料12,000を現金で支払った。その後，決算で保険料の繰り延べ処理を行い，翌期首には再振替も行った。ただし，会計期間は，1月1日から12月31日までである。必要な仕訳と勘定記入を示しなさい。

第 2 章 決算整理事項　231

4月1日保険料支払
　（借）　保　険　料　12,000　　（貸）　現　　　金　12,000
12月31日決算整理
　（借）　前払保険料　3,000　　（貸）　保　険　料　3,000

$$前払保険料 = 12,000 \times \frac{3 ヵ月（1月～3月）}{12 ヵ月（4月～12月）}$$

1月1日翌期首に再振替
　（借）　保　険　料　3,000　　（貸）　前払保険料　3,000

	保　険　料		
4/1 現　金	12,000	12/31 前払保険料	3,000
		〃 損　益	9,000
	12,000		12,000
1/1 前払保険料	3,000		

	前払保険料		
12/31 保険料	3,000	12/31 次期繰越	3,000
1/1 前期繰越	3,000	1/1 保険料	3,000

例題 3.2.12
つぎの決算整理事項によって，決算整理仕訳を示しなさい。
保険料の未経過分が5,000円である。
　（借）　前払保険料　5,000　　（貸）　保　険　料　5,000
　解　説：未経過分とは，前払い分のことである。

(3) 消耗品（supplies）の整理

　費用の繰延べには，前払費用の処理だけでなく消耗品を購入した時の処理が含まれる。企業が事務用の消耗品を購入したときには，全額を消耗品費勘定（費用）の借方に記入する方法と，消耗品勘定（資産）の借方に記入する方法がある。
　いずれの方法においても，決算整理で消耗品の未使用高を資産として次期へ繰り越すとともに，消費高は当期の費用として処理する。
　なお，消耗品は，本来，企業の資産であるが，重要性に乏しいために簿外資産としての簡便法が認められている。したがって，二つの方法が存在する。

① 消耗品を購入したときに，全額を消耗品費勘定で処理する方法
　決算にあたり消耗品に未使用高があるときは，その金額だけを消耗品費勘定

(費用)から消耗品勘定(資産)へ振り替える。なお,この方法は正確な損益計算を行うために,使用高は当期の費用に計上し,未使用高は資産として次期に繰り越す手続きであり,費用の繰延手続きの一つである。

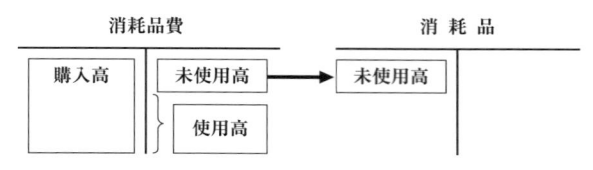

```
      消耗品費              消耗品
┌──────┬──────┐    ┌──────┐
│      │未使用高│───→│未使用高│
│購入高 ├──────┤    └──────┘
│      │使用高 │
└──────┴──────┘
```

② 消耗品を購入したときに,全額を消耗品勘定で処理する方法

消耗品の記帳には,消耗品を購入したときに全額を,消耗品勘定(資産)で処理する方法がある。この方法は,決算にあたり,消耗品の当期使用分を消耗品費勘定(費用)へ振り替える。

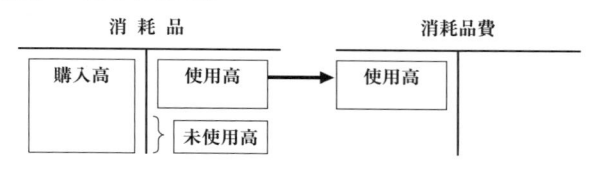

```
       消耗品               消耗品費
┌──────┬──────┐    ┌──────┐
│      │使用高 │───→│使用高 │
│購入高 ├──────┤    └──────┘
│      │未使用高│
└──────┴──────┘
```

なお,実務的には,決算で費用処理をしたあとであっても,期末に未使用高がある場合には,貯蔵品勘定を用いて資産計上するのが原則である。ただし,重要性に乏しいものは,資産計上しなくてもよいとされ,税法上も,毎期一定数量を購入し,経済的に消費する事務用消耗品などについては,消耗品費として損金処理をしてよいとしている。

例題 3.2.13

つぎの取引を (1) 購入時に費用で処理する方法と,(2) 購入時に資産で処理する方法により仕訳しなさい。

① 事務用消耗品5,000円を購入し,代金は小切手を振り出して支払った。
② 決算にあたり,実地棚卸を行ったところ,消耗品の未使用高は800円であった。

(1) 費用処理
　　① (借) 消耗品費　5,000　　(貸) 当座預金　5,000
　　② (借) 消　耗　品　　800　　(貸) 消耗品費　　800 ← 未使用高

(2) 資産処理
① （借）消 耗 品　5,000　（貸）当座預金　5,000
② （借）消耗品費　4,200　（貸）消 耗 品　4,200←使用高

(4) 収益の繰延べ

当期において受け取った収益の金額のなかに，次期以降に属する金額が含まれているときは，この金額を当期の収益勘定から控除し，新しく設けた前受収益勘定（負債）に振り替えて次期に繰延べる。これを収益の繰延べという。

なお，前受収益勘定は，内容を明確にするため前受地代勘定や前受家賃勘定などを使用する。

前受収益を受け取り家賃で解説すると，当期の期中に1年分の家賃を現金で受け取ったときは，受取家賃勘定の貸方と現金預金勘定の借方に記入する。

決算整理で次期以降の受け取り家賃があるときは，その前受金額を受取家賃勘定の借方と前受家賃勘定（負債）の貸方に記入する。

なお，前受収益は次期にその期の収益となるため，次期の最初の日付で前受家賃勘定の借方に振り替える。

例題 3.2.14

10月1日に一年分の家賃12,000円を現金で受け取った。その後，決算で受け取った家賃の繰り延べ処理を行い，翌期首には再振替も行った。ただし，会計期間は，1月1日から12月31日までである。必要な仕訳と勘定記入を示しなさい。

10月1日家賃の受け取り
　（借）現　　　金　12,000　（貸）受取家賃　12,000

12月31日決算整理
　（借）受取家賃　9,000　（貸）前受家賃　9,000

$$前受家賃 = 12,000 \times \frac{9ヵ月（1月〜9月）}{12ヵ月（1月〜12月）}$$

1月1日翌期首に再振替
　（借）前受家賃　9,000　（貸）受取家賃　9,000

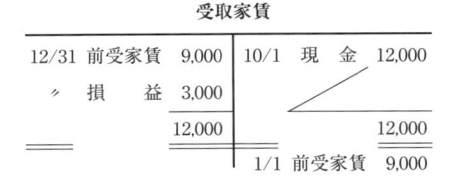

受取家賃				前受家賃			
12/31 前受家賃	9,000	10/1 現　金	12,000	12/31 次期繰越	9,000	12/31 受取家賃	9,000
〃　損　益	3,000			1/1 受取家賃	9,000	1/1 前期繰越	9,000
	12,000		12,000				
		1/1 前受家賃	9,000				

(5) 費用および収益の見越し

本来，当期の費用および収益として発生している要件がありながら，支出および収入を伴わないため未記帳の費用および収益は，その金額を当期の費用勘定および収益勘定に記入するとともに，一時的に負債勘定に記入して次期に繰り越す。この記帳処理を，費用および収益の見越しという。

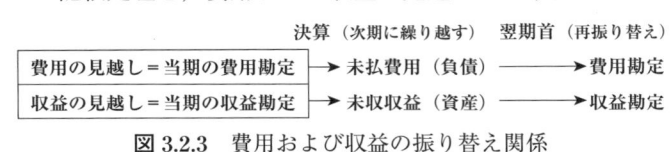

```
                          決算（次期に繰り越す）  翌期首（再振り替え）
費用の見越し＝当期の費用勘定 → 未払費用（負債） ────→ 費用勘定
収益の見越し＝当期の収益勘定 → 未収収益（資産） ────→ 収益勘定
```

図 3.2.3　費用および収益の振り替え関係

なお，未払費用（負債）と未収収益（資産）は，翌期首の日付で本来の費用勘定および収益勘定に再振り替える。

―――― 発生主義 ――――
　費用および収益の見越しなどの会計処理は，現金収支の事実にかかわらず，発生という経済的事実に基づいて，費用および収益の認識を行うのは，発生主義（accrual basis accounting）によるもので，企業会計原則の一つである。

(6) 費用の見越し

当期の費用として発生しているにもかかわらず，まだ支払いをしていない費用の金額は，その費用勘定の借方に記入するとともに，未払費用勘定の貸方に記入する。

なお，未払費用勘定はその内容を明確にするため，未払地代や未払家賃および，未払利息などの勘定を使用する。

未払費用を未払い家賃で解説すると，決算整理で家賃の未払い分があるときは，支払家賃勘定の借方と，未払家賃勘定（負債）の貸方に記入する。

なお，家賃の未払い分は，次期の最初の日付で支払家賃勘定の貸方に振り替える。

例題 3.2.15

12月31日　決算に際し，家賃の未払い分2,000円を計上した。

なお，未払い分は，11月と12月分であり，翌期首には再振替も行った。ただし，会計期間は，1月1日から12月31日までである。

必要な仕訳と勘定記入を示しなさい。

12月31日決算整理

　　（借）　支払家賃　2,000　　（貸）　未払家賃　2,000

1月1日翌期首に再振替

　　（借）　未払家賃　2,000　　（貸）　支払家賃　2,000

支払家賃				未払家賃			
既存払い高	10,000	12/31 損益	12,000	12/31 次期繰越	2,000	12/31 支払家賃	2,000
12/31 未払家賃	2,000			1/1 支払家賃	2,000	1/1 前期繰越	2,000
	12,000		12,000				
		1/1 未払家賃	2,000				

例題 3.2.16

つぎの決算整理事項によって，決算整理仕訳を示しなさい。

なお，決算日は○1年12月31日である。

借入金800,000円は，○1年7月1日に借入期間1年，年利率4％の条件で借り入れたもので，利息は元金とともに返済時に支払うこととなっている。

　　（借）　支払利息　16,000　　（貸）　未払利息　16,000

$$未払利息 = 800,000 \times 4\% \times \frac{6 \text{ヵ月}}{12 \text{ヵ月}} = 16,000$$

(7) 収益の見越し

当期の収益として発生しているにもかかわらず，まだ受け取りをしていない収益の金額は，その収益勘定の貸方に記入するとともに，未収収益勘定（資産）の借方に記入する。

なお，未収収益勘定はその内容を明確にするため，未収地代や未収家賃および，未収利息などの勘定を使用する。

未収収益を未収利息で解説すると，決算整理で利息の未収分があるときは，

未収利息勘定の借方と受取利息勘定（負債）の貸方に記入する。

なお，利息の未収分は，次期の最初の日付で受取利息勘定の借方に振り替える。

例題 3.2.17

会計期間が1月1日から12月31日の企業で，10月1日に現金100,000円を利率年4％で貸し付け，1年後に元利合計を受け取ることにした。

必要な仕訳と勘定記入を示しなさい。

10月1日　貸付

　（借）　貸 付 金　100,000　　（貸）　現　　　金　100,000

12月31日決算整理

　（借）　未 収 利 息　1,000　　（貸）　受 取 利 息　1,000

　　　10月1日から12月31日までの利息1,000円は，未収利息となる。

$$未収利息 = 100,000 \times 4\% \times \frac{3 \text{ヵ月} (10\cdot11\cdot12)}{12\text{ヵ月}} = 1,000$$

1月1日翌期首に再振替

　（借）　受 取 利 息　1,000　　（貸）　未 収 利 息　1,000

受取利息				未収利息			
12/31 損　益	11,000	既存受取高	10,000	12/31 受取利息	1,000	12/31 次期繰越	1,000
		12/31 未収利息	1,000	1/1 前期繰越	1,000	1/1 受取利息	1,000
	11,000		11,000				
1/1 未収利息	1,000						

6　現金過不足勘定および引出金勘定の整理

(1)　現金過不足 (cash over and short) 勘定の整理

期中処理で発見した現金の過不足額は，一時的に現金過不足勘定で処理し，その原因が判明したときに該当する勘定に振り替える。

ただし，期末までに原因が判明しないときは，雑損勘定（費用）または雑益勘定（収益）に振り替える。

第2章 決算整理事項

―― 実務の見解 ――

決算日に現金の過不足を発見しその原因が不明のときは，現金過不足勘定を使わずに，直接，雑損勘定または雑益勘定に記入する。これは実務でも同じである。

なお，現金過不足勘定は実務上使うことはなく，どうしても必要な時は，仮払金および仮受金などの仮受払勘定にて一時的に処理する。

例題 3.2.18

つぎの決算整理事項によって，決算整理仕訳を示しなさい。

決算整理前残高試算表
平成○年12月31日　単位：円

借　方	勘定科目	貸　方
20,000	現金過不足	

現金過不足勘定の残高は，その原因が決算日までに判明しなかった。仕訳を示しなさい。

　（借）雑　　　損　20,000　　（貸）現金過不足　20,000

例題 3.2.19

つぎの決算整理事項によって，決算整理仕訳を示しなさい。

決算整理前残高試算表
平成○年12月31日　単位：円

借　方	勘定科目	貸　方
	現金過不足	15,000

現金過不足のうち，12,000円は受取利息の記入もれであることが判明したが，残高については原因が判明しなかった。仕訳を示しなさい。

　（借）現金過不足　15,000　　（貸）受　取　利　息　12,000
　　　　　　　　　　　　　　　　　　雑　　　益　　 3,000

(2) 引出金勘定（reserves a/c）の整理

個人事業の事業主がその事業とは関係なくして，事業主個人および家族など

のために，企業資金や商品などを使用した取引は，資本金の持ち出しであるため，資本金を減少させる。しかし，この記帳処理を資本金勘定に記入しないで，資本金勘定の評価勘定である引出金勘定を設けて借方に記入する。

なお，引出金勘定に記入した金額は，元入れ資金の減少であるため，決算で資本金勘定に振り替える。

―― 実務の見解 ――
実務では，「事業主貸」「事業主借」などを使って，店主の個人的な金銭のやり取りを記入する。ただし，金利の処理が必要である。

例題 3.2.20
つぎの決算整理事項によって，決算整理仕訳を示しなさい。

決算整理前残高試算表
平成○年12月31日　　単位：円

借　方	勘定科目	貸　方
30,000	引　出　金	

引出金を整理するときの仕訳を示しなさい。

（借）　資本金　30,000　　（貸）　引出金　30,000

練習問題 (2)

1　江戸商店の総勘定元帳の記録と決算整理事項により，決算に必要な仕訳を示しなさい。

総勘定元帳の記録

現　　金		売　掛　金		貸　付　金	
70,500	12,300	38,500	12,500	40,000	8,000

繰越商品		消　耗　品		備　　品	
32,000		6,000		64,000	8,000

買掛金		貸倒引当金		備品減価償却累計額	
9,400	24,000	900	1,500		16,000

資本金		売上		受取利息	
	100,000	27,000	251,000		3,000

仕入		保険料	
137,000	4,800	7,800	

決算整理事項
① 期末商品棚卸高　33,000円
② 貸倒見積額　売掛金残高の5％とし，引当金の設定は差額補充法による。
③ 備品減価償却額　40,000円
④ 保険料未経過高　2,600円
⑤ 消耗品の未消費高　1,500円
⑥ 利息の前受高　1,000円

決算整理仕訳
① （借）＿＿＿＿＿＿＿＿＿＿　（貸）＿＿＿＿＿＿＿＿＿＿
　　　　＿＿＿＿＿＿＿＿＿＿　　　　＿＿＿＿＿＿＿＿＿＿
② （借）＿＿＿＿＿＿＿＿＿＿　（貸）＿＿＿＿＿＿＿＿＿＿
③ （借）＿＿＿＿＿＿＿＿＿＿　（貸）＿＿＿＿＿＿＿＿＿＿
④ （借）＿＿＿＿＿＿＿＿＿＿　（貸）＿＿＿＿＿＿＿＿＿＿
⑤ （借）＿＿＿＿＿＿＿＿＿＿　（貸）＿＿＿＿＿＿＿＿＿＿
⑥ （借）＿＿＿＿＿＿＿＿＿＿　（貸）＿＿＿＿＿＿＿＿＿＿

決算振替仕訳
⑦ （借）＿＿＿＿＿＿＿＿＿＿　（貸）＿＿＿＿＿＿＿＿＿＿
　　　　＿＿＿＿＿＿＿＿＿＿
⑧ （借）＿＿＿＿＿＿＿＿＿＿　（貸）＿＿＿＿＿＿＿＿＿＿
　　　　　　　　　　　　　　　　　　　＿＿＿＿＿＿＿＿＿＿
　　　　　　　　　　　　　　　　　　　＿＿＿＿＿＿＿＿＿＿
　　　　　　　　　　　　　　　　　　　＿＿＿＿＿＿＿＿＿＿
　　　　　　　　　　　　　　　　　　　＿＿＿＿＿＿＿＿＿＿

⑨ (借)_____ (貸)_____

第3章　精算表

1　精算表（working sheet　W/S）

　精算表とは，残高試算表の金額を基に，損益計算書および貸借対照表を作成する過程を一覧表にまとめたものである。

　精算表には，残高試算表および損益計算書と貸借対照表からなる6桁精算表（6欄精算表ともいう）および，6桁精算表に決算整理仕訳を記入する整理記入欄を加えた8桁精算表があり，この精算表が一般的である。

　なお，8桁精算表に決算整理後残高試算表を加えた10桁精算表および，連結仕訳を記載した連結精算表もある。

2　精算表の作成方法

　8桁精算表の作成方法は，つぎのとおりである。
(1)　勘定科目欄に各勘定を配列する。
(2)　各勘定の残高を残高試算表欄に記入し，締め切る。
(3)　決算整理仕訳を整理記入欄に書き入れて締め切る。なお，新しく生じた勘定科目は勘定科目欄に追加記入する。
(4)　残高試算表の金額に整理記入欄の金額を加減し，資産・負債・純資産の勘定は貸借対照表に，収益・費用の勘定は損益計算書に記入する。なお，金額を加減するとき，金額が借方・貸方同じ側のときは，加算し，反対側のときは差し引く。
(5)　損益計算書・貸借対照表欄の借方と貸方をそれぞれ合計し，その差額を求める。差額は合計額の少ない側に記入するが，借方に記入するときは当期純利益，貸方に記入するときは当期純損失として記入する。

(6) 損益計算書と貸借対照表欄を締め切る。

以上の手順により，各記入欄の借方と貸方の合計額は一致する。

例題 3.3.1

つぎの決算整理事項をもとに，(1) 決算整理仕訳を行い，(2) 精算表を完成しなさい。ただし，会計期間は○1年1月1日から○1年12月31日までの1年間である。

決算整理事項
① 現金の実際有高は24,800円であった。なお，帳簿残高との不一致の原因は不明である。
② 売掛金残高に対して5％の貸倒引当金を設定する。差額補充法によること。
③ 売買目的有価証券を26,000円に評価替えする。
④ 期末商品棚卸高は45,000円である。売上原価は「仕入」の行で計算すること。
⑤ 消耗品の期末未消費高が1,000円ある。
⑥ 備品について定額法によって減価償却を行う。ただし，残存価格は取得原価の10％，耐用年数は9年とする。
⑦ 受取手数料の未収分が500円ある。
⑧ 受取利息の前受分が1,000円ある。
⑨ 保険料は○1年9月1日に向こう1年分を支払ったものである。

(1) 決算整理仕訳

①	(借)	雑　　　　　　損	200	(貸)	現　　　　　　金	200
②	(借)	貸倒引当金繰入	4,000	(貸)	貸 倒 引 当 金	4,000
③	(借)	有価証券評価損	6,000	(貸)	売買目的有価証券	6,000
④	(借)	仕　　　　　　入	57,200	(貸)	繰 越 商 品	57,200
		繰 越 商 品	45,000		仕　　　　　　入	45,000
⑤	(借)	消　耗　　品	1,000	(貸)	消 耗 品 費	1,000
⑥	(借)	減 価 償 却 費	4,500	(貸)	備品減価償却累計額	4,500
⑦	(借)	未 収 手 数 料	500	(貸)	受 取 手 数 料	500
⑧	(借)	受 取 利 息	1,000	(貸)	前 受 利 息	1,000
⑨	(借)	前 払 保 険 料	3,200	(貸)	保　険　　料	3,200

解　説

① 現金の過不足が決算日に判明し，その原因がわからないときは，雑損勘定ま

たは雑益勘定で処理する。この問題の場合は
24,800円 − 25,000円 = −200円（雑損）となる。
（実際有高）（帳簿残高）

② 貸倒見積額　120,000円 × 5% − 2,000円 = 4,000円
（売掛金残高）（貸倒引当金残高）

③ 有価証券評価損益　¥26,000円 − 32,000円 = −6,000円（評価損）
（時価）（帳簿価格）

④ 期首商品棚卸高を仕入勘定の借方に振り替える。期末商品棚卸高を仕入勘定から繰越商品勘定の借方に振り替える。これらの整理記入をおこなうことにより，仕入勘定の残高は売上原価（費用）を示すため，売上原価を算出できる。

⑤ 消耗品を買い入れたとき消耗品費（費用）で処理している（残高試算表に消耗品勘定があることから判断する）ため，決算において，消耗品の未消費高を消耗品費勘定から消耗品勘定（資産）へ振り替える。

⑥ 減価償却額　45,000円 − (45,000円 × 0.1) ÷ 9年 = 4,500円
（取得価格）（残存価格）（耐用年数）

⑦ 問題文より，受取利息の未収分があることがわかる。したがって，未収手数料（資産）として計上する。

⑧ 問題文より，受取利息の前受分があることがわかる。したがって，前受利息（負債）として計上する。

⑨ 保険料は○1年の9月1日に1年分支払っており，そのうちの○1年の9月から12月までの4ヵ月が当期分，○2年の1月から8月までの8ヵ月が次期分（前払分）となるため，前払保険料（資産）として計上する。

前払保険料　¥4,800 × $\frac{8ヵ月}{12ヵ月}$ = ¥3,200

(2) 精算表

精算表

○1年12月31日

勘定科目	残高試算表		整理記入		損益計算書		貸借対照表	
	借方	貸方	借方	貸方	借方	貸方	借方	貸方
現　　　　金	25,000			① 200			24,800	
当　座　預　金	37,000						37,000	
売　　掛　　金	120,000						120,000	
売買目的有価証券	32,000			③ 6,000			26,000	
繰　越　商　品	57,200		④ 45,000	④ 57,200			45,000	
備　　　　品	45,000						45,000	
買　　掛　　金		97,500						97,500
貸　倒　引　当　金		2,000		② 4,000				6,000
備品減価償却累計額		9,000		⑥ 4,500				13,500

勘定科目								
資 本 金		170,000						170,000
売 上		548,300		⑦ 500		548,300		
受 取 手 数 料		600				1,100		
受 取 利 息		1,600	⑧ 1,000			600		
仕 入	492,000		④ 57,200	④ 45,000	504,200			
給 料	12,000				12,000			
消 耗 品 費	4,000			⑤ 1,000	3,000			
保 険 料	4,800			⑨ 3,200	1,600			
	829,000	829,000						
雑 損			① 200		200			
貸倒引当金繰入			② 4,000		4,000			
有価証券評価損			③ 6,000		6,000			
消 耗 品			⑤ 1,000				1,000	
減価償却費			⑥ 4,500		4,500			
未 収 手 数 料			⑦ 500				500	
前 受 利 息				⑧ 1,000				1,000
前 払 保 険 料			⑨ 3,200				3,200	
当 期 純 利 益					14,500			14,500
			122,600	122,600	550,000	550,000	302,500	302,500

練習問題（3）

つぎの決算整理事項（未処理事項を含む）によって精算表を完成しなさい。ただし，会計期間は○1年1月1日から○1年12月31日までの1年間である。

(1) 決算直前に得意先に掛けで販売した商品に汚損があったため10,000円の値引きを承諾した。
(2) 現金過不足のうち，6,500円は手数料受取額の記入もれであることが判明したが，残額については原因が判明しなかった。
(3) 受取手形および売掛金の期末残高に対して3％の貸倒れを見積もる。引当金の設定は差額補充法による。
(4) 売買目的有価証券の時価は453,000円である。時価により評価替えする。
(5) 期末商品棚卸高は340,000円であった。売上原価は「仕入」の行で計算すること。
(6) 建物および備品については定額法により減価償却を行う。
　　建　物　耐用年数30年残存価格：取得原価の10％

備　品　耐用年数9年残存価格：取得価格の10%

なお，備品のうち100,000円については，◯1年10月1日に取得したもので，減価償却は月割計算で行う。

(7)　借入金は，◯1年7月1日に借入期間1年，利率年4％で借り入れたもので，利息は元金とともに返済時に支払うことになっている。

(8)　保険料は毎年同額を3月1日に12ヵ月分として前払いしてる。

(9)　消耗品の期末未消費高は6,700円である。

精　算　表
◯1年12月31日

勘定科目	残高試算表		整理記入		損益計算書		貸借対照表	
	借　方	貸　方	借　方	貸　方	借　方	貸　方	借　方	貸　方
現　　　　　金	167,000							
現 金 過 不 足		7,000						
当 座 預 金	225,300							
受 取 手 形	280,000							
売 　掛 　金	230,000							
売買目的有価証券	480,000							
繰 越 商 品	350,000							
建　　　　物	1,000,000							
備　　　　品	300,000							
買 　掛 　金		147,000						
借 　入 　金		400,000						
貸 倒 引 当 金		4,300						
建物減価償却累計額		180,000						
備品減価償却累計額		100,000						
資 　本 　金		1,500,000						
売　　　　上		4,880,000						
受 取 手 数 料		39,000						
仕　　　　入	3,386,000							
給　　　　料	734,000							
消 耗 品 費	35,000							
保 　険 　料	70,000							
	7,257,300	7,257,300						
雑　　　　益								
貸倒引当金繰入								

| 有価証券評価損 |
| 減 価 償 却 費 |
| 支　払　利　息 |
| 未　払　利　息 |
| 前 払 保 険 料 |
| 消　耗　品 |
| 当 期 純 利 益 |

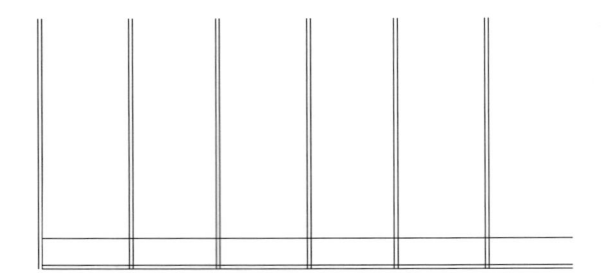

第4章　財務諸表

1　財務諸表

　決算は，試算表の作成に始まり，それに基づき決算整理仕訳を行い，各帳簿を締め切る。この決算手続きが終了すると，損益勘定および繰越試算表並びに，決算整理後残高試算表などを基に，一会計期間の営業成績を明らかにする損益計算書（profit and loss），および期末の財政状態を明らかにする貸借対照表（balance sheet）を作成する。

会社法における財務諸表

　会社法における株式会社の書類は損益計算書，貸借対照表のほかに，株主資本等変動計算書（statement of changes in stockholder sequity），注記表（note to specific items）をまとめて財務諸表（financial statements）という。

　また，一概に財務諸表といっても細かく二種類に分けることができる。親会社が作成する企業集団（子会社）の財政状態を表したものを連結財務諸表，子会社が作成する当該会社の財政状態を表したものを個別財務諸表という。

　いずれの財務諸表も金融商品取引法により開示しなければならない。なお，上記以外にキャッシュフロー計算書（cash flow statements）も開示する。

○　株主資本等変動計算書

　株式資本等変動計算書は，一事業年度における純資産の部に計上する金額の増減を独立した計算書として設けた計算書類である。

　なお，株主資本については，原則として総額で表示し，評価・換算差額等の増減及び新株予約権の増減などは，原則として純額で表示するとしているが，総額の表示も認められている。

○　キャッシュフロー計算書

　キャッシュフロー計算書は，一会計期間におけるキャッシュフローの状況を一定の活動区分別に表示するもので，損益計算書及び貸借対照表と同様に企業活動全体を対象とするものである。したがって，キャッシュフロー計算書は，企業の一会計期間におけるキャッシュフローの状況を報告するために作成するものである。

○　注記表

　会社法では，個別注記表の内容をつぎの十二項目と定めている。

①　継続企業の前提に関する注記
②　重要な会計方針に係る事項に関する注記
③　損益計算書に関する注記
④　貸借対照表等に関する注記
⑤　株主資本等変動計算書に関する注記
⑥　税効果会計に関する注記
⑦　リースにより使用する固定資産に関する注記
⑧　関連当事者との取引に関する注記
⑨　1株当たり情報に関する注記
⑩　重要な後発事象に関する注記
⑪　連結配当規制適用会社に関する注記
⑫　その他の注記

2　損益計算書

　損益計算書は，一会計期間におけるすべての収益と，それに対する費用を明らかにし，企業の営業成績を報告する計算表である。損益計算書の形式には勘定式と報告式があるが，今回は勘定式で解説する。

　なお，損益計算書に示す科目は，総勘定元帳の科目と一致しないものがある。例えば，仕入勘定で算定した売上原価は「売上原価」という科目で表示し，売上勘定の残高は「売上高」という科目で表示する。

例題 3.4.1

つぎの調布商店の損益勘定に基づいて，損益計算書を作成しなさい。

損　益　　　　　　　　　8

12/31	仕　入	40,000	12/31	売　上　高	46,000
〃	給　料	7,000	〃	受 取 利 息	3,000
〃	支払利息	1,000	〃	受取手数料	2,000
〃	資本金	3,000			
		51,000			51,000

損 益 計 算 書

調布商店　　自〇年 1月1日 至〇年12月31日　　単位：円

費用の部	金　額	収益の部	金　額
売 上 原 価	40,000	売　上　高	46,000
給　　　料	7,000	受 取 利 息	3,000
支 払 利 息	1,000	受取手数料	2,000
当期純利益	3,000		
	51,000		51,000

3　貸借対照表

貸借対照表は，企業の財政状態を明らかにするため，各勘定の期末残高や繰越試算表を基に資産および，負債と純資産を記載したものである。

なお，貸借対照表では，受取手形および売掛金勘定から貸倒引当金を控除して表示し，備品および建物勘定から減価償却累計額を控除して表示する形式が一般的である。

また，繰越商品勘定の残高は「商品」と表示する。

例題 3.4.2

繰 越 試 算 表

〇年12月31日　　単位：円

借　　方	金　額	貸　　方	金　額
現　　　金	16,000	買　掛　金	10,000
売　掛　金	30,000	借　入　金	25,000

250 第3編 決　算

繰越商品	20,000	未払利息	5,000
建　物	80,000	貸倒引当金	1,000
土　地	100,000	減価償却累計額	25,000
		資本金	180,000
	246,000		246,000

当期純利益は，30,000円である。

貸 借 対 照 表

大手町商店　　　　　〇年12月31日　　　　　単位：円

借　方	金　額	貸　方	金　額
現　金	16,000	買　掛　金	10,000
売掛金　　　　30,000		借　入　金	25,000
貸倒引当金　 1,000	29,000	未 払 利 息	5,000
商　品	20,000	資　本　金	150,000
建　物　　　　80,000		当期純利益	30,000
減価償却累計額 25,000	55,000		
土　地	100,000		
	220,000		220,000

練習問題（4）

1　麹町商店の勘定記録と決算整理事項により，損益計算書と貸借対照表を作成しなさい。なお，会計期間は〇年1月1日から〇年12月31日までである。

勘定記録

現　　金		売　掛　金		貸　付　金	
70,500	12,300	38,500	12,500	40,000	8,000

繰 越 商 品		消　耗　品		備　　品	
32,000		6,000		64,000	

買　掛　金		貸倒引当金		備品減価償却累計額	
9,400	24,000	900	1,500		16,000

資　本　金		売　　上		受 取 利 息	
	100,000	27,000	251,000		3,000

仕　　入		保　険　料	
137,000	4,800	7,800	

決算整理事項

① 期末商品棚卸高　33,000円
② 貸倒見積額　売掛金の5％とする。引当金の設定は差額補充法による。
③ 備品減価償却額　40,000円
④ 保険料未経過高　2,600円
⑤ 消耗品の未消費高　1,500円
⑥ 利息の前受高　1,000円

損 益 計 算 表

麹町商店　　自○年 1月1日　至○年12月31日　　単位：円

費用の部	金　　額	収益の部	金　　額

貸借対照表

麹町商店　　○年12月31日　　単位：円

資　　産	金　額	負債および純資産	金　額
現金		買掛金	
売掛金			
貸倒引当金			

第4編 解　答

第1編　簿記会計の基礎

第1章　練習問題（1）

1

①	継続	②	記録	③	計算	④	整理	⑤	決算
⑥	財政状態	⑦	経営成績	⑧	単式簿記	⑨	複式簿記	⑩	『ズンマ』
⑪	ルカ・パチョーリ	⑫	『帳合之法』	⑬	借方	⑭	貸方	⑮	一会計期間
⑯	期首	⑰	期末	⑱	当期	⑲	前期	⑳	次期

＊本文を参照。

第2章　練習問題（2）

1

資　産	建物　現金　備品　商品　土地　貸付金　売掛金　車両運搬具
負　債	買掛金　借入金　未払金
純資産（資本）	資本金

2　(1)（資産）－（負債）＝純資産（資本）
　　(2)（資産）＝負債＋純資産（資本）

3　| 期首資本金 | 90,000円 |　| 期末資本金 | 193,000円 |

＊OT図（仮名）は，等式を図説化したものです。

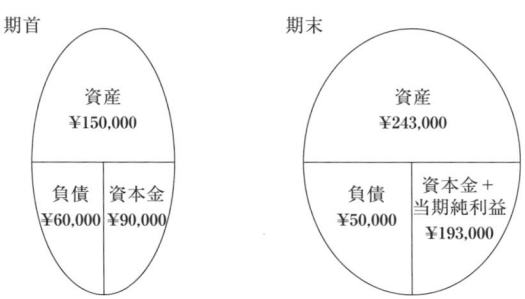

期首
資産
¥150,000
負債 ¥60,000　資本金 ¥90,000

期末
資産
¥243,000
負債 ¥50,000　資本金＋当期純利益 ¥193,000

期首貸借対照表

青森商店　　　　○1年1月1日　　　　単位：円

資　産	金　額	負債および純資産（資本）	金　額
現　　金	100,000	借　入　金	60,000
商　　品	50,000	資　本　金	90,000
	150,000		150,000

＊金額の合計を記入するときは，合計したい金額の下に単線を記入し，合計額を記入した後に二重線を記入して終了する。

期末貸借対照表

青森商店　　　　○1年12月31日　　　　単位：円

資　産	金　額	負債および純資産（資本）	金　額
現　　金	80,000	借　入　金	50,000
預　　金	95,000	資　本　金	90,000
商　　品	30,000	当 期 純 利 益	103,000
備　　品	28,000		
貸　付　金	10,000		
	243,000		243,000

＊期末貸借対照表の資本金は，期首資本金90,000円を記入する。
＊期首資本金90,000円と当期純利益103,000円を加算した193,000円が期末資本金である。

第3章　練習問題（3）

1

収　益	商品売買益　受取利息　受取家賃　受取手数料
費　用	広告料　通信費　支払利息　給料　支払家賃　交通費　消耗品費

＊受取××は収益の勘定で，支払××と××費は費用の勘定であることの確認をする。

2

期首貸借対照表

岩手商店　　　　○1年1月1日　　　　単位：円

資　産	金　額	負債および純資産（資本）	金　額
現　　金	200,000	資　本　金	500,000
商　　品	300,000		
	500,000		500,000

損益計算書

岩手商店　　○1年1月1日から○1年12月31日　　単位：円

費用	金額	収益	金額
給料	200,000	商品売買益	360,000
広告料	50,000	受取手数料	20,000
支払家賃	30,000		
当期純利益	100,000		
	380,000		380,000

＊損益計算書等式により，収益総額（360,000＋20,000）－費用総額（200,000＋50,000＋30,000）＝当期純利益100,000

当期純利益100,000は，損益計算書の左辺に朱記する。

貸借対照表

岩手商店　　○1年12月31日　　単位：円

資産	金額	負債および純資産（資本）	金額
現金	170,000	買掛金	110,000
売掛金	295,000	借入金	40,000
商品	25,000	資本金	500,000
備品	15,000	当期純利益	100,000
建物	245,000		
	750,000		750,000

＊貸借対照表等式により，資産総額（170,000＋295,000＋25,000＋15,000＋245,000）－｛負債総額（110,000＋40,000）＋期首純資産（資本）500,000｝＝当期純利益100,000

3　(1)　純利益　430,000円　　(2)　純損失　90,000円

＊(1)（商品売買益500,000＋受取手数料300,000）－（給料200,000＋広告料50,000＋通信費30,000＋支払家賃80,000＋雑費10,000）＝純利益430,000円

＊(2)（商品売買益350,000＋受取手数料100,000）－（給料300,000＋広告料50,000＋通信費90,000＋支払家賃80,000＋雑費20,000）＝純損失90,000円

OT図

収益 800,000
費用 370,000 | 純利益 430,000

収益 450,000
費用 540,000 | 純損失 −90,000

4

貸借対照表

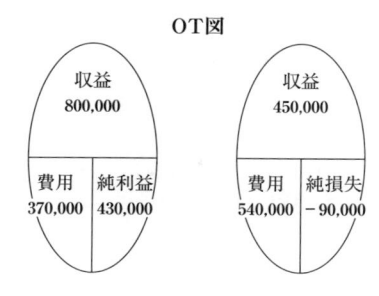

現金	28	買掛金	3
売掛金	10	借入金	7
商品	2	資本金	13
		当期純利益	17
	40		40

損益計算書

給料	5	商品売買益	25
広告料	3	受取手数料	2
雑費	2		
当期純利益	17		
	27		27

＊ 貸借対照表の借方買掛金3と借入金7を貸借対照表の貸方に移動する。
　貸借対照表の借方雑費2を損益計算書の借方に移動する。
　貸借対照表の貸方売掛金13を貸借対照表の借方に移動する。
　貸借対照表の貸方受取手数料2を損益計算書の貸方に移動する。
　貸借対照表の純資産（資本）合計40−負債と資本金合計23＝当期純利益17を記入する。
　損益計算書の収益合計27−費用合計10＝当期純利益17を記入する。
　貸借対照表の当期純利益17と損益計算書の当期純利益17は一致することを確認する。

5

	期首			期末			収益総額	費用総額	純損益
	資産	負債	純資産（資本）	資産	負債	純資産（資本）			
1	10,000	3,500	6,500	10,000	3,200	6,800	8,200	7,900	益 300
2	6,500	0	6,500	9,000	3,000	6,000	8,000	8,500	損 500

＊1　期首，期末，損益計算の区分で2項目空欄のある所は，最後に計算を行う。
　① 期首資産＝期首負債3,500＋期首純資産（資本）6,500＝10,000
　② 費用総額＝収益総額8,200−純利益300＝7,900
　③ 期末純資産（資本）＝期首純資産（資本）6,500＋純利益300＝6,800
　④ 期末負債＝期末資産10,000−期末純資産（資本）6,800＝3,200

①から④まで順番に計算を行う。

＊2　期首，期末，損益計算の区分で2項目空欄のある所は，最後に計算を行う。

① 期末負債＝期末資産9,000－期末資本6,000＝3,000
② 費用総額＝収益総額8,000－（－純損失500）＝8,500
③ 期首資本＝期末純資産（資本）6,000－（－純損失500）＝6,500
④ 期首純資産（資本）＝期首負債0＋期首資産（資本）6,500＝6,500

①から④まで順番に計算を行う。

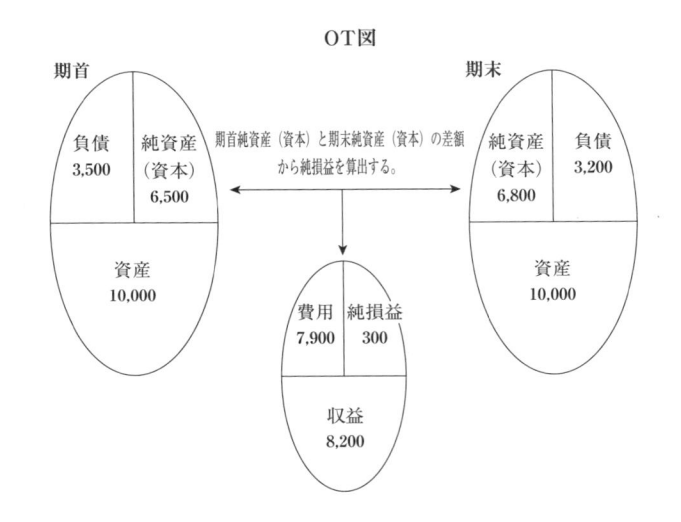

OT図

期首
負債 3,500
純資産（資本）6,500
資産 10,000

期首純資産（資本）と期末純資産（資本）の差額から純損益を算出する。

期末
純資産（資本）6,800
負債 3,200
資産 10,000

費用 7,900 ／ 純損益 300
収益 8,200

第4章　練習問題（4）

1

| ① | ○ | ② | × | ③ | × | ④ | ○ | ⑤ | ○ |
| ⑥ | × | ⑦ | ○ | ⑧ | ○ | ⑨ | × | ⑩ | ○ |

① 資産である現金が減少する。
②，③，⑥，⑨は，資産・負債・資本の増減がない。
④ 資産である建物が減少する。
⑧ 資産である貸付金が回収不能になり，減少する。

2

| ① | 貸方 | ② | 貸方 | ③ | 貸方 | ④ | 借方 |
| ⑤ | 貸方 | ⑥ | 借方 | ⑦ | 借方 | ⑧ | 借方 |

＊図 1.4.3 を参照する。

3 (1) 広 告 料（○） (2) 給　　料（○） (3) 商品売買益（×）
　(4) 現　　金（○） (5) 受取利息（×） (6) 建　　物（○）
　(7) 買 掛 金（×） (8) 借 入 金（×） (9) 通 信 費（○）
　(10) 商　　品（○） (11) 備　　品（○） (12) 消 耗 品 費（○）
　(13) 受取手数料（×） (14) 支払家賃（○） (15) 売 掛 金（○）
　＊借方に増加を記入する勘定は，資産の勘定である。
　＊借方に発生を記入する勘定は，費用の勘定である。
　＊貸方に増加を記入する勘定は，負債と資本の勘定である。
　＊貸方に発生を記入する勘定は，収益の勘定である。

4

現　金
(1) 500,000 | (2) 40,000
(5) 100,000 | (6) 50,000

売掛金
(4) 100,000 | (5) 100,000

商　品
(3) 200,000 | (4) 80,000

備　品
(2) 40,000 |

買掛金
　| (3) 200,000

資本金
　| (1) 500,000

商品売買益
　| (4) 20,000

給　料
(6) 50,000 |

仕訳 (1) （借）現金　　　　500,000　（貸）資本金　　　　500,000
　　(2) （借）備品　　　　 40,000　（貸）現金　　　　 40,000
　　(3) （借）商品　　　　200,000　（貸）買掛金　　　200,000
　　(4) （借）売掛金　　　100,000　（貸）商品　　　　 80,000
　　　　　　　　　　　　　　　　　　　　商品売買益　　20,000
　　(3) （借）現金　　　　100,000　（貸）売掛金　　　100,000
　　(3) （借）給料　　　　 50,000　（貸）現金　　　　 50,000

5

日付	借方科目	金額	貸方科目	金額
4/1	現金 商品 備品	600,000 300,000 100,000	資本金	1,000,000
7	売掛金	300,000	商品 商品売買益	200,000 100,000
10	備品	150,000	現金	150,000
11	商品	100,000	買掛金	100,000
20	現金	300,000	売掛金	300,000
23	買掛金	100,000	現金	100,000
24	現金	150,000	商品 商品売買益	100,000 50,000
25	給料	90,000	現金	90,000
30	雑費	1,000	現金	1,000

```
          現  金          1                    売掛金         2
4/1  600,000  | 4/10  150,000      4/7  300,000 | 4/20  300,000
 20  300,000  |  23   100,000
 24  150,000  |  25    90,000             備  品          4
              |  30     1,000      4/1  100,000 |
                                    10  150,000 |

          商  品          3                   資本金          6
4/1  300,000  | 4/7   200,000                   | 4/1  1,000,000
 11  100,000  |  24   100,000

          買掛金          5                    給  料          8
4/23 100,000  | 4/11  100,000      4/25  90,000 |

        商品売買益        7                    雑  費          9
              | 4/7   100,000      4/30   1,000 |
              |  24    50,000
```

*4/1　各資産は，出資であるため貸方の勘定科目を資本金で処理する。

11 仕入代金の掛けは，買掛金勘定で処理する。
24 原価と売価の差額は，商品売買益勘定で処理する。

第5章　練習問題（5）

1

仕　訳　帳　　　　　　　　　　1

○○年		摘　　　　要	元丁	借　方	貸　方
4	1	諸　　口		600,000	
		（現　　金）	1	600,000	
		（商　　品）	3	300,000	
		（備　　品）	4	100,000	
		（資　本　金）	6		1,000,000
		元入れ開業			
	7	（売　掛　金）　　諸　　口	2	300,000	
		（商　　品）	3		200,000
		（商品売買益）	7		100,000
		小山商店に売り渡し			
	10	（備　　品）	4	150,000	
		（現　　金）	1		150,000
		机・椅子および計算機器など購入			
	11	（商　　品）	3	100,000	
		（買　掛　金）	5		100,000
		埼玉商店から仕入れ			
	20	（現　　金）	1	300,000	
		（売　掛　金）	2		300,000
		小山商店から売掛金回収			
		次ページへ		1,850,000	1,850,000

仕　訳　帳　　　　　　　　　　2

○○年		摘　　　　要	元丁	借　方	貸　方
		前ページから		1,850,000	1,850,000
4	23	（買　掛　金）	5	100,000	
		（現　　金）	1		100,000
		埼玉商店へ買掛金支払い			
	24	（現　　金）　　諸　　口	1	150,000	
		（商　　品）	3		100,000
		（商品売買益）	7		50,000
		小山商店に売り渡し			
	25	（給　　料）	8	90,000	
		（現　　金）	1		90,000
		本月分の給料支払い			

	30	（雑　　　費）		9	1,000				
		（現　　金）		1			1,000		
		本月分の諸雑費支払い							
					2,191,000		2,191,000		

＊借方または貸方の勘定科目が二つ以上のときは，勘定科目の上部に「諸口」と記入する。

総勘定元帳

現　　　金　　　　1

○○年		摘　　要	仕丁	借　方	○○年		摘　　要	仕丁	貸　方
4	1	資　本　金	1	600,000	4	10	備　　品	1	150,000
	20	売　掛　金	1	300,000		23	買　掛　金	2	100,000
	24	諸　　　口	2	150,000		25	給　　料	2	90,000
						30	雑　　費	2	1,000

売　掛　金　　　　2

○○年		摘　　要	仕丁	借　方	○○年		摘　　要	仕丁	貸　方
4	7	諸　　　口	1	300,000	4	20	現　　金	1	300,000

商　　　品　　　　3

○○年		摘　　要	仕丁	借　方	○○年		摘　　要	仕丁	貸　方
4	1	資　本　金	1	300,000	4	7	売　掛　金	1	200,000
	11	買　掛　金	1	100,000		24	現　　金	2	100,000

備　　　品　　　　4

○○年		摘　　要	仕丁	借　方	○○年		摘　　要	仕丁	貸　方
4	1	資　本　金	1	100,000					
	10	現　　　金	1	150,000					

買　掛　金　　　　5

○○年		摘　　要	仕丁	借　方	○○年		摘　　要	仕丁	貸　方
4	23	現　　　金	2	100,000	4	11	商　　品	1	100,000

資　本　金　　　　6

○○年		摘　　要	仕丁	借　方	○○年		摘　　要	仕丁	貸　方
					4	1	諸　　　口	1	1,000,000

第4編 解　答　263

商品売買益　7

○○年	摘要	仕丁	借方	○○年	摘要	仕丁	貸方
				4	7	売掛金	1	100,000
					24	現　金	2	50,000

給　料　8

○○年	摘要	仕丁	借方	○○年	摘要	仕丁	貸方
4	25	現　金	2	90,000				

雑　費　9

○○年	摘要	仕丁	借方	○○年	摘要	仕丁	貸方
4	30	現　金	2	1,000				

＊仕訳の相手勘定科目が二以上のときは，摘要欄に「諸口」と記入する。

2

現　金　1				売　掛　金　2			
(1)	100,000	(2)	30,000	(3)	50,000	(3)	50,000
(4)	5,000	(4)	5,000				

商　品　3				買　掛　金　4			
(2)	90,000	(3)	40,000	(2)	60,000	(2)	60,000

資　本　金　5				商品売買益　6			
(1)	100,000	(1)	100,000			(3)	10,000

給　料　7			
(4)	5,000	(4)	5,000

＊ (1) の仕訳は，貸方が資本金であるため，総勘定元帳の資本金の貸方に転記する。
　(2) の仕訳は，貸方が現金と買掛金であるため，総勘定元帳の現金と買掛金の貸方に転記する。
　(3) の仕訳は，借方が売掛金であるため，総勘定元帳の売掛金の借方に転記する。

(4)の仕訳は，借方が給料で貸方が現金であるため，
総勘定元帳の給料の借方と現金の貸方に転記する。

第6章　練習問題（6）

1

```
        仕訳伝票        No.1
         4月1日
   現金   600,000   資本金  1,000,000
   商品   300,000
   備品   100,000
```

```
        仕訳伝票        No.2
         4月7日
   売掛金  300,000   商品    200,000
   （小山商店）     商品売買益 100,000
```

```
        仕訳伝票        No.3
         4月10日
   備品   150,000   現金    150,000
```

```
        仕訳伝票        No.4
         4月11日
   商品   100,00    買掛金   100,000
                   （埼玉商店）
```

```
        仕訳伝票        No.5
         4月20日
   現金   300,000   売掛金   300,000
                   （小山商店）
```

```
        仕訳伝票        No.6
         4月23日
   買掛金  100,000   現金    100,000
   （埼玉商店）
```

```
        仕訳伝票        No.7
         4月24日
   現金   150,000   商品    100,000
                   商品売買益 50,000
```

```
        仕訳伝票        No.8
         4月25日
   給料   90,000    現金    90,000
```

```
        仕訳伝票        No.9
         4月30日
   雑費   1,000     現金    1,000
```

＊売掛金と買掛金には，商店名を記入する。

現　金　　　　1

○○年		摘　要	仕丁	借　方	○○年		摘　要	仕丁	貸　方
4	1	資　本　金	1	600,000	4	10	備　　　品	3	150,000
	20	売　掛　金	5	300,000		23	買　掛　金	6	100,000
	24	諸　　　口	7	150,000		25	給　　　料	8	90,000
						30	雑　　　費	9	1,000

売　掛　金　　　　2

○○年		摘　要	仕丁	借　方	○○年		摘　要	仕丁	貸　方
4	7	諸　　　口	2	300,000	4	20	現　　　金	5	300,000

商　品　　　　3

○○年		摘　要	仕丁	借　方	○○年		摘　要	仕丁	貸　方
4	1	資　本　金	1	300,000	4	7	売　掛　金	2	200,000
	11	買　掛　金	4	100,000		24	現　　　金	7	100,000

備　品　　　　4

○○年		摘　要	仕丁	借　方	○○年		摘　要	仕丁	貸　方
4	1	資　本　金	1	100,000					
	10	現　　　金	3	150,000					

買　掛　金　　　　5

○○年		摘　要	仕丁	借　方	○○年		摘　要	仕丁	貸　方
4	23	現　　　金	6	100,000	4	11	商　　　品	4	100,000

資　本　金　　　　6

○○年		摘　要	仕丁	借　方	○○年		摘　要	仕丁	貸　方
					4	1	諸　　　口	1	1,000,000

商品売買益　　　　7

○○年		摘　要	仕丁	借　方	○○年		摘　要	仕丁	貸　方
					4	7	売　掛　金	2	100,000
						24	現　　　金	7	50,000

給　料								8
○○年	摘　要	仕丁	借　方	○○年	摘　要	仕丁	貸　方	
4	25	現　　金	8	90,000				

雑　費								9
○○年	摘　要	仕丁	借　方	○○年	摘　要	仕丁	貸　方	
4	30	現　　金	9	1,000				

＊仕丁欄には，仕訳伝票の伝票番号を記入する。

2

仕 訳 伝 票　　No. 2　　起票者・責任者
○○年4月7日

勘定科目	元丁	借　方	勘定科目	元丁	貸　方
売　掛　金		300,000	商　　　品		200,000
			商品売買益		100,000
合　　計		300,000	合　　計		300,000
摘　要	小山商店へA商品10個@￥20,000，B商品20個@￥5,000　掛け				

＊伝票番号の記入を忘れないこと。
＊元丁欄は，転記のときに記入するため，空欄にしておく。
＊摘要欄は，商店名と商品明細および代金支払の内容を記入する。

　　借方（売　掛　金）200,000　　貸方（商　　　品）200,000
　　　　（売　掛　金）100,000　　　　（商品売買益）100,000

＊複式伝票では，通常のつぎの仕訳を記入しても総勘定元帳や補助簿などの帳簿組織が成り立たないために，商品と商品売買益を分割して仕訳する。

　　借方（売　掛　金）300,000　　貸方（商　　　品）200,000
　　　　　　　　　　　　　　　　　　　（商品売買益）100,000

3

仕 訳 集 計 表

○○年4月18日　　No.18

借　方	元丁	勘定科目	元丁	貸　方
130,000	1	現　　　金	1	240,000
370,000	2	売　掛　金	2	80,000
220,000	3	商　　　品	3	150,000
30,000	4	買　掛　金	4	100,000
		商品売買益	5	250,000
		受取手数料	6	20,000
90,000	7	給　　　料		
840,000				840,000

＊仕訳集計表の借方合計金額と貸方合計金額は，一致する。

＊仕訳集計表の元丁欄には，転記先の番号を記入する。

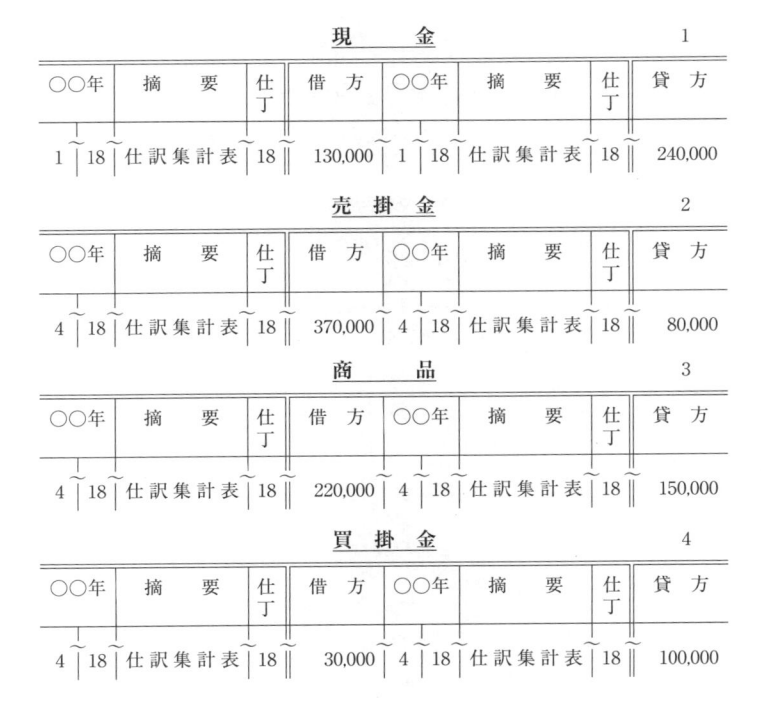

現　金　　　　　1

○○年	摘　要	仕丁	借　方	○○年	摘　要	仕丁	貸　方
1｜18	仕訳集計表	18	130,000	1｜18	仕訳集計表	18	240,000

売　掛　金　　　　2

○○年	摘　要	仕丁	借　方	○○年	摘　要	仕丁	貸　方
4｜18	仕訳集計表	18	370,000	4｜18	仕訳集計表	18	80,000

商　品　　　　3

○○年	摘　要	仕丁	借　方	○○年	摘　要	仕丁	貸　方
4｜18	仕訳集計表	18	220,000	4｜18	仕訳集計表	18	150,000

買　掛　金　　　　4

○○年	摘　要	仕丁	借　方	○○年	摘　要	仕丁	貸　方
4｜18	仕訳集計表	18	30,000	4｜18	仕訳集計表	18	100,000

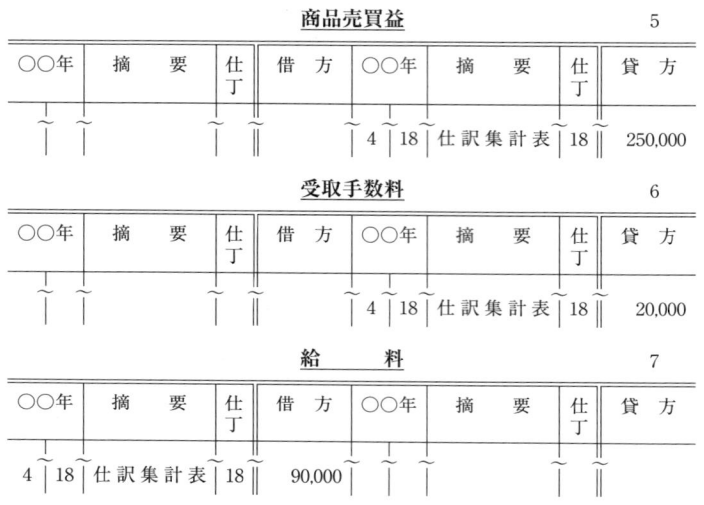

商品売買益　5

○○年	摘要	仕丁	借方	○○年	摘要	仕丁	貸方
~	~	~	~	4 / 18	仕訳集計表	18	250,000

受取手数料　6

○○年	摘要	仕丁	借方	○○年	摘要	仕丁	貸方
~	~	~	~	4 / 18	仕訳集計表	18	20,000

給　料　7

○○年	摘要	仕丁	借方	○○年	摘要	仕丁	貸方
4 / 18	仕訳集計表	18	90,000	~	~	~	~

＊総勘定元帳の各勘定の摘要欄には，仕訳集計表と記入をする。

第7章　練習問題（7）

1

<u>合　計　試　算　表</u>

○1年4月30日

借方	元丁	勘定科目	貸方
1,050,000	1	現　　　　金	341,000
300,000	2	売　掛　金	300,000
400,000	3	商　　　　品	300,000
250,000	4	備　　　　品	
100,000	5	買　掛　金	100,000
	6	資　本　金	1,000,000
	7	商品売買益	150,000
90,000	8	給　　　　料	
1,000	9	雑　　　　費	
2,191,000			2,191,000

＊合計試算表は，各勘定の借方と貸方の合計金額を記入する。また，元丁欄は転記の番号を記入する。

2

残 高 試 算 表

○1年4月30日

借 方	元丁	勘定科目	貸 方
709,000	1	現　　　金	
	2	売　掛　金	
100,000	3	商　　　品	
250,000	4	備　　　品	
	5	買　掛　金	
	6	資　本　金	1,000,000
	7	商品売買益	150,000
90,000	8	給　　　料	
1,000	9	雑　　　費	
1,150,000			1,150,000

＊残高試算表は，各勘定の借方と貸方の残高であるために，借方欄か貸方欄に記入する。

3

合計残高試算表

○2年3月31日

借 方		元丁	勘定科目	貸 方	
残 高	合 計			合 計	残 高
41,000	380,000	1	現　　　金	339,000	
198,000	619,000	2	預　　　金	421,000	
285,000	635,000	3	売　掛　金	350,000	
230,000	790,000	4	商　　　品	560,000	
250,000	250,000	5	備　　　品		
	300,000	6	買　掛　金	520,000	220,000
		7	借　入　金	150,000	150,000
		8	資　本　金	500,000	500,000
		9	商品売買益	289,000	289,000
		10	受取手数料	23,000	23,000
78,000	78,000	11	給　　　料		
90,000	90,000	12	支払家賃		
10,000	10,000	13	雑　　　費		
1,182,000	3,152,000			3,152,000	1,182,000

＊現金の借方合計は，貸方合計339,000＋借方残高41,000＝380,000
　預金の借方残高は，借方合計619,000－貸方合計421,000＝198,000
　売掛金の貸方合計は，借方合計635,000－借方残高285,000＝350,000
　備品の借方残高は，貸方合計がないために，借方合計を記入する。

買掛金の貸方残高は，貸方合計520,000－借方合計300,000＝220,000
給料の借方合計と借方残高は，借方残高合計1,182,000－(現金残高＋預金残高＋売掛金残高＋商品残高＋備品残高＋支払家賃残高＋雑費残高)＝78,000
資本金の貸方合計と貸方残高は，貸方残高合計1,182,000－(買掛金残高＋借入金残高＋商品売買益残高＋受取手数料残高)＝500,000

4

合計残高試算表

◯3年5月31日

借 方		元丁	勘定科目	貸 方	
残 高	合 計			合 計	残 高
269	619		現　　金	350	
728	2,293		預　　金	1,565	
234	1,957		売 掛 金	1,723	
296	1,023		商　　品	727	
130	130		備　　品		
	1,310		買 掛 金	1,663	353
			借 入 金	300	300
			資 本 金	1,000	1,000
			商品売買益	301	301
			受取手数料	15	15
225	225		給　　料		
84	84		支 払 家 賃		
3	3		雑　　費		
1,969	7,644			7,644	1,969

仮計算				
2＋88＋54＋60＋	415	現　　金	247＋ 28＋75	
	110＋2,183	預　　金	1,435＋130	
36＋ 35＋1,886		売 掛 金	1,613＋110	
73＋ 80＋ 870		商　　品	500＋ 80＋75＋72	
	130	備　　品		
	130＋1,180	買 掛 金	1,510＋ 80＋73	
		借 入 金	300	
		資 本 金	1,000	
		商品売買益	255＋ 15＋15＋16	
		受取手数料	13＋ 2	
75＋	150	給　　料		
28＋	56	支 払 家 賃		
	3	雑　　費		
771＋6,873			6,873＋771	

第8章 練習問題（8）

1
(1)

合計試算表
〇年4月30日

借　方	元丁	勘定科目	貸　方
1,050,000	1	現　　　金	341,000
300,000	2	売　掛　金	300,000
400,000	3	商　　　品	300,000
250,000	4	備　　　品	
100,000	5	買　掛　金	100,000
	6	資　本　金	1,000,000
	7	商品売買益	150,000
90,000	8	給　　　料	
1,000	9	雑　　　費	
2,191,000			2,191,000

(2)

仕　訳　帳　　2

〇年		摘　　　要		元丁	借　方	貸　方
～	～	決算仕訳	～	～	～	～
4	30	（商品売買益）		7	150,000	
			（損　　益）	10		150,000
	〃	（損　　益）	（諸　　口）	10	91,000	
			（給　　料）	8		90,000
			（雑　　費）	9		1,000
	〃	（損　　益）		10	59,000	
			（資　本　金）	6		59,000
					300,000	300,000

＊収益の各勘定残高を損益勘定の貸方に振り替える仕訳と，費用の各勘定残高を損益勘定の借方に振り替える仕訳を行う。

＊損益勘定で算出した当期純利益を，資本金勘定の貸方に振り替える仕訳を行う。

現金　1

○年		摘要	仕丁	借方	○年		摘要	仕丁	貸方
4	1	資　本　金	1	600,000	4	10	備　　　品	1	150,000
	20	売　掛　金	1	300,000		23	買　掛　金	1	100,000
	24	諸　　　口	1	150,000		25	給　　　料	2	90,000
						30	雑　　　費	2	1,000
						〃	次期繰越	✓	709,000
				1,050,000					1,050,000
5	1	前期繰越	✓	709,000					

売掛金　2

○年		摘要	仕丁	借方	○年		摘要	仕丁	貸方
4	7	諸　　　口	1	300,000	4	20	現　　　金	1	300,000

商品　3

○年		摘要	仕丁	借方	○年		摘要	仕丁	貸方
4	1	資　本　金	1	300,000	4	7	売　掛　金	1	200,000
	11	買　掛　金	1	100,000		24	現　　　金	1	100,000
						30	次期繰越	✓	100,000
				400,000					400,000
5	1	前期繰越	✓	100,000					

備品　4

○年		摘要	仕丁	借方	○年		摘要	仕丁	貸方
4	1	資　本　金	1	100,000		30	次期繰越	✓	250,000
	10	現　　　金	1	150,000					
				250,000					250,000
5	1	前期繰越	✓	250,000					

買　掛　金　　　　　5

○年		摘　要	仕丁	借　方	○年		摘　要	仕丁	貸　方
4	23	現　　金	1	100,000	4	11	商　　品	1	100,000

資　本　金　　　　　6

○年		摘　要	仕丁	借　方	○年		摘　要	仕丁	貸　方
4	30	次期繰越	✓	1,059,000	4	1	諸　　口	1	1,000,000
						30	損　　益	2	59,000
				1,059,000					1,059,000
					5	1	前期繰越	✓	1,059,000

＊資産と負債の各勘定および資本金勘定を締め切るときは，つぎのように行う。

　資産の各勘定は，それぞれの残高を決算日の日付で，貸方に「次期繰越」と記入し貸借の合計を一致させて締め切る。負債の各勘定および資本金勘定は，それぞれの残高を決算日の日付で，借方に「次期繰越」と記入し貸借の合計を一致させて締め切る。

＊「次期繰越」と「前期繰越」は，仕丁欄に✓を記入する。

商品売買益　　　　　7

○年		摘　要	仕丁	借　方	○年		摘　要	仕丁	貸　方
4	30	損　　益	2	150,000	4	7	売　掛　金	1	100,000
						24	現　　金	1	50,000
				150,000					150,000

給　　料　　　　　8

○年		摘　要	仕丁	借　方	○年		摘　要	仕丁	貸　方
4	25	現　　金	2	90,000	4	30	損　　益	2	90,000

雑　費　　9

○年		摘　要	仕丁	借　方	○年		摘　要	仕丁	貸　方
4	30	現　　金	2	1,000	4	30	損　　益	2	1,000

損　益　　10

○年		摘　要	仕丁	借　方	○年		摘　要	仕丁	貸　方
4	30	給　　料	2	90,000	4	30	商品売買益	2	150,000
〃		雑　　費	2	1,000					
〃		資 本 金	2	59,000					
				150,000					150,000

(3)

繰 越 算 表
○年4月30日

	借　方	元丁	勘定科目	貸　方	
資産の各勘定残高 …	709,000	1	現　　金		
	100,000	3	商　　品		
	250,000	4	備　　品		
		6	資 本 金	1,059,000	… 期末の資本金
	1,059,000			1,059,000	

＊繰越試算表は，決算日の各勘定の次期繰越高を集めて作成する。したがって，売掛金勘定と買掛金勘定は，次期繰越高がないことから記入しない。

損 益 計 算 書
東京商店　　○年4月1日から○年4月30日まで

費　用	金　額	収　益	金　額
給　　料	90,000	商品売買益	150,000
雑　　費	1,000		
… 当期純利益 …	59,000		
朱記する	150,000		150,000

貸借対照表

東京商店　　　　　　〇年4月30日

資産	金額	負債および資本	金額	
現　金	709,000	資 本 金	1,000,000	……期首資本金
商　品	100,000	当期純利益	59,000	
備　品	250,000			
	1,059,000		1,059,000	

2

精　算　表

〇年5月31日

勘定科目	元丁	残高試算表		損益計算書		貸借対照表	
		借方	貸方	借方	貸方	借方	貸方
現　　　金	1	269				269	
預　　　金	2	728				728	
売　掛　金	3	234				234	
商　　　品	4	296				296	
備　　　品	5	130				130	
買　掛　金	6		353				353
借　入　金	7		300				300
資　本　金	8		1,000				1,000
商品売買益	9		301		301		
受取手数料	10		15		15		
給　　　料	11	225		225			
支払家賃	12	84		84			
雑　　　費	13	3		3			
当期純利益				4			4
		1,969	1,969	316	316	1,657	1,657

＊資料2の仕訳を示すと，つぎのようになる。

29日　（借方）現　　金　60　（貸方）商　　品　50
　　　　　　　　　　　　　　　　　　商品売買益　10
　　　（借方）売　掛　金　35　（貸方）商　　品　30
　　　　　　　　　　　　　　　　　　商品売買益　 5
　　　（借方）商　　品　80　（貸方）買　掛　金　80
　　　（借方）買　掛　金　130　（貸方）預　　金　130
30日　（借方）売　掛　金　36　（貸方）商　　品　30
　　　　　　　　　　　　　　　　　　商品売買益　 6
　　　（借方）現　　金　54　（貸方）商　　品　45

276 第4編 解　答

						商品売買益	9
	（借方）	商　　品	73	（貸方）	買　掛　金	73
	（借方）	預　　金	110	（貸方）	売　掛　金	110
31日	（借方）	現　　金	70	（貸方）	商　　品	57
					商品売買益	13
	（借方）	現　　金	18	（貸方）	商　　品	15
					商品売買益	3
	（借方）	支払家賃	28	（貸方）	現　　金	28
	（借方）	給　　料	75	（貸方）	現　　金	75
	（借方）	現　　金	2	（貸方）	受取手数料	2

＊合計試算表の各勘定の貸借金額に仕訳の金額を加算する。その後，貸借の残高を残高試算表に記入して，借方と貸方の合計額が1,969円で一致することを確認する。

＊残高試算表の各勘定金額を損益計算書と貸借対照表に記入して，当期純利益が4円で一致することを確認する。

3

現　金　1
200,000 | 100,000
　　　　 | 残高 100,000
200,000 | 200,000
残高 100,000

売掛金　2
300,000 | 150,000
　　　　 | 残高 150,000
300,000 | 300,000
残高 150,000

商　品　3
400,000 | 280,000
　　　　 | 残高 120,000
400,000 | 400,000
残高 120,000

備　品　4
150,000 | 残高 150,000
残高 150,000

買掛金　5
　50,000 | 150,000
残高 100,000 |
150,000 | 150,000
　　　　 | 残高 100,000

借入金　6
残高 80,000 | 80,000
　　　　　　| 残高 80,000

資本金　7
残高 340,000 | 200,000
　　　　　　 | 損益 140,000
340,000 | 340,000
　　　　| 残高 340,000

商品売買益　8
損益 170,000 | 170,000

受取手数料　9
損益 28,000 | 28,000

```
    給    料    10              通 信 費    11              支払利息    12
50,000 │ 損益 50,000      6,000 │ 損益  6,000       2,000 │ 損益  2,000
```

```
             損       益      13                  閉 鎖 残 高       14
給   料   50,000 │ 商品売買益 170,000    現   金 100,000 │ 買 掛 金 100,000
通 信 費    6,000 │ 受取手数料  28,000    売 掛 金 150,000 │ 借 入 金  80,000
支払利息    2,000 │                       商   品 120,000 │ 資 本 金 340,000
資 本 金  140,000 │                       備   品 150,000 │
        198,000 │          198,000             520,000 │          520,000
```

```
       開 始 残 高        15
買 掛 金 100,000 │ 現   金 100,000
借 入 金  80,000 │ 売 掛 金 150,000
資 本 金 340,000 │ 商   品 120,000
                │ 備   品 150,000
        520,000 │         520,000
```

振替仕訳

借　　　方	貸　　　方
商品売買益　170,000 受取手数料　 28,000 損　　益　 58,000	損　　　益　198,000 給　　　料　 50,000 通　信　費　 6,000 支 払 利 息　 2,000
損　　益　140,000	資　本　金　140,000
閉鎖残高　520,000	現　　　金　100,000 売　掛　金　150,000 商　　　品　120,000 備　　　品　150,000
買　掛　金　100,000 借　入　金　 80,000 資　本　金　340,000	閉 鎖 残 高　520,000
現　　　金　100,000 売　掛　金　150,000 商　　　品　120,000 備　　　品　150,000 開 始 残 高　520,000	開 始 残 高　520,000 買　掛　金　100,000 借　入　金　 80,000 資　本　金　340,000

＊大陸式繰越法は，資産と負債の各勘定の残高および，資本金の残高を閉鎖残高勘定に振り替えて締め切る。また，開始記入も開始残高勘定を設けて行う。

第2編　諸取引と会計処理

第1章　練習問題（1）

1

6/5	（借）	仕　　　入	100,000	（貸）	当座預金	100,000		
18	（借）	売　掛　金	70,000	（貸）	売　　　上	70,000		
19	（借）	仕　　　入	40,000	（貸）	買　掛　金	35,000		
					現　　　金	5,000		
25	（借）	当座預金	200,000	（貸）	売　　　上	200,000		
26	（借）	売　　　上	5,000	（貸）	売　掛　金	5,000		

2

(1)

商　品　有　高　帳

（先入先出法）　　　　　　　　　　品名　A品　　　　　　　　　　　単位：個

平成 ○年		摘　要	受　入			払　出			残　高		
			数量	単価	金額	数量	単価	金額	数量	単価	金額
4	1	前月繰越	30	290	8,700				30	290	8,700
	3	仕　　入	50	300	15,000				{ 30	290	8,700
									50	300	15,000
	9	売　　上				{ 30	290	8,700			
						30	300	9,000	20	300	6,000
	20	仕　　入	30	320	9,600				{ 20	300	6,000
									30	320	9,600
	25	売　　上				{ 20	300	6,000			
						20	320	6,400	10	320	3,200
	30	次月繰越				10	320	3,200			
			110		33,300	110		33,300			
5	1	前月繰越	10	320	3,200				10	320	3,200

(2)　売上総利益の計算

　　売　上　高　￥42,000 ←売上帳の金額欄から算出
　　売　上　原　価　￥30,100 ←商品有高帳の払出欄の金額を合計して算出
　　売上総利益　￥11,900

第4編 解 答

第2章 練習問題 (2)

(1)	(借)	買 掛 金	250,000	(貸)	当 座 預 金	250,000	
(2)	(借)	現 金	230,000	(貸)	売 掛 金	230,000	
(3)	(借)	現 金	15,000	(貸)	受取配当金	15,000	
(4)	(借)	現 金	300,000	(貸)	売 掛 金	300,000	
(5)	(借)	雑 損	4,000	(貸)	現 金	4,000	
(6)	(借)	商 品	300,000	(貸)	当 座 預 金	250,000	
					当 座 借 越	50,000	
(7)	(借)	普 通 預 金	516,000	(貸)	定 期 預 金	500,000	
					受 取 利 息	16,000	
(8)	(借)	交 通 費	30,000	(貸)	当 座 預 金	51,000	
		通 信 費	16,000				
		雑 費	5,000				

第3章 練習問題 (3)

1

(1)	(借)	仕 入	650,000	(貸)	当 座 預 金	200,000
					買 掛 金	450,000
(2)	(借)	現 金	380,000	(貸)	売 上	380,000
(3)	(借)	貸 倒 損 失	500,000	(貸)	売 掛 金	500,000
(4)	(借)	現 金	80,000	(貸)	償却債権取立益	80,000

2

仕 訳

3月1日　前月繰越高の問題なので仕訳の必要なし。

　　　5日　(借) 売 掛 金　200　　(貸) 売 上　200
　　　　　　〈東京商店〉

　　　10日　(借) 売 上　30　　(貸) 売 掛 金　30
　　　　　　　　　　　　　　　　〈東京商店〉

　　　20日　(借) 売 掛 金　135　　(貸) 売 上　135
　　　　　　〈東京商店〉
　　　　　　〈新潟商店〉

　　　30日　(借) 当 座 預 金　600　　(貸) 売 掛 金　600

〈東京商店〉
〈新潟商店〉

＊仕訳を行うときに，便宜上，売掛金の下に人名勘定の商店名を書いておくと，売掛金元帳への転記が楽に行える。

総勘定元帳

売　掛　金

3/1			850	3/10	売　　上	30
5	売	上	200	30	当座預金	600
20	売	上	135	31	次期繰越	555
			1,185			1,185
4/1	前期繰越		555			

売掛金元帳

東　京　商　店　　　　　　　　　　　1

平成○年		摘　　要	借　方	貸　方	借・貸	残　高
3	1	前 月 繰 越	500		借	500
	5	売　　　上	200		〃	700
	10	返　　　品		30	〃	670
	20	売　　　上	80		〃	750
	30	回　　　収		400	〃	350
	31	次 月 繰 越		350		
			780	780		
4	1	前 月 繰 越	350		借	350

新　潟　商　店　　　　　　　　　　　2

平成○年		摘　　要	借　方	貸　方	借・貸	残　高
3	1	前 月 繰 越	350		借	350
	20	売　　　上	55		〃	405
	30	回　　　収		200	〃	205
	31	次 月 繰 越		205		
			405	405		
4	1	前 月 繰 越	205		借	205

3

仕　訳

　3月1日　前月繰越高の問題なので仕訳の必要なし。

　　4日　（借）仕　　入　150　　（貸）買 掛 金　150
　　　　　　　　　　　　　　　　　　　〈大阪商店〉

9日（借）仕　　入 200　（貸）買 掛 金 200
　　　　　　　　　　　　　　　〈大阪商店〉
　　　　　　　　　　　　　　　〈京都商店〉
15日（借）買 掛 金 50　（貸）仕　　入 50
　　　　　　〈京都商店〉
27日（借）買 掛 金 400　（貸）当座預金 400
　　　　　　〈大阪書店〉

総勘定元帳

買　掛　金

3/15	仕　入	50	3/ 1		600
27	当座預金	400	4	仕　入	150
31	**次期繰越**	**500**	9	仕　入	200
		950			950
			4/ 1	前期繰越	500

買掛金元帳

大　阪　商　店　　　　　　　1

平成○年		摘　　要	借　方	貸　方	借・貸	残　高
3	1	前 月 繰 越		400	貸	400
	4	仕　　入		150	〃	550
	9	仕　　入		100	〃	650
	27	支　　払	400		〃	250
	31	**次 月 繰 越**	**250**			
			650	650		
4	1	前 月 繰 越		250	貸	250

京　都　商　店　　　　　　　2

平成○年		摘　　要	借　方	貸　方	借・貸	残　高
3	1	前 月 繰 越		200	貸	200
	9	仕　　入		100	〃	300
	15	返　　品	50		〃	250
	31	**次 月 繰 越**	**250**			
			300	300		
4	1	前 月 繰 越		250	貸	250

第4章　練習問題（4）

(1) （借）受取手形　50,000　　（貸）売　　上　　50,000
(2) （借）支払手形　260,000　（貸）当座預金　260,000
(3) （借）仕　　入　320,000　（貸）支払手形　300,000
　　　　　　　　　　　　　　　　　現　　金　 20,000
(4) （借）受取手形　100,000　（貸）売掛金　　100,000

＊浦和商店の売掛金を受取手形にすることは，債権額の回収についての期日を明確化できるメリットがあり，回収しやすくなる。

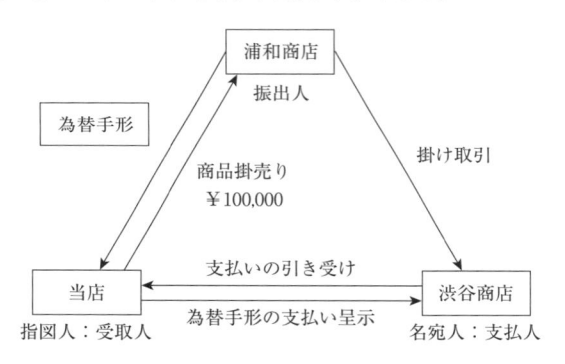

```
                    ┌─────────┐
                    │ 浦和商店 │
                    └─────────┘
                    振出人
   為替手形          ↗        ↘
                  商品掛売り    掛け取引
                  ￥100,000
                  ↙              ↘
        ┌─────┐  支払いの引き受け  ┌─────────┐
        │ 当店 │ ←──────────────── │ 渋谷商店 │
        └─────┘  為替手形の支払い呈示 └─────────┘
        指図人：受取人              名宛人：支払人
```

(5) （借）仕　　入　500,000　（貸）支払手形　300,000
　　　　　　　　　　　　　　　　　売掛金　　200,000
(6) （借）仕　　入　200,000　（貸）受取手形　 80,000
　　　　　　　　　　　　　　　　　買掛金　　120,000
(7) （借）仕　　入　 75,000　（貸）支払手形　 50,000
　　　　　　　　　　　　　　　　　買掛金　　 25,000
(8) （借）支払手形　150,000　（貸）売　　上　450,000
　　　　　現　　金　300,000　　　 当座預金　 10,000
　　　　　発送費　　 10,000

＊当店振り出しの約束手形を受け取ったことは，前に当店が約束手形を振り出した時点で，支払手形勘定の貸方に記入してある。今回その手形が戻ってきたことは支払手形勘定の借方に記入して，手形債務を消滅させる仕訳となる。

(9) （借）当座預金　295,000　（貸）受取手形　300,000
　　　　　手形売却損　5,000

＊裏書譲渡された手形は手形債権の増加であり，受取手形勘定は借方に記入されている。その手形を取引銀行に売却して，受取手形勘定を減少させるとともに，手形の額面金額と手取額の差額は手形売却損となる。

受 取 手 形	
300,000 (裏書譲渡されたとき)	300,000 (売却したとき)

(10) (借) 不渡手形　203,000　　(貸) 受取手形　200,000
　　　　　　　　　　　　　　　　　現　　金　　3,000

第5章　練習問題 (5)

(1) (借) 手形貸付金　400,000　　(貸) 当座預金　390,000
　　　　　　　　　　　　　　　　　受取利息　　10,000

金銭の貸し付けのために借用証書の代わりに手形が用いられている場合には，金融手形として扱い，手形貸付金勘定を用いる。

受取利息の計算

$$¥400,000 × 5\% × \frac{6ヵ月}{12ヵ月} = ¥10,000$$

(2) (借) 前払金　60,000　　(貸) 当座預金　60,000

内金ないし，手付金という場合，前払金（前渡金）勘定または前受金勘定で処理する。ただし，不動産取引等で手付金として受け渡す取引では，支払手付金勘定または受取手付金勘定で処理する。

(3) (借) 前　受　金　100,000　　(貸) 売　　上　　300,000
　　　　受　取　手　形　200,000

(4) (借) 仕　　入　　230,000　　(貸) 前　払　金　60,000
　　　　　　　　　　　　　　　　　支　払　手　形　170,000

(5) (借) 給　　料　1,200,000　　(貸) 現　　金　1,000,000
　　　　　　　　　　　　　　　　　所得税預り金　130,000
　　　　　　　　　　　　　　　　　従業員立替金　70,000

(6) (借) 所得税預り金　150,000　　(貸) 現　　金　150,000

(7) (借) 旅　　費　　48,000　　(貸) 仮　払　金　50,000
　　　　現　　金　　2,000

従業員が出張する際，概算払いをしているが，このときの仕訳は，

(借) 仮払金 50,000　(貸) 現金 50,000 となっている。
その従業員が帰社時の清算によって，適切な勘定科目に振り替える。
(8) (借) 仮 受 金　80,000　(貸) 売 掛 金　80,000
従業員が出張先で振り込んだときの仕訳は，
　(借) 当座預金 80,000 (貸) 仮受金 80,000 となっている。
勘定科目が明確になった段階で，適切な勘定科目に振り替える。
(9) (借) 他 店 商 品 券　2,000　(貸) 売　　　上　8,000
　　商 　品 　券　5,000
　　現　　　金　1,000
当店が発行した商品券を受け取ったときは，負債の減少となる。商品券勘定（負債）の借方に記入し，他店発行の商品券を受け取ったときには，代金を受け取る権利が生じるので，他店商品券勘定（資産）の借方に記入する仕訳になる。

他店商品券勘定（資産）		商品券勘定（負債）	
2,000 （受け取った時）		5,000 （受け取った時）	××× （発行のとき）

(10) (借) 商 　品 　券　220,000　(貸) 他 店 商 品 券　250,000
　　現　　　金　30,000

第6章　練習問題（6）

(1) (借) 売買目的有価証券　6,000,000　(貸) 当 座 預 金　6,000,000
(2) (借) 未 　収 　金　3,000,000　(貸) 売買目的有価証券　2,400,000
　　　　　　　　　　　　　　　　　　有価証券売却益　600,000

有価証券売却益の計算
　　（¥150,000 － ¥120,000）× 20株 ＝ ¥600,000

(3) (借) 現　　　金　6,000　(貸) 受 取 配 当 金　6,000
残りの株数：30株　¥200 × 30株 ＝ ¥6,000

(4) (借) 売買目的有価証券　972,000　(貸) 当 座 預 金　800,000
　　　　　　　　　　　　　　　　　　当 座 借 越　172,000

(5) (借) 現　　　金　30,000　(貸) 有 価 証 券 利 息　30,000
　　　　　　　　　　　　　　　　　（または，受取利息）
額面 ¥1,000,000 × 6% ÷ 2 ＝ ¥30,000

(6) (借) 未 　収 　金　1,920,000　(貸) 売買目的有価証券　1,940,000

有価証券売却損　　　20,000

有価証券売却損の計算

$$\frac{(@¥96 - @¥97)}{¥100} \times ¥2,000,000 = △¥20,000$$

(7)　（借）　現　　　　金　　495,000　　（貸）　売買目的有価証券　490,000
　　　　　　　　　　　　　　　　　　　　　　　有価証券売却益　　　5,000

有価証券売却益の計算

$$\frac{(@¥99 - @¥98)}{¥100} \times ¥500,000 = ¥5,000$$

第7章　練習問題（7）

(1)　（借）　土　　　地　2,070,000　　（貸）　当座預金　　600,000
　　　　　　　　　　　　　　　　　　　　　　　未　払　金　1,400,000
　　　　　　　　　　　　　　　　　　　　　　　現　　　金　　70,000

土地の地ならし費や登記料は，土地の取得原価に含める。

(2)　（借）　構　築　物　　500,000　　（貸）　現　　　金　　500,000

土地に埋設された水道管等については，構築物として仕訳する。

(3)　（借）　建　　　物　3,205,000　　（貸）　当座預金　3,205,000
(4)　（借）　備　　　品　　180,000　　（貸）　現　　　金　　180,000
(5)　（借）　車両運搬具　　840,000　　（貸）　当座預金　　840,000
(6)　（借）　備　　　品　　215,000　　（貸）　当座預金　　50,000
　　　　　　　　　　　　　　　　　　　　　　　未　払　金　　165,000
(7)　（借）　土　　　地　24,730,000　（貸）　現　　　金　24,730,000
(8)　（借）　未　収　金　　80,000　　（貸）　備　　　品　　250,000
　　　　　　固定資産売却損　170,000

固定資産売却損の計算　80,000円 − 250,000円 = △170,000円

(9)　（借）　現　　　金　　400,000　　（貸）　車両運搬具　1,000,000
　　　　　　車両運搬具減価償却累計額　630,000　　　　　　固定資産売却益　30,000

固定資産売却益の計算　400,000円 −（1,000,000円 − 630,000円）= 30,000円

(10)　（借）　減価償却費　　27,000　　（貸）　備品減価償却累計額　27,000
　　　　　　　備品減価償却累計額　81,000　　　　　備　　　品　　150,000
　　　　　　　現　　　金　　5,000
　　　　　　　固定資産売却損　64,000

減価償却費の計算：定額法

$$\frac{150,000円 - 15,000円}{5年} = \frac{27,000円}{年}$$

27,000円 × 3年 = 81,000円

＊固定資産売却損の計算　5,000円 －（150,000円 －¥81,000円）＝ △64,000円

第8章　練習問題（8）

仕　訳

(1)　（借）現　　　　金　3,000,000　　（貸）資　本　金　8,000,000
　　　　　　土　　　　地　5,000,000
(2)　（借）損　　　　益　　520,000　　（貸）資　本　金　　520,000
(3)　（借）引　出　金　　　17,000　　（貸）現　　　　金　　17,000
(4)　（借）引　出　金　　　17,000　　（貸）現　　　　金　　17,000
(5)　（借）引　出　金　　　16,000　　（貸）現　　　　金　　16,000
(6)　（借）引　出　金　　　20,000　　（貸）現　　　　金　　20,000
(7)　（借）租　税　公　課　15,000　　（貸）現　　　　金　　15,000
　　　〈または固定資産税〉
(8)　（借）租　税　公　課　30,000　　（貸）現　　　　金　　30,000
　　　〈または印紙税〉
(9)　（借）水道光熱費　　　42,000　　（貸）未　払　金　　63,000
　　　　　引　出　金　　　21,000
(10)　（借）引　出　金　　　70,000　　（貸）現　　　　金　　70,000

第9章　練習問題（9）

1　　　（借）売　掛　金　　10,000　　（貸）売　　　上　　15,000
　　　　　　現　　　　金　　 5,000
2　A
1/8　（借）現　　　　金　　10,000　　（貸）売　　　上　　60,000
　　　　　　受　取　手　形　50,000
　B
1/22　（借）仕　　　　入　300,000　　（貸）現　　　　金　　50,000
　　　　　　　　　　　　　　　　　　　　　買　掛　金　250,000

別解
1/22 (借) 仕　　　入　300,000　　(貸) 買　掛　金　300,000
　　　　　 買　掛　金　 50,000　　　　 現　　　金　 50,000

3 A

この問題の取引の仕訳は，

2/3 (借) 現　　　金　 60,000　　(貸) 売　　　上　100,000
　　　　 売　掛　金　 40,000

となる。商品売買について，一部現金で残額を掛けとした取引の伝票の起票には，二つの方法がある。

Aの入金伝票の仕訳は，

　　　 (借) 現　　　金　 60,000　　(貸) 売　　　上　 60,000

となる。この場合，売上高を現金と掛けに分割する方法で，現金は入金伝票で起票し，掛けについては振替伝票で起票する。

B

　　　 (借) 売　掛　金　100,000　　(貸) 売　　　上　100,000

Bの入金伝票の仕訳は，

　　　 (借) 現　　　金　 60,000　　(貸) 売　掛　金　 60,000

となる。この場合，掛け代金を現金で受け取ったことになる。いったん全額を掛けとして振替伝票で起票する方法である。したがって，売上高をすべて掛けとして取引を分割しない方法で，振替伝票を起票すればよい。

第3篇　決　算

第1章　練習問題 (1)

1
(1) 商品勘定の整理
(2) 売上債権勘定の整理
(3) 固定資産の評価
(4) 有価証券の評価替え
(5) 収益および費用の諸勘定整理
(6) 現金過不足の整理
(7) 引出金勘定の整理

2

| ① | 棚卸表 | ② | 青色申告 | ③ | 収益 | ④ | 支出 |

第2章 練習問題（2）

①	（借）	仕　　　　　入	32,000	（貸）	繰　越　商　品	32,000
	（借）	繰　越　商　品	33,000	（貸）	仕　　　　　入	33,000
②	（借）	貸倒引当金繰入	700	（貸）	貸　倒　引　当　金	700
③	（借）	減　価　償　却　費	40,000	（貸）	備品減価償却累	40,000
④	（借）	前　払　保　険　料	2,600	（貸）	保　　険　　料	2,600
⑤	（借）	消　耗　品　費	4,500	（貸）	消　　耗　　品	4,500
⑥	（借）	受　取　利　息	1,000	（貸）	前　受　利　息	1,000

決算振替仕訳

⑦	（借）	売　　　　　上	224,000	（貸）	損　　　　　益	226,000
		受　取　利　息	2,000			
⑧	（借）	損　　　　　益	181,600	（貸）	仕　　　　　入	131,200
					保　　険　　料	5,200
					貸倒引当金繰入	700
					減　価　償　却　費	40,000
					消　耗　品　費	4,500
⑨	（借）	損　　　　　益	44,400	（貸）	資　　本　　金	44,400

解　説

```
         現　　金                        売　掛　金
   70,500  │  12,300              38,500  │  12,500
           │  次期繰越 58,200              │  次期繰越 26,000
   70,500  │  70,500              38,500  │  38,500

         貸　付　金                      繰　越　商　品
   40,000  │   8,000         仕入  32,000  │  仕入   32,000
           │  次期繰越 32,000       33,000  │  次期繰越 33,000
   40,000  │  40,000              65,000  │  65,000
```

消耗品

	6,000	消耗品費	4,500
		次期繰越	1,500
	6,000		6,000

備品

	64,000	次期繰越	64,000

買掛金

	9,400		24,000
次期繰越	14,600		
	24,000		24,000

貸倒引当金

	900		1,500
次期繰越	1,300	貸倒引当金繰入	700
	2,200		2,200

備品減価償却累計額

次期繰越	56,000		16,000
		減価償却費	40,000
	56,000		56,000

資本金

次期繰越	144,400		100,000
		損益	44,400
	144,400		144,400

売上

	27,000		251,000
損益	224,000		
	251,000		251,000

受取利息

前受利息	1,000		3,000
損益	2,000		
	3,000		3,000

仕入

	137,000		4,800
繰越商品	32,000	繰越商品	33,000
		損益	131,200
	169,000		169,000

保険料

	7,800	前払保険料	2,600
		損益	5,200
	7,800		7,800

貸倒引当金繰入

貸倒引当金	700	損益	700

減価償却費

減価償却累計額	40,000	損益	40,000

前払保険料

保険料	2,600	次期繰越	2,600

消耗品費

消耗品	4,500	損益	4,500

290　第4編　解　答

前 受 利 息

次期繰越	1,000	受取利息	1,000

損　益

仕入	131,200	売上	224,000
保険料	5,200	受取利息	2,000
貸倒引当金繰入	700		
減価償却費	40,000		
消耗品費	4,500		
資本金	44,400		
	226,000		226,000

第3章　練習問題（3）

精　算　表
○1年12月31日

勘定科目	残高試算表		整理記入		損益計算書		貸借対照表	
	借方	貸方	借方	貸方	借方	貸方	借方	貸方
現　　　　　金	167,000						167,000	
現 金 過 不 足		7,000	7,000					
当 座 預 金	225,300						225,300	
受 取 手 形	280,000						280,000	
売 掛 金	230,000			10,000			220,000	
売買目的有価証券	480,000			27,000			453,000	
繰 越 商 品	350,000		340,000	350,000			340,000	
建　　　　物	1,000,000						1,000,000	
備　　　　品	300,000						300,000	
買 掛 金		147,000						147,000
借 入 金		400,000						400,000
貸 倒 引 当 金		4,300		10,700				15,000
建物減価償却累計額		180,000		30,000				210,000
備品減価償却累計額		100,000		22,500				122,500
資 本 金		1,500,000						1,500,000
売　　　　上		4,880,000	10,000			4,870,000		
受 取 手 数 料		39,000		6,500		45,500		
仕　　　　入	3,386,000		350,000	340,000	3,396,000			
給　　　　料	734,000				734,000			
消 耗 品 費	35,000			6,700	28,300			

保　険　料	70,000			10,000	60,000			
	7,257,300	7,257,300						
雑　　　　益				500		500		
貸倒引当金繰入			10,700		10,700			
有価証券評価損			27,000		27,000			
減 価 償 却 費			52,500		52,500			
支 払 利 息			8,000		8,000			
未 払 利 息				8,000				8,000
前 払 保 険 料			10,000				10,000	
消　耗　品			6,700				6,700	
当 期 純 利 益						599,500		599,500
			821,900	821,900	4,916,000	4,916,000	3,002,000	3,002,000

解　説

(1) 値引きの未処理事項

　　（借）　売　　　上　10,000　　（貸）　売　掛　金　10,000

(2) 現金過不足勘定の貸方残高7,000円のうち6,500円を受取手数料勘定に，残高500円を雑益勘定に振り替える。

　　（借）　現金過不足　7,000　　（貸）　受取手数料　6,500
　　　　　　　　　　　　　　　　　　　　雑　　　益　　500

(3) 貸倒引当金の設定

　　貸倒見積額の計算

　　　　（受取手形¥280,000＋売掛金¥230,000－¥10,000）× 3 ％ ＝ ¥15,000

　　貸倒引当金繰入額の計算

　　　　貸倒見積額¥15,000－残高資産上の貸倒引当金¥4,300 ＝ ¥10,700

　　（借）　貸倒引当金繰入　10,700　　（貸）　貸倒引当金　10,700

(4) 有価証券を時価で評価替えする。

時価453,000円が帳簿価額480,000円より下落しているため，評価損（費用）に計上する。

　　（借）　有価証券評価損　27,000　　（貸）　売買目的有価証券　27,000

(5) 問題の指示により，仕入勘定で売上原価を計算する。

　　（借）　仕　　　入　350,000　　（貸）　繰越商品　350,000　←期首商品棚卸高
　　　　　　　　　　　　　　　　　　　　　　　　　　（試算表の繰越商品の金額）

　　（借）　繰越商品　340,000　　（貸）　仕　　　入　340,000　←期末商品棚卸高

(6) 減価償却費の計算
建　物　¥1,000,000 − (1,000,000 × 0.1) ÷ 30年 ＝ ¥30,000
備　品
○1年10月1日以前取得分
(300,000 − 100,000) × 0.9 ÷ 9年 ＝ 20,000
○1年10月1日取得分
$(100,000 \times 0.9 \div 9年) \times \dfrac{3ヵ月 (10〜12月)}{12ヵ月} = 2,500$

¥20,000 ＋ ¥2,500 ＝ ¥22,500
（借）　減 価 償 却 費　52,500　　（貸）　建物減価償却累計額　30,000
　　　　　　　　　　　　　　　　　　　　　備品減価償却累計額　22,500

(7) 支払利息の見越し計上
○1年7月1日に借入を行っているため，当期分（7月から12月までの6ヵ月）の利息が発生しているが，利息は元金とともに返済時に支払うという指示があるため，支払いがいまだ行われていないことになるため，未払利息（負債）として計上する。

（借）　支 払 利 息　8,000　　（貸）　未 払 利 息　8,000

(8) 保険料の繰延べ計上
保険料は毎年同額を3月1日に1年分支払っているため，当期首に再振替仕訳をしていることになる。したがって残高計算表上の保険料の金額は，再振替分の2ヵ月分（1月から2月）と，3月1日に支払った12ヵ月分を合わせた14ヵ月分であることに注意する。したがって，そのうちの再振替した分の2ヵ月と，当期中の3月1日に支払ったうちの10ヵ月分（3月から12月）が当期分となり，残りの当期中の3月1日に支払ったうちの2ヵ月分（1月から2月）が次期分（前払分）となる。よって前払保険料（資産）として計上する。

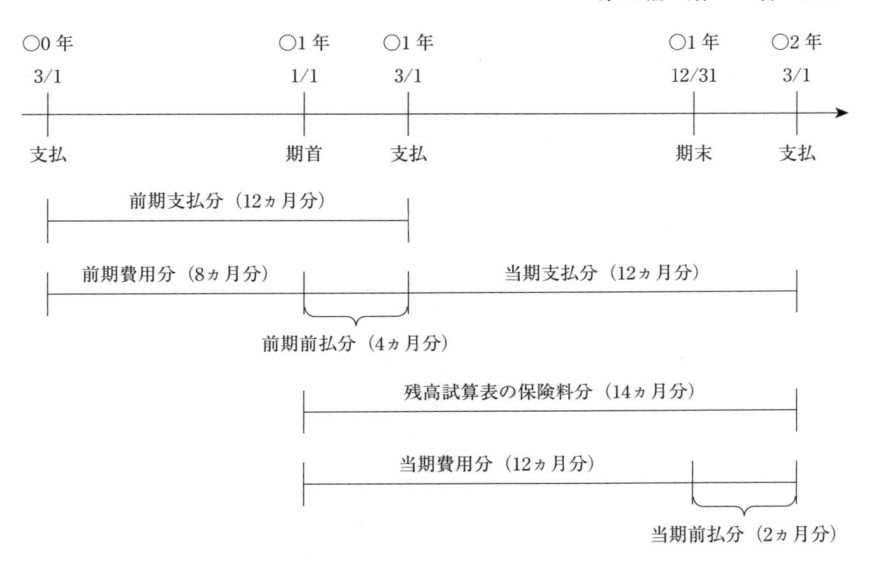

```
○0年        ○1年    ○1年              ○1年    ○2年
3/1         1/1     3/1               12/31   3/1
│           │       │                 │       │
支払        期首    支払              期末    支払

        前期支払分（12ヵ月分）
前期費用分（8ヵ月分）        当期支払分（12ヵ月分）
              前期前払（4ヵ月分）
              残高試算表の保険料分（14ヵ月分）
                  当期費用分（12ヵ月分）
                                  当期前払分（2ヵ月分）
```

（借）前払保険料 10,000　（貸）保 険 料 10,000

(9) 試算表に消耗品費勘定が示されているため，消耗品を購入したとき費用で処理していることがわかる。したがって，決算時に未消費高を消耗品費勘定から消耗品勘定（資産）へ振り替える。

（借）消 耗 品 6,700　（貸）消耗品費 6,700

第4章　練習問題（4）

損 益 計 算 書

麹町商店　　○年1月1日から○年12月31日まで

費　　用	金　額	収　　益	金　額
売 上 原 価	131,200	売　上　高	224,000
保　険　料	5,200	受 取 利 息	2,000
貸倒引当金繰入	700		
減 価 償 却 費	40,000		
消 耗 品 費	4,500		
当 期 純 利 益	44,400		
	226,000		226,000

貸借対照表

麹町商店　　　　　　　　　　　　○年12月31日

資　産		金　額	負債および資本	金　額
現　　金		58,200	買　掛　金	14,600
売　掛　金	26,000		前　受　利　息	1,000
貸倒引当金	1,300	24,700	資　本　金	100,000
貸　付　金		32,000	当期純利益	44,400
商　　品		33,000		
消　耗　品		1,500		
備　　品	64,000			
減価償却累計額	56,000	8,000		
前払保険料		2,600		
		160,000		160,000

解　説

1　手順は次のとおりである。
　(1)　決算整理事項に基づいて決算整理仕訳を行う。
　(2)　仕訳を転記する。
　(3)　帳簿を締め切るために決算振替仕訳を行う。
　(4)　仕訳を転記する。
　(5)　各勘定を締め切る。

2　各事項の解法
　①　まず，売掛金残高5％を貸倒引当金として見積もる。
　　　貸倒見積額　￥26,000×5％＝￥1,300
　　　次に，売掛金残高から貸倒見積額を控除したものが貸借対照表に記載する売掛金残高となる。
　　　￥26,000－￥1,300＝￥24,700
　②　期末商品棚卸高33,000円を記載する。
　③　消耗品は元帳の勘定のなかに消耗品勘定が示されているので，購入時に資産で処理されていることがわかる。よって消耗品の未消費高1,500円を記載すればよい。
　④　減価償却累計額は，備品減価償却累計額と備品減価償却額を合計し，備品から控除する。
　　　￥16,000＋￥40,000＝￥56,000
　　　￥64,000－￥56,000＝￥8,000

索　引

あ　行

青色申告　240
預り金勘定　196
意匠権　211
1年基準　16, 17, 210
一科目一葉主義　69, 230
移動平均法　146
印紙税　222, 224
受取手形　210, 245, 246
受取手形勘定　171, 177
受取手形記入帳　188
受取手数料　23
受取配当金勘定　207
受取家賃　23
受取家賃勘定　255
受取利息　23
受取利息勘定　207, 258
裏書譲渡　186
売上勘定　141
売上原価　242, 243, 270
売上原価勘定　243, 245
売上債権　177, 245
売上帳　143
売上伝票　228
売上値引高　141
売上戻り高　141
売掛金　15, 176, 210, 245, 246
売掛金勘定　171, 177
売掛金元帳　173
営業外収益　23
営業外費用　24
営業循環過程　245
営業費用　24
営業利益　23
英米式繰越法　96, 97
英米式繰越法による決算本手続　87
営利簿記　12

か　行

買掛金　17
買掛金勘定　171, 172, 176
買掛金元帳　176
開業費　210
会計期間　12
開始記入　238
開始残高勘定　102
開始仕訳　97
会計公準　149
会社法　269

各人名勘定　173
貸方　13
貸倒　176, 245
貸倒実績法　246
貸倒損失　177
貸倒損失勘定　176, 245, 247
貸倒引当金　246
貸倒引当金勘定　176, 177, 246, 247, 248
貸倒引当金繰入勘定　246
貸倒引当金戻入勘定（収益）　248
貸付金　15
貸付金勘定　193
株式　204, 205
株式会社の純資産（資本）　18
株式配当金　206
株主資本　221
株主資本等変動計算書　269
貨幣的評価　149
貨幣の始まり　169
借入金　17
借入金勘定　193
借受金勘定　199
借方　13
仮払勘定　199
為替手形　182, 184
換金能力　210
関係会社株式　211
勘定　30
勘定形式　177
勘定口座　37, 51
勘定式　270
勘定の第一分類　31
勘定の第二分類　31
勘定の由来　38
間接法　249
関連会社株式　204
機械　211
機械装置　212
企業会計制度　10
企業実態　149
期首貸借対照表　20
起票　62
期末商品棚卸高　138
期末貸借対照表　20
キャッシュフロー計算書　270
旧定額法　214
旧定率法　214
給料　24
金銭貸借取引　194
金融手形　182

296 索引

偶発債務　187
繰越試算表　95, 97
繰越商品　138
繰越商品勘定　138, 140
繰越法　102
繰延資産　16, 210, 211
経営成績　11, 238
計算表で発見できない誤り　80
継続企業（ゴーイングコンサーン）　86, 149, 173
月計表　75
決算記入　238
決算仕訳　97
決算整理　239
決算整理後残高試算表　263, 269
決算整理仕訳　243, 244
決算整理前残高試算表　242
決算予備手続　86
減価償却費　214, 248
現金　15
　――および預金　210
現金過不足　159, 258
現金勘定　152
現金式伝票制　62, 228
現金出納帳　158
原始記入簿　47
建設仮勘定　211, 212
交換取引　33
鉱業権　211
工具・器具・備品　211
合計残高試算表　77
合計試算表　76
合計線　94, 96
合計転記　63, 66, 67, 232
広告料　24
公債　204, 205
公社債の発行　156
公社債利札　156
更生債権その他　211
構築物　211, 212
購入したソフトウエア　211
子会社株式　204
小切手　161, 162
国債　204
小口現金　165
小口現金出納帳　166
個人企業の純資産（資本）　18
固定資産　16, 210
固定資産税　222, 224
固定資産売却益勘定　213
固定資産売却損勘定　213
固定資産明細書　218
固定負債　17
五伝票制　62, 69

五分法　138
個別転記　63, 64, 66, 232
個別法　146
コメンダ　173
混合勘定　137
混合取引　33

さ　行

債権　170
債券勘定　170
債権者　170
財産法　20
財政状態　11, 20, 238, 269
再振替仕訳　252
債務　16
債務勘定　170
債務者　170
財務諸表　99, 269
　――の作成　87
差額補充法　247
雑益勘定　159, 199, 258
雑損勘定　159, 199, 258
雑費　24
残存価格　216
残存簿価　215,
残高式　37
残高試算表　76
三分法　138
仕入勘定　140, 243
仕入原価　136
仕入先元帳　176
仕入諸掛り　141
仕入帳　143
仕入伝票　228
仕入値引高　141
仕入戻り高　141
時価（市場価格）　204, 207, 250
次期繰越　95
次期繰越高　140
事業改廃届け　221
事業税　222, 224
事業主貸　260
事業主借　260
自己資本　221
自己振出小切手　165
資産　15
資産勘定　31
試算表　75
実用新案権　211
支払手形勘定　171
支払手形記入帳　189
支払能力　210
支払家賃　24

索　引　297

支払家賃勘定　256, 257
支払利息　24
資本金　18
資本金勘定　93, 221, 222, 260
締切線　94
借地権　211
借用証書　182, 193, 194
社債　156, 204, 205
社債発行費　210
車両運搬具　15, 211, 212
収益　23, 251
　──の繰延べ　255
　──の見越し　257
収益勘定　32
従業員預り金勘定　196
従業員立替金勘定　196
週計表　75
集合勘定　91
住民税　222, 223
重要性の原則　218
出金伝票　228, 229
10桁清算表　263
出資者(株主)　157
取得価格　215, 216
純額主義　137
純資産　221
純資金(資本)　17
純資産(資本)等式　17
償却債権取立益勘定　178
償却資産　214
償却率　216
商業手形　182
消費税　222, 225
商標権　211
証ひょう類　62
商品　15
商品有高帳　143, 146
商品券勘定　201
商品売買益　23, 136
商品売買損　136
消耗品勘定　253, 254
消耗品(supplies)の整理　253
消耗品費勘定　253, 254
剰余金　221
所得税　222, 223
所得税預り金勘定　197
諸預金勘定　167
仕訳　35
仕訳集計表　66, 67, 232
仕訳帳　47
仕訳伝票　63, 228
新株発行費　210
人名勘定　172

信用証券　183
随時補給法　165
水道光熱費　24
税込方式　225
清算表　87, 263
　──の構造図　87
正常営業循環基準　16, 17, 210
税制改正(2007年度)　214
税抜方式　225
整理仕訳　91
前期繰越　96, 97
前期繰越高　140
先入先出法　146
船舶　211, 212
総勘定元帳　51
総記法　137
送金小切手　153
装置　211
総平均法　146
創立費　210
遡及義務　187
租税公課勘定　223
その他有価証券　204
損益勘定(集合勘定)　91, 269
損益計算書　10, 25, 86, 99, 263, 269, 270
損益計算書等式　25
損益取引　33
損益法　25

た　行

貸借仕訳式伝票制　62
貸借対照表　10, 19, 86, 100, 263, 269, 271
貸借対照表等式　19
貸借平均の原則　41
貸借平均の原理　75
耐用年数　214, 215, 216
大陸式繰越法　101
立替金勘定　141, 196
建物　16, 211, 212
他店商品券勘定　200
棚卸表　239, 240
他人振出小切手　153
短期借入金勘定　193
単式簿記　11
✓ (check)　97
注記表　270
長期貸付金　211
長期借入金勘定　193
長期前払費用　211
帳簿記入一巡の手続き　238
帳簿組織　61
　──の基本形　61
直接法　249

298 索　引

通貨代用券　152, 152, 153
通信費　24
通知預金　167
定額小為替　156
定額資金前渡法（インプレスト・システム）
　　　　　　　　　　　　　　　　165
定額法　214, 216, 248
定期預金　167
T字型　38
定率法　214
手形貸付金勘定　194
手形記入帳　187
手形の裏書譲渡　186
手付金　199
転記　38
電子計算機システムタイプ　61
電信為替　155
伝票化タイプ　61
統括勘定　175
当期純損失　20, 25, 222
当期純利益　20, 25, 222
当座借越　162
当座借越勘定　162
当座取引契約　16, 161
当座預金　16, 161
当座預金勘定　164
当座預金口座　16
投資その他　211
投資有価証券　204
統制勘定　173
得意先元帳　173
土地　16, 211, 212
特許権　211
取引の二重性　32
取引要素の結合関係　32

な　行

日常記入　238
日常取引　239
日計表　75
二分法　138
入金伝票　228

は　行

配当金領収書　157
売買目的有価証券　206, 210, 250
売買目的有価証券勘定　204, 250
破産債権　211
8桁清算表　263
発生主義会計　239
発送諸掛り　141
発送費勘定　141
非営利簿記　12

引当金の計上　246
引出金勘定　223, 259, 260
被統括勘定　173
備品　15, 212
評価勘定　177
標準式　37
費用　24, 251
　――の繰延べ　252
　――の見越し　256
費用勘定　32
複式簿記　11, 41
複写式の仕訳伝票　69
負債　16
負債勘定　32
普通為替　154
普通預金　167
振替仕訳　91
振替伝票　228, 230
不渡小切手　163
不渡手形　187
分割法　138
分記法　136
平均法　146
閉鎖残高勘定　102
弁済義務　187
報告式　270
法人税とIFRS　249
法人の減価償却制度　214
法定準備金　221
簿外資産　253
簿記上の取引　30
補助記入帳　47, 143, 190
補助元帳　47, 143, 190

ま　行

前受金勘定　198
前受家賃勘定　255
前払金勘定　198
前払保険料　252
前払保険料勘定　252
前払家賃　252
前払利息　252
満期保有目的の債券　204
未収金　15
未収金勘定　195
未収収益　256
未収収益勘定　257
未収利息勘定　258
未払金　17
未払金勘定　195
未払地代　256, 257
未払費用　256
未払費用勘定　256

未払家賃　　256, 257
未払家賃勘定　　256
未払利息　　256, 257
無形固定資産　　211
無形の資産　　15

や　行

約束手形　　182, 194
有価証券　　204, 211
有価証券売却益勘定　　206
有価証券売却損勘定　　206
有価証券評価益勘定　　207, 250
有価証券評価損勘定　　207, 250
有価証券利息勘定　　207
有形固定資産　　211, 212, 248
有形の資産　　15

郵便為替証書　　153
郵便切手の処理　　158
郵便預金　　167
要求払預金　　161
預貯金　　15

ら　行

流動資産　　16, 210
流動負債　　17
歴史的記録　　47, 51
連結清算表　　263
6桁清算表　　263

わ　行

ワンライティング・システム　　63

執筆者紹介

早田巳代一*

1953年　群馬県に生まれる
　　　　地方公務員をへて
　　　　高千穂商科大学総合研究所研修センター非常勤講師
　　　　城西国際大学経営情報学部教授
著　書　『財務諸表論―理論と並行した会計処理と表示―』
　　　　学文社、1991年
　　　　『2000年日商簿記試験演習』（共著）実教出版、2001年
　　　　『簿記会計学の基礎』学文社、2004年
　　　　『財務諸表論―理論と平行した実践』学文社、2008年
　　　　『日経コンピュータ（連載6回）』日経BP社、2011年

商流対応体系簿記会計学

2012年3月30日　第一版第一刷発行　　◎検印省略

編　著　早田巳代一

発行所	株式会社 学文社	郵便番号　153-0064 東京都目黒区下目黒3-6-1
発行者	田中千津子	電　話　03(3715)1501(代) 振替口座　00130-9-98842 http://www.gakubunsha.com

©HAYATA Miyokazu 2012

乱丁・落丁の場合は本社でお取替します。　印刷所　(株)シナノ
定価はカバー・売上カードに表示。

ISBN 978-4-7620-2274-6